中国软科学研究丛书

丛书主编：张来武

"十一五"国家重

国家软科学研究

稳粮增收长效机制研究

汪金敖　丁爱群　著

科学出版社

北京

内 容 简 介

本书从粮价与粮食安全的关系入手，阐述了我国粮食主产区农民增收的特殊性，分析了我国粮食安全与农民收入的关系，讨论了促进粮食主产区农民增收的要素，探讨了发达国家和地区对粮食的支持政策及对我国的启示，提出建立我国稳粮增收的长效机制。

本书适合从事"三农"（农村、农业、农民）研究的科研人员和相关部门的管理人员，以及高等院校相关专业的师生阅读和参考。

图书在版编目(CIP)数据

稳粮增收长效机制研究/汪金敖，丁爱群著．—北京：科学出版社，2013.11
（中国软科学研究丛书）
ISBN 978-7-03-037240-6

Ⅰ．①稳⋯　Ⅱ．①汪⋯②丁⋯　Ⅲ．①粮食问题-研究-中国
Ⅳ．①F326.11

中国版本图书馆 CIP 数据核字（2013）第 060012 号

丛书策划：林　鹏　胡升华　侯俊琳
责任编辑：邹　聪　程　凤/责任校对：赵桂芬
责任印制：徐晓晨 /封面设计：黄华斌　陈　敬
编辑部电话：010-64035853
E-mail：houjunlin@mail. sciencep.com

科 学 出 版 社出版
北京东黄城根北街 16 号
邮政编码：100717
http://www.sciencep.com

北京凌奇印刷有限责任公司 印刷
科学出版社发行　各地新华书店经销

*

2013 年 11 月第　一　版　开本：720×1000 1/16
2021 年 1 月第三次印刷　印张：15 1/4
字数：300 000
定价：88.00 元
（如有印装质量问题，我社负责调换）

总 序

软科学是综合运用现代各学科理论、方法，研究政治、经济、科技及社会发展中的各种复杂问题，为决策科学化、民主化服务的科学。软科学研究是以实现决策科学化和管理现代化为宗旨，以推动经济、科技、社会的持续协调发展为目标，针对决策和管理实践中提出的复杂性、系统性课题，综合运用自然科学、社会科学和工程技术的多门类多学科知识，运用定性和定量相结合的系统分析和论证手段，进行的一种跨学科、多层次的科研活动。

1986年7月，全国软科学研究工作座谈会首次在北京召开，开启了我国软科学勃兴的动力阀门。从此，中国软科学积极参与到改革开放和现代化建设的大潮之中。为加强对软科学研究的指导，国家于1988年和1994年分别成立国家软科学指导委员会和中国软科学研究会。随后，国家软科学研究计划正式启动，对软科学事业的稳定发展发挥了重要的作用。

20多年来，我国软科学事业发展紧紧围绕重大决策问题，开展了多学科、多领域、多层次的研究工作，取得了一大批优秀成果。京九铁路、三峡工程、南水北调、青藏铁路乃至国家中长期科学和技术发展规划战略研究，软科学都功不可没。从总体上看，我国软科学研究已经进入各级政府的决策中，成为决策和政策制定的重要依据，发挥了战略性、前瞻性的作用，为解决经济社会发展的重大决策问题作出了重要贡献，为科学把握宏观形势、明确发展战略方向发挥了重要作用。

20多年来，我国软科学事业凝聚优秀人才，形成了一支具有一定实力、知识结构较为合理、学科体系比较完整的优秀研究队伍。据不完全统计，目前我国已有软科学研究机构2000多家，研究人员近4万人，每年开展软科学研究项目1万多项。

为了进一步发挥国家软科学研究计划在我国软科学事业发展中的导向作用，促进软科学研究成果的推广应用，科学技术部决定从2007年起，在国家软科学研究计划框架下启动软科学优秀研究成果出版资助工作，形成"中国软科学研究丛书"。

"中国软科学研究丛书"因其良好的学术价值和社会价值，已被列入国家新闻出版总署"'十一五'国家重点图书出版规划项目"。我希望并相信，丛书出版对于软科学研究优秀成果的推广应用将起到很大的推动作用，对于提升软科学研究的社会影响力、促进软科学事业的蓬勃发展意义重大。

科技部副部长

2008 年 12 月

目 录 ....▶ CONTENTS

第一章

概　述

　　"千方百计保证国家粮食安全和主要农产品有效供给，千方百计促进农民收入持续增长，为经济社会又好又快发展继续提供有力保障。"这是 2009 年中共中央"一号文件"中把两个"千方百计"连在一起提出来的关键性话语，可见粮食安全与农民增收这两个问题的关联度之大，处理好这两个问题之间的关系极其重要。对此，在这一章，我们从 2008 年的国际粮价上涨导致许多发展中国家民众陷入粮食危机入手，对中国粮食特殊的历史地位及其异化，以及中国粮食安全面临的障碍因素作较为详细的分析，以引起我们对确保粮食安全与农民持续增收的高度重视，真正为我国经济社会又好又快发展提供有力保障。

第一节　全球粮价暴涨：对中国粮食安全的警示

一 日益上涨的粮价成了一场无国界的"寂静的海啸"

　　2012 年，恶劣天气、灾害、动荡及战争等天灾人祸，导致世界粮食价格上涨，世界粮食库存达到极低水平。美国、乌克兰等粮食出口大国的粮食储备降低到 1974 年以来的最低水平，其中小麦、玉米等主要粮食作物的价格已接近 2008 年 30 多个国家发生骚乱时的价格，世界面临"粮价冲击"。联合国发出警告，如果世界各国应对乏力，恐引发类似于 2008 年的全球粮食危机。在新一轮的世界粮食危机拉响警报之时，我们不得不重提 2008 年的全球粮食危机。

　　2007～2008 年，全球粮食价格飙升，粮食价格大幅上涨使世界上许多发展中国家民众陷入粮食危机，从亚洲的孟加拉国、朝鲜、柬埔寨、泰国、塔吉克斯坦，到非洲的厄立特里亚、尼日尔、科摩罗、利比里亚，再到美洲的海地等，30 多个国家严重遭受粮食危机影响。与此同时，由于大米短缺，一些发展中国家的贫困人口正在忍受饥饿。在孟加拉国，很多居民排成长队抢购粮食；在秘鲁，政府挨家挨户给人们分发粮食，为了避免白天大规模人群聚集，还专门由军队出面在夜晚发送。粮荒的严重冲击，加之米价创新高，世界各地因粮食短缺而引发的骚乱接连不断。

　　2007 年 10 月，印度举行了游行示威，示威者烧毁了西孟加拉邦数百家商店，谴责店主将政府补贴的粮食运到黑市高价转售；印度尼西亚和孟加拉国则发生了"大米暴动"，抗议大米价格上涨太快。2007年年底，塞内加尔和毛里塔尼亚也因粮价的上涨发生了游行示威。2008年1月，布基纳法索的博博迪乌拉索爆发当年第一轮骚乱风潮。示威者焚烧建筑、抢劫商店，抗议大米、牛奶和食用油涨价太快。随后，喀麦隆也爆发了针对粮食涨价的大规模示威，30多个城市的居民因为无法忍受日渐昂贵的生活成本，起来反对总统保罗·比亚，结果导致40多人死亡，数百人被逮捕。3月30日，塞内加尔首都达喀尔举行了数千人参加的游行。3月31日，科特迪瓦的首都阿比让陷入动荡，民众上街游行。4月6日，埃及北部尼罗河三角洲地区城镇马赫拉·科波拉也发生了罢工和示威，最后局面失控，演变成骚乱。很多国家的抗议变得越来越暴力，墨西哥人民发动了"玉米饼起义"，抗议他们最喜欢的主食玉米粉圆饼的主要原料玉米粉价格升得太快。4月15日，孟加拉国首都达卡爆发了数千名制衣厂工人举行的罢工，抗议米价飙升。示威者破坏建筑和汽车，政府调动军队、警察驱散工人，发生冲突。4月25日，菲律宾妇女拿着碗盘上街游行，抗议政府不采取措施控制飙升的米价。4月29日，美国波特兰出现抢购大米的风潮。在"粮食危机"影响下，孟加拉国、菲律宾、印度尼西亚、埃及、海地、墨西哥等30多个国家和地区爆发了由粮食涨价导致的骚乱。日益上涨的粮价已经成了一场无国界的"寂静的海啸"，世界面临"粮食冲击"。

二　粮荒导致一些国家和地区政局不稳

粮食危机引发政治动荡。由"饥饿暴动"引发"政治海啸"的逻辑是，天灾人祸使全球农业减产，导致农产品价格暴涨，造成贫困国家和地区食品供应形势恶化，最终引发社会骚乱和政治动荡。2008年，在海地因粮食涨价发生骚乱后，4月12日，海地参议院召开紧急会议，参议员们认为雅克·爱德华在推动海地增加全国粮食产量、保护民众免受犯罪侵扰等问题上工作不力，没有取得成效，认为他不具备领导政府的能力，并以此为由投票通过解除总理雅克·爱德华职务的提议，迫使海地总统普雷瓦尔任命新总理。

在巴基斯坦，粮食价格的高涨同样引发了人们对执政党的强烈不满。2008年1月，巴基斯坦举行了议会选举，很多选民们因为无法忍受高涨的粮价，并将之归咎于政府，给了总统穆沙拉夫领导的政党沉重一击。

在中东地区一些国家，食品价格高涨成为人民抗议政府活动的催化剂。2011年，很多突尼斯人因不满食品价格不断上涨而憎恶政府，最终将其颠覆。埃及人反对穆巴拉克政府的一个重要原因就是对政府未能控制食品价格不断上涨极为不满。尽管中东地区一些国家早就试图通过粮食补贴和抑制食品价格来预防危机，多年来很多人也一直靠政府补贴的廉价面包过活，但这种长期补贴政策的实施也极大地损害了农业生产，造成粮食供应不足。政府在应对食品抢购风潮时措施失当，涨价根源不仅没有消除，食品价格反而被进一步抬高，导致一些国家和地区政局动荡，引发"政治海啸"。

三　面对粮荒：联合国与多国政府纷纷出招紧急应对

面对粮荒，联合国与多国政府纷纷出招紧急应对。2012年，美国遭遇了半个多世纪以来最严重的旱灾，引发粮食减产、粮价飙升。二十国集团（G20）于8月27日召开紧急电话会议，商讨如何应对可能引发的全球粮食危机。许多与粮食相关的组织和智库也积极地研究如何应对新一轮粮食危机。例如，美国国际粮食政策研究所提出了停止"玉米变乙醇"等生物燃料政策，避免恐慌性购买，提高发展中国家的农业生产效率等应对危机的6点建议。

面对2008年的粮食危机，联合国官员呼吁各国采取措施，应对粮食短缺。首先是联合国27个重要机构于2008年4月28日在瑞士伯尔尼召开粮食会议，讨论全球粮价飙升引发的危机。秘书长潘基文主持会议，协调各方制订计划应对这个日益严峻的问题。

2008年7月9日，八国集团首脑会议讨论粮价上涨等问题，在日本北海道洞爷湖举行了八国集团同中国、印度、巴西、南非和墨西哥5个发展中国家领导人对话会议，主要讨论了世界经济、粮食安全、千年发展目标等议题。

2008年7月18日，第62届联合国代表大会就全球粮食和能源危机举行了特别会议，联合国秘书长潘基文强调了要采取的6项应对措施：保证弱势人群在当前紧急形势下得到帮助；增加2008年的农业生产；通过减少8个发达工业化国家对农业的补贴来促进平等贸易和市场自由流通；提高对农业和乡村发展的投入；加强全球粮食市场管理以满足各国民众需求，通过最大限度减少出口限制和粮食产品税来平抑价格；对生物燃料生产的补贴及出口关税保护进行重新评估等。

一些国家积极购买粮食，缓解本国粮食危机。面对粮食短缺问题，世界最大稻米进口国菲律宾一方面积极扩大进口，确保国内大米的供应；另一方面采取价格补贴政策，为国内民众提供廉价大米。总统阿罗约于2008年3月8日宣布从国外购买100万吨大米。海地总统普雷瓦尔12日宣布，国内粮食交易商降价销售，政府承担补贴。4月10日，利比亚与乌克兰签订秘密双边购粮协议，通过这种方式获取珍贵的粮食。此前，埃及和叙利亚也签署了一份协议，埃及同意向叙利亚提供大米，以换取对方的小麦。印度与哈萨克斯坦也展开会谈，准备收购哈萨克斯坦的小麦。

一些粮食出口国控制大米出口，以防本国出现粮食危机。柬埔寨和埃及在2008年3月27日公布了大米出口禁令。3月28日，越南政府表示当年大米的出口量将减少22%。3月28日，印度宣布将出口大米的最低价格大幅调高，由每吨650美元增至每吨1000美元。4月2日，世界第三大大米生产国印度尼西亚宣布，将控制大米出口。埃及为维护国内粮食价格和食品价格稳定，从4月2日起取消大米、食用油等粮食的进口关税。4~10月禁止埃及大米出口，保障国内市场供应。

泰国动用政府储备平抑飙升的米价。尽管泰国是世界上最大的大米出口国，但在急剧攀升的全球物价影响下，泰国的米价不断上涨。为防止稻农以出口大米换取现金而导致的市场短缺，2008年4月2日，泰国商业部宣布拿出65万吨政府储备米投入国内市场以平抑急升的米价。

法国加大对粮食的管理力度，在确保自给自足的同时，实行部分粮食出口政策。法国虽然粮食产量大，是欧洲最大的农业国，也是世界第二大粮食出口国，自给率高达329%，但是对粮食的管理毫不松懈。政府收购的粮食一部分储存在政府租用的粮库里待售，一部分用于出口。

第二节　历史的沉痛教训：中国粮食特殊地位的考察与分析

一　不断深化对粮食现实性、特殊性问题的认识

随着世界经济的发展变化，国内外粮食生产和消费也在发生一系列重大变化：粮食供求关系紧张、粮价总体持续上涨及结构性矛盾突出等，都引起世界各国人民的极大关注。面对国内外粮食安全形势发生的新变化，我们不得不重新认识我国的粮食安全问题，在新形势下确保我国粮食安全对我们贯彻落实科学发展观、保证经济社会平稳健康发展具有重要意义。因此我们有必要不断深化对粮食现实性、特殊性的认识。

（1）粮食是一种特殊商品。由于粮食供给的价格弹性大，需求的价格弹性小，所以粮食如果生产过多，就会出现"卖粮难"问题，这就会导致增产不增收的局面，农民的生产积极性将会受到严重打击；如果生产少了，就会出现粮食价格暴涨现象，广大消费者将难以承受。另外，粮食供求受到商品价值规律、政府宏观调控和干预的双重支配及影响，而后者在稳定粮食价格方面起着更重要的作用。

（2）粮食是基础性公共产品。粮食是人类的必需商品，也是国民经济战略物资，因此粮食是基础性公共产品。如果不正确引导，粮食的"放大效应"往

往往会带来一个国家或地区的经济或政治的动荡。我国 20 世纪 80 年代末和 90 年代初两次出现通货膨胀，都与粮食供求出现问题有关。而 2007～2008 年印度、塞内加尔、毛里塔尼亚、喀麦隆、墨西哥等 30 多个国家和地区的政治动荡也与粮食价格的暴涨有关。因此粮食是基础性公共产品的属性决定了粮食供需矛盾必须靠市场调节及国家宏观调控来共同解决。

（3）粮食是多功能产品。粮食具有提供食品和原料、保障国家安全、促进农民增收、保持生态稳定、促进环境保护、传承历史文化等多种社会、经济、生态、文化功能。因此我们不能简单地用经济标准来衡量粮食产业。

（4）粮食是弱质产业产品。由于粮食是自然再生产和经济再生产相结合的产物，所以粮食生产受到自然风险与市场风险的双重影响。加之受到我国农业基础设施薄弱、生产经营规模小、农民素质不高、地区发展不平衡等因素的影响，我国的粮食生产比较效益尤为低下。近年来，在中央一系列惠农、支农和强农政策与措施的强有力推动下，种粮效益稳步提高。但与经济作物相比，粮食效益差距仍然较大。目前，粮食与棉花效益、粮食与蔬菜效益之比分别为1∶5和1∶4，广大农民种粮的积极性仍然不高。因此，我国政府必须借鉴发达国家的普遍做法，采取特殊政策对粮食生产进行长期扶持，以确保国家粮食安全与种粮农民收入的提高。

二 中国粮食特殊地位的历史考察

粮食安全既是一个现实问题，也是一个演绎了几千年的历史问题。粮食之所以成为世界焦点，是因为它的特殊地位。对这一点，世界上没有任何一个民族能像中国人那样感受深刻。阅读中国的历史文献，许多著作中都有关于粮食、饥荒的记述。例如，《中国灾荒史记》中就有这样的记载："清光绪三年到五年（1877～1879 年），山西、河北、河南、山东四省大旱三年，仅饥饿而死的就达1300 万人。民国 18～19 年（1929～1930 年）陕西大旱，饿殍遍野，千里无人烟。民国 31～32 年（1942～1943 年）春大旱，仅河南一省就饿死数百万人。"

饥荒带来严重的政治、经济后果，使社会和人民付出了沉重的代价。中国历史上屡屡发生的农民起义，其实往往是饥民起义，几乎无一不是以灾荒为背景的。

西周末年，连续 6 年的大旱灾爆发以后，因饥饿而发生的农奴起义此起彼伏、接连不断。《诗经》写道，"民之无食，相怨一方"、"民之未戾，职盗为寇"。

秦始皇时，国家苛捐杂税，农民劳役和兵役繁重，到了秦二世，更是横征暴敛，民不聊生。残暴统治下农民揭竿而起，农民起义很快便席卷全国，起义者一呼而饥民四应,秦朝成为中国历史上第一个短命王朝。

西汉王莽天凤四年,山东、江苏、湖北等地大饥荒,饥民掘草根为食,爆发了绿林起义与赤眉起义。

东汉末年,统治阶级残酷压榨人民,再加上水利不修,连年灾荒,农民们贫困至极,流离失所。汉灵帝建宁三年,饥荒严重,人们无以为食,出现了人吃人的现象。在这种严重的饥荒下,爆发了黄巾起义。

隋朝末年,中原地区发生春荒,仅河南荥阳一带每天饿死的人就有1万之多。各地官仓虽有粮食,却不肯开仓赈济。人民开始采食树皮,后来煮土为食,最后以人为食,终于导致瓦岗军起义。

唐朝末年的王仙芝、黄巢起义,也是灾荒所致。据《旧唐书》记载:"乾符中,仍岁凶荒,人饥为盗,河南尤甚。初,里人王仙芝、尚君长聚盗,起于濮阳,攻剽城邑,陷曹、濮及郓州。"

天灾下的饥荒也导致了元末农民起义。据《元史》记载:"元统元年京畿大雨,饥民达四十余万。二年江浙被灾,饥民多至五十九万,至元(后)三年,江浙又灾,饥民四十余万。至正四年黄河连决三次,饥民遍野。"在天灾人祸的迫害下,农民成群地离开土地,武装起义相继而起。

明朝李自成起义也源于饥荒,据《明史》记载,"崇祯元年,陕西大饥,延绥缺饷,固原兵劫州库。白水贼王二,府谷贼王嘉胤,宜川贼王左挂、飞山虎、大红狼等,一时并起。有安塞马贼高迎祥者,自成舅也,与饥民王大梁聚众应之"。

除了上述社会政治动荡以外,饥荒在经济上的后果往往是农田荒芜、经济倒退、民生凋敝。

几千年来,中国封建社会都以小农经济为基础,因此劳动力的多寡直接影响着农业和国家经济的兴废。每一次饥荒,老百姓或逃荒或非正常死亡,必然导致人口的大量减少,致使大片土地荒芜。

历史上,一般的农民即使在正常年份已是相当贫困,不少人家甚至依靠典当或借贷维持生活。在灾荒时期,农民们往往又要受到赋税和高利贷的双重压迫,生计已是难以维持,就更不要说进行农业扩大再生产了。中国几千年的封建社会,经济上始终走不出周而复始的饥饿的怪圈,就很能说明这一问题的严重性。

除了政治、经济的恶果以外,灾荒问题的严重性,还在于导致环境进一步恶化,并形成恶性循环。

史沫特莱1929年所写的《中国的战歌》中有一段话,也许是对这个问题极好的说明。她描写道:"好几百万农民被赶出他们的家园。土地卖给军阀、官僚、地主以求换升斗粮食,甚至连最原始简陋的农具也拿到市场上出售。儿子去当兵吃粮，妇女去帮人为婢，饥饿所逼，森林砍光，树皮食尽，童山濯濯，土地荒芜。雨季一来，水土流失，河水暴涨；冬天来了，寒风刮起黄土，到处飞扬。有些城镇的沙丘高过城墙，很快沦为废墟。"这段文字既是对灾象的描述，也是对灾因的分析，它真实而又生动地说明了为什么在旧中国的这块土地上，总是旧的灾荒创伤尚未治愈，新的灾荒又接踵而至。

在旧中国，稍微大一点的灾荒后十多年甚至几十年国家与农民都恢复不了元气。1841~1843年，连续三年黄河发生决口。1841年河南祥符决口，水围开封8个月，大水经过的村庄，人烟断绝。1842年，江苏桃源决口，苏北一带还在田里的秋粮都被淹没。1843年，河南中牟决口，河南、安徽、江苏三省数十县成了"一片汪洋"，受灾后的地区不仅有大量的人口死亡和流失，房屋、道路、桥梁、树木被冲毁，而且被水淹渍的土地则迅速沙化和盐碱化。灾荒带来的破坏，在很长时间里都难以恢复。

孙中山先生对灾荒与生态恶化的关系也有非常深刻的认识。他认为水灾一年多过一年是"由于古代有很多森林，现在人民采伐木料过多，采伐之后又不行补种，所以森林很快减少。许多山岭都是童山，一遇了大雨，山上没有森林来吸收和阻止雨水，山上的水便马上流到河里去，河水便马上泛涨起来，即成水灾"。同时他也指出"多种森林便是防水灾的治本方法"，他认为有了森林，天气中的水量便可以调和，便可以常常下雨，旱灾便可以减少（孙中山，1956）。

几千年来的中国灾荒不断，贫穷与饥饿始终影响着中国。历代封建统治者的剥削掠夺，官府污吏的横征暴敛，更加深了处于饥饿之中人民的苦难。

新中国成立尤其是改革开放以来，几乎也是年年发生自然灾害，甚至还发生过百年不遇的大水、大旱、大地震及冰灾等，但都没有因灾害造成社会动乱、人民贫困。相反，每经过一次大灾，党和政府采取的有力、卓有成效的抗灾救灾措施赢得了人民群众的信任，增强了人民群众战胜灾害的信心。

三 世界粮食地位开始异化

从以上事实不难看出，整个人类社会的历史，就是一部生活资料生产（首先是粮食）与人类自身生产这"两种生产"不断对立统一的历史。粮食作为一种重要的生产资料，近几个世纪以来，它不仅已经变成世界性的战略物资，而且开始异化，成了国际政治斗争中的一种"筹码"和"谈判工具"。20世纪70年代初，美国时任国务卿亨利·基辛格曾对一位记者说："如果你控制了石油，你就控制了所有国家；如果你控制了粮食，你就控制了所有人；如果你控制了货币，你就控制了世界。"（康晓光，1997）他将粮食作为外交三大政策的核心之一。美国前农业部部长厄尔·巴茨这样对《时代》记者说："粮食是一种武器。现在粮食是我们在谈判时所用的最主要的工具之一。"（石如东，1995）巴茨并非自吹自擂，他的话是有根据的。2012 年，全世界以粮食为主食的达 35 亿～40 亿人，约占总人口的 3/4。这么多的人需要粮食度日，而美国又是全球最大的产粮国，所以，粮食很自然就成了美国手中的"王牌"。他们一方面千方百计扩大粮食出口；另一方面利用"援助"、"救济"的名义，以粮食向受援国换取战略物资，或者把粮食附加若干条件贷给受援国，以便从经济、政治、军事上对这些国家进行控制。粮食的这种异化越来越激起发展中国家的反对。

第三节　警钟必须长鸣：中国粮食安全险象环生

粮食安全就是要确保每个人在任何时候都能得到安全的、富有营养的、多层次需求的食物，以保持一种科学、健康、文明、自由、和谐的生活。但由于粮食的商品特殊性、基础性和公共性，供给量的变化能够引起粮价的变化。如果供给量不足，在"放大效应"的影响下，会引起人们的恐慌，进而引发社会危机。尽管 2004 年以来，中央对粮食生产的大力扶持，使我国粮食连续 8 年增产，但目前我国粮食增产增收的基础还不稳固，粮食产量与粮食需求的缺口仍然较大，因此供求趋紧可能是今后相当长一个时期的常态，这必须引起我们的高度关注。

一　耕地数量逐年减少

土地是人类赖以生存的重要生产资料，而耕地是土地中的精华。在制约粮食生产的条件中，耕地的面积和质量是主要因素。

我国耕地资源存在一系列问题，绝对数量大、人均数量小，质量欠佳，耕地减少情况严重且资源区域分布不均衡。国土资源部历年公布的数据显示，1986～2010 年，我国耕地数量呈现减少趋势，1986～1995 年，仅建设用地就使耕地净减少 1.45 亿亩[①]，1996～2010 年净减少 1.33 亿亩，建设用地使耕地平均每年净减少 1000 万亩，耕地保有规划屡被打破。近年来我国实行了冻结审批、严查、建立土地督察、垂直管理等严格的耕地保护政策，加大了对耕地的保护力度，耕地面积减少的趋势虽然明显放缓，但耕地保有量仍然在减少："十一五"期间，我国耕地保有量年均递减 0.13%；2010 年，我国耕地保有量为18.18 亿亩，刚刚达到根据国务院颁布的《全国土地利用总体规划纲要（2006—

---

① 1 亩≈666.7 平方米。

2020 年)》中 2010 年全国的耕地保有量 18.18 亿亩的标准。目前我国正处于工业化与城镇化加快发展阶段,耕地保护任重道远,形势异常严峻。如果耕地保护稍有松懈,耕地面积减少的趋势不能得到有效控制,2020 年 18.05 亿亩的中国耕地红线就将面临随时被突破的危险。

建设用地和退耕还林是我国耕地减少的两大主要原因。一些地方为了眼前利益,通过各种违规、违法手段占用大量耕地甚至基本农田,以未批先建、以租代征等方式,使耕地保有量一度处于失控状态,尤其是 2002~2003 年,圈占、滥用耕地的热潮席卷全国,年均新增建设用地竟达 682 万亩。从 2004 年开始,全国深入开展了土地市场治理整顿工作,圈占、滥用耕地的势头基本得到遏制,但是并没有完全刹住未批先建等违法占用耕地之风,2006 年未批先建占用耕地面积仍然达 55 万亩。有些地方的退耕还林、还草、还湖等事业也减少了耕地面积。根据水利部第二次遥感普查结果,2000 年全国水土流失面积已经达到了 367 万平方公里,占国土总面积的 1/3 以上,30% 左右的耕地不同程度地受水土流失危害。水土流失主要表现为土地沙化、石漠化,退化严重。我国目前已有 40% 的耕地退化,约有 393.53 万公顷农田、493.58 万公顷草场受到沙漠化威胁,草原以超过 130 万公顷/年的速度退化。在耕地数量不断减少的同时,我国耕地质量也在普遍下降,许多地方优质高产田在减少,劣质低产田在增加,"占优补劣"是导致耕地质量不断下降的重要因素。同时我国后备耕地资源也存在量少、质差、开发利用难度大等问题。为了不使后备耕地资源数量进一步减少,国家要求各地在建设占用耕地的同时,必须进行土地整理复垦,确保耕地占补平衡。目前这一目标基本实现,但是保护耕地"重数量、轻质量"的倾向仍然普遍存在,"占优补劣"问题没有得到根本解决。从数量上看,近年来全国耕地"补大于占",2008 年全国建设占用耕地 19.16 万公顷,土地整理复垦开发补充耕地 22.96 万公顷,实现了数量上的"补大于占"。但是从质量上看,"占优补劣"问题依然没有得到根本解决,严重威胁着我国粮食安全。2005 年我国建设占用了 67% 有灌溉设施的耕地,但只有 35% 有灌溉设施的耕地得以补充。由于自然条件的限制,我国通过整理复垦开发补充耕地,尤其是补充优质耕地的潜力十分有限,难度越来越大。目前我国水资源充沛、热量充足的优质耕地仅占全国耕地面积的 1/3,优质农田产量比劣质农田产量高 2 倍。而且优质耕地地区分布不均衡,主要分布在经济发达、建设占地多的东南部地区。如何从耕地数量和质量两方面同时实现占补平衡,既是我国耕地保护工作的一大重点,也是一大难点。

二 生态环境不断恶化

长期以来,我国人地矛盾突出导致农民盲目地毁林开荒,加之不合理的生产活动，导致我国水土流失严重。另外，从经济利益出发，盲目开采矿藏、大面积开发原始森林，以及过度放牧加剧了水土流失和土壤的沙漠化。目前，我国沙漠化面积大、发展速度快、危害程度深，是世界上沙漠化受害最深的国家之一。我国耕地沙漠化的面积约占全国国土面积的 18.03%，其中干旱、半干旱地区耕地分别有 44.16% 和 37.03% 的沙漠化（国家林业局，2011），而且全国沙漠化土地还呈上升趋势，每年增加 2100 平方公里。大面积的扬沙天气在我国北方地区春夏之交经常可以见到，沙尘暴已经严重威胁到人们的生产、生活。同时我国北方地区缺水现象日趋严重。调查显示，目前我国 31 座重点大型水库已有 4 座在死水位以下运行，中小型水库和塘坝已经干涸，重旱地区中小河流已经断流。1972 年，黄河下游首次出现断流，以后断流现象时有发生，进入 80 年代断流更加严重，到 90 年代不仅断流次数更加频繁，而且断流的时间更长，最长的一次是 1997 年的断流，长达 226 天（马建华等，1999）。严重的干旱缺水极大地影响着人们的生产生活，上千万亩的耕地无法下种，每年粮食减产，经济损失较大，数百万人生活饮水困难。严重的干旱缺水已成为我国农业稳定发展和粮食安全供给的主要制约因素。我国北方地区严重缺水的主要原因是多方面的。一方面是自然因素的影响。我国水资源的分布特点是空间和时间上不均匀，南方多北方少，夏秋多冬春少。这种客观水情分布特征加重了我国水资源的供需矛盾。另一方面是人为因素的影响。滥垦、滥牧、滥伐、滥采、滥挖及过度用水，导致水资源枯竭、土壤沙化严重，加剧了水土流失。这些流失的表土淤积江河湖库，使江河湖库调蓄能力和泄洪能力大为降低，洪涝灾害频繁发生。除此以外，农业生产中大量施用农药、化肥也加剧了农业的病虫害，并且使土壤板结，地力减退，更为严重的是，严重污染了食物，损害了人体健康，这一切都与我们经济、社会、生态的和谐发展背道而驰。

● 三 科研与种植技术滞后

农业科学技术是整个社会科学技术总体中的一个重要组成部分，是揭示农业生产领域发展规律的知识体系及其在生产中应用成果的总称。现代科学技术在经济和社会发展中的作用越来越显著。邓小平同志提出"科学技术是第一生产力"，这一论断不仅为我国农业现代化的发展指明了方向和道路，也为我国经济和社会的发展提供了强大的动力。因此农业现代化的关键是科学技术现代化，现代科学技术能否在农业生产中广泛运用，决定着现代化农业建设能否实现。例如，电子计算机、电子仪表和遥控技术为农业生产工厂化、自动化、电子化和经营管理科学化创造了条件；红外线和紫外线照射技术、原子能辐照技术、系列化分析技术对农业生产的发展和产品储藏保鲜起了重要作用；生物科学的新发现、新理论，生态农业、生态工程的发展为农业向广度和深度发展开拓了新途径；卫星导航和卫星遥感技术的利用为人类防御自然灾害和勘察农业自然资源提供了新手段。在发达国家，60%～80%的农业增产是依靠技术进步实现的。而我国现代科学技术在农业生产中的运用还没有普及，粮食生产中的科技含量还不足40%，与经济发达国家相比有明显差距。我国粮食生产工具与手段仍然较为传统，不少地区的农民至今仍是依靠经验种地，生产工具也比较落后。因此，劳动生产率低，产品质量差，农民的经济收入不高，既无法调动农民的生产积极性，又不能满足人民生活水平日益提高的需要。如何提高粮食亩产量、降低成本、提高质量，最终还是要靠科技来解决。农业科技落后、创新能力弱成为制约我国粮食供给的主要因素。

随着生物科学的兴起，近几年许多农业科学家把注意力转移到了遗传育种技术方面，导致了栽培和田间生产管理等技术的停滞；而在杂交水稻技术问世之后的很多年里，也少有突破性农业技术问世，造成了粮食作物单产连续多年徘徊。我国粮食平均单产水平远低于西方发达国家，以玉米为例，2000年我国玉米单产为5300公斤/公顷，还不及美国1979年（6874公斤）的水平（闫丽珍等，2004）。我国农业生产技术还很落后，因此国家有必要专门集中一部分人力、物力和财力来加强现代农业生产技术的开发。

四 种粮比较效益低下导致农民积极性下降

由于粮价低而粮食生产成本不断上升、种粮收益差，农民种粮积极性呈下降之势。据我们调查，2007年，湖南早稻、中稻和晚稻的生产成本分别在68.3元/担、64元/担和70元/担左右。在上市收购旺季，平均利润在14元/担左右，农民种一亩田利润约为100元，产量低的可能还会亏本。我国粮食生产直补政策推行之初，一定程度上调动了农民种粮积极性，但随着农资价格的上涨、粮价过低，收益与劳动成本的严重不对称，粮食生产直补的功效也淹没在农资涨价中。因此农民除满足自我口粮需求外，不愿多种，种一季稻的农户越来越多，耕地抛荒现象越来越严重。更令人担忧的是全国各地都不同程度存在土地抛荒现象，且有蔓延之势。越来越多的耕地抛荒无疑是一个非常危险的信号，应该引起我们足够的重视和警惕。究其原因，多是种粮利润少、效益低，远比不上外出打工所挣得的收入。自2004年以来，国家出台了一系列惠农政策，加大了对农民种粮补贴的总额，但具体分摊到每家每户，补贴数量却并不大，种粮的吸引力仍然不够。

大量耕地被抛荒，直接导致粮食减产。历年《中国统计年鉴》显示，1998～2003年，我国粮食总产量呈下降趋势。1998年我国粮食总产量为51 230

万吨，之后开始大幅下降，2003年降至43 069.5万吨。从2004年开始在中央加大支农投入、出台系列惠农政策的激励下，又出现连续8年的增收景象，2011年粮食总产量达57 121万吨，达到历史最高水平。但因物价上涨、农资价格上涨而吃掉了农民预期种粮收益的问题仍然十分严重。据国家统计局湖南调查总队对37个县（市）的调查，2007年全省种植双季稻的比较效益如表1-1和图1-1所示。

表1-1　2007年种植双季稻与种植其他经济作物效益横向比较　（单位：元/亩）

项目	双季稻	棉花	烤烟	西瓜	黄瓜	辣椒	莲藕
产值	1291.7	1409.1	1638.8	2071.2	3265.8	3151.5	3858.8
消耗	545.1	336.9	756.3	418.3	819.4	895.5	882.2
效益	746.6	1072.2	882.5	1652.9	2446.4	2256.0	2976.6

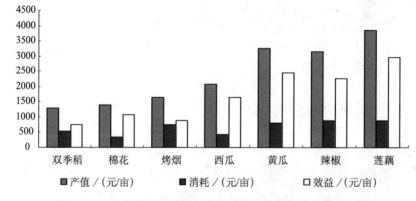

图1-1　2007年种植双季稻与种植其他经济作物效益横向比较

　　2008年，我国政府提高了对种粮的补贴标准，加之粮食收购价格的提高，使得水稻生产效益同其他农作物生产效益的差距缩小了，但差距的缩小只是与2008年以前几年的差距相比较而言的，2008年水稻生产效益同其他农作物生产效益的差距仍然相当于20世纪90年代中后期的水平。2008年，双季稻每亩种植效益（不计人工成本）比棉花的种植效益低30.4%，比烤烟的种植效益低15.4%，而种植莲藕、黄瓜、辣椒和西瓜的效益分别是种植双季稻效益的4.0倍、3.3倍、3.0倍和2.1倍。由此可见，政府对种粮补贴的增加与粮价的提高并没有从根本上改变种粮比较效益低下的局面。在比较效益的驱动下，种粮农民自然选择种植比较效益更高的经济作物，或者外出打工，如表1-1和图1-2所示。

　　从图1-2和表1-2可以看出，双季稻产值在2004～2005年下降后呈逐年上升趋势, 2008 年达到 1339.7 元/亩; 生产成本在 2004～2008 年连年提高, 2008 年上涨幅度较大, 达到 664.1 元/亩; 生产效益呈震荡下降趋势, 2004 年生产效益达到最好 (867.7 元/亩) 后, 2005～2006 年呈下降趋势, 2007 年效益有所上升, 2008 年效益又下降。由于农资价格上涨过猛, 生产成本增加过大, 农民种粮积极性正在经受考验。

表 1-2 双季稻种植效益纵向比较 (单位: 元/亩)

项目	2004 年	2005 年	2006 年	2007 年	2008 年
产值	1236.5	1122.6	1211.6	1291.7	1339.7
消耗	368.8	465.2	481.6	545.1	664.1
效益	867.7	657.4	481.6	746.6	675.6

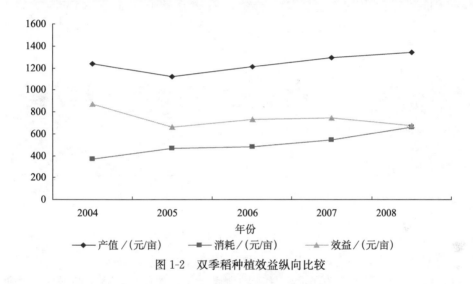

图 1-2 双季稻种植效益纵向比较

1. 种粮与外出打工的效益比较

如果按照目前的农资价格测算, 农民种一亩早稻的化肥、农药投入将从 45 元增加到 60 元以上, 每亩投入将增加 30% 以上, 加上其他农资产品涨价部分, 农民从粮食补贴中获得的利益不多。按我们调查的湖南农民承包的耕地计算, 一个普通劳动力一年的种粮收入大约在 4000 元, 而一个普通劳动力一年打工的收入为 10 000 元左右, 一年打工收入比种粮收入多 6000 元左右, 是种粮收入的 2.5 倍。尽管政府种粮补贴增加、粮价上涨, 但也只是让种粮农民略有赢利, 与打工收入相比, 种粮的机会成本仍然较大, 所以农民种粮意愿依然偏低, 难以在家安心种粮。

2. 种粮比较效益低的主要原因

不断上涨的农业生产资料价格导致种粮的成本大幅上涨，种粮比较效益低。自 2007 年年初以来，化肥价格随着煤炭、石油等能源化工材料价格的上涨而上涨。同时，种子、农药、机械等农资市场零售价格也以 10％～20％ 的幅度全线上扬，因此农民每亩作物实际投入成本较 2006 年同期增加 80 元左右。2007 年 3 月，湖南省农资价格同比上涨 32.9％，环比上涨 7.1％。其中，化肥、农药、农用机油及农业生产服务费分别上涨 27.6％、19.6％、15.1％ 和 34.7％。据笔者团队对湖南省益阳市南县的调查显示，2007 年 3 月，农户购买的碳酸氢铵、磷肥及钾肥价格上涨幅度较大。碳酸氢铵均价每 50 公斤 34 元，同比上涨 26％；磷肥均价每 50 公斤 32.7 元，同比上涨 42％；钾肥均价每 50 公斤 165 元，同比上涨 43.5％。湖南省农调队岳阳调查队对部分农用生产资料价格进行了专门调查，情况如表 1-3 所示。

表 1-3 岳阳部分农业生产资料价格对照

项目	尿素	钾肥	碳酸氢铵	钙镁	过磷酸钙	复合肥
2006 年价格/（元/吨）	1950	2200	560	440	420	1100
2007 年价格/（元/吨）	1950	2300	600	500	480	1140
2008 年价格/（元/吨）	2040	3200	760	730	710	1536

农业生产资料是农业生产的物质保障，其价格高低直接决定着农民的生产成本，因此农资价格的上涨是影响农民增收的一个关键因素。如果农资价格平均上涨 10％，农民种粮成本就要提高 6％。以化肥为例，我国农资市场每年的化肥销量在 8000 万吨左右，如果每吨化肥平均涨价 100 元，那么农民将增加 80 亿元左右的投入。尽管从 2006 年开始我国全面废除了农业税，政府还增加了种粮补贴，粮价又比早些年大有提高，但农民并没有从中得到太多实惠。因为农资价格的大幅上涨在一定程度上"吞噬"了种粮直接补贴、降低农业税等国家优惠政策给农民带来的实惠，农资价格的上涨也"淹没"了粮食涨价给农民带来的效益。政策补贴是有限的，粮食最低保护价和实际收购价的作用也是有限的，而农资价格上涨是无限的，农民宁愿政策补贴不增加，粮食价格不上涨也不愿意农资价格猛涨。可以说，农资价格的猛涨是广大农民最深恶痛绝的，也是最伤农民种粮积极性的，是制约粮食生产的最大瓶颈。

湖南省的情况在全国各地都有不同程度的反映。哈尔滨市政府部门的监测信息显示，2008 年哈尔滨种子、化肥、农药、农膜、柴油等农业生产资料价格同比上涨 20％ 以上，部分品种涨幅达到 50％ 以上。农资价格的上涨影响了农民种粮的积极性，哈尔滨市农业部门对农民的入户调查显示，超过 1/3 的农户春耕资金尚缺一半以上，超过 1/3 的农户全部春耕资金尚无着落，极少数农户购买了水稻种子，其他生产资料均无人购进。80％的农户手中余粮占总产量的七成以上。农户购买种子积极性不高的主要原因就是化肥价格飞涨，不少农民持币观望（孙英威和韩世峰，2008）。

五 人口增长导致粮食刚性需求增加

民以食为天，粮食是人类生存的基本条件，也是一国建设的基础。因此粮食安全问题是一个国家的战略问题，是任何时候都不容忽视的。对于中国来说更是如此，因为中国正处于工业化和城镇化发展的中级阶段，工业化和城镇化迫切需要有大的发展，但人口增长总量过大给发展带来的压力依然十分巨大。

人口作为消费者是无条件的，马克思曾说过："从人出生在地球舞台上的第一天起，每天都要消费，不管他开始生产以前还是生产期间都是一样。"庞大的人口规模和持续的人口增长规模将给我国粮食安全带来巨大压力。第六次全国人口普查数据显示，中国总人口是 13.7 亿人，如此庞大的人口基数，即使保持较低的生育水平，在巨大的惯性作用下，我国未来人口的稳定增长还将持续到2040 年左右，那时我国人口总数将达到峰值 15 亿～16 亿人，然后进入零增长甚至负增长阶段。巨大的现有人口规模和持续的人口增长规模，使我国的粮食生产一直在巨大的人口负荷的紧张状态下进行，粮食总量多，但是人均量少，人均粮食产量提高的步履缓慢。2008 年，我国人均粮食占有量比 1978 年仅提高40 公斤左右。而且随着工业化和城镇化进程的加快，建设占用耕地呈上升态势，耕地总面积呈减少趋势，因此我国粮食产量持续增长面临的压力越来越大。古典政治经济学家威廉·配第说："土地是财富之母，劳动是财富之父。"这充分说明了土地是粮食的载体，土地是一种不可再生和不可替代的资源，这就形成了人口不断增加与耕地面积不断缩小之间的矛盾，而这对矛盾又外化钳制着人口与粮食的关系。不断增长的人口压力还会导致资源和环境对粮食生产的约束。预计到 2020 年，粮食总需求量为 6.9 亿～7.5 亿吨，粮食总产量为6.7 亿～7.1亿吨，供需缺口达到 0.2 亿～0.5 亿吨，贸易依存度达 8％左右。

无序的人口流动和低效的人口城镇化对我国农业生产特别是粮食生产造成了极大的破坏，为此我们付出了沉重的代价。目前我国流动人口总数相当大，2011 年有 8000 万人左右，其中 80％是农民。人口流动本来应该是社会充满生机和活力的表现与契机，但在我国人口流动机制不完善、社会化程度低下的国情下，我国的人口流动具有很大的无序性，许多人盲目流动，造成了劳动力资源和土地资源的浪费。现在农村大量青壮年外流，留守农村担负耕种重任的多是妇女和老人，导致了大量耕地长期弃耕撂荒，有限的土地资源得不到有效利用。

从农业繁重的体力劳动要求来看，妇女和老人难以负荷和胜任；再从农业对生产技能和经验的要求来看，妇女和老年人也难以胜任。因为我国农业尚停留在传统农业阶段，主要以人力和畜力为生产工具，妇女和老人孱弱的劳动力与以畜力为生产工具的土地生产要素的配置不可避免地造成农业劳动生产率低下。1988～1990 年三年治理整顿时期，不少外出打工的青壮年农民返回农村进行耕作，粮食生产队伍得以充实，从而使我国粮食产量大为增加，1990 年人均粮食产量达到了 393 公斤，创造了历史最高水平。

我国人口分布与商品粮产地不平衡的矛盾，给粮食生产总量提高和地区平衡带来了困难。东北地区的三江平原、松嫩平原地多人少，每个劳动力平均要担负 27 亩地的种植任务，粮食商品率高；黄河中下游、长江中下游、珠江三角洲等地区人多地少，特别是福建、广东大多数县（市）人均只有几分地，粮食商品率不高。目前我国九大片商品粮基地的粮田面积还在减少，近年已减少了 2000 多万亩。人地关系不和谐和商品粮基地分布不平衡，给粮食生产的总量提高和地区平衡带来了困难。

我国农业劳动力素质低下的特征也严重制约了粮食生产的纵深发展，制约我国粮食产量和人均占有量的快速提高。在城乡比较利益的驱动下，大批有文化、有技能的较高素质劳动力从农村流向了城镇，导致农村中老人、妇女、儿童和文盲、半文盲聚集，劳动力素质低下，农业生产人才缺乏，这势必阻碍我国农业科学技术的推广和农业劳动生产率的提高。农业产业的弱质性，使得它具有较大的自然风险，因此更需要有科技和人才的投入。而目前我国农村低素质的劳动力只能被动地接受大自然的天然恩赐，缺乏足够的防治和抗御能力去应对来自自然界的灾害和威胁。低素质的劳动力势必阻碍和延缓我国农业经营由粗放型向集约型的转变，使我国农业长久徘徊在传统农业阶段，难以实现农业的现代化和粮食产量的大突破。

六 种植结构性矛盾突出

人们对食品的需求是多层次、多样化的，这就要求粮食的种植是多样化的。如果种植单一品种的农作物，将难以满足人们对各种不同食品的需要，直接影响到粮食安全。同时，种植单一品种的农作物也不符合联合国对粮食安全问题的阐述。以湖南省为例，近年来，湖南省粮食生产稳步发展，总量大体平衡，丰年有余，品种结构有所改善。但随着粮食消费和市场需求的变化，粮食生产和流通中的结构性矛盾仍然十分突出。随着我国市场经济体制的建立与完善，目前湖南省农产品处于买方市场，粮食生产中很多深层次的矛盾和问题现已暴露出来：一是粮食供求结构与市场需求不相适应，普通稻谷生产过剩，优质稻谷生产不足，高度依赖进口，玉米、高粱等饲料及工业用粮严重不足；二是普通稻谷压库滞销，财政补助包袱沉重；三是市场粮价持续低迷，生产成本不断上升，粮食生产效益滑坡，市场竞争力弱，农民增产难以增收。

七 跨国粮商操控中国粮市愈演愈烈

阿丹米（ADM）、邦吉（Bunge）、嘉吉（Cargill）和路易达孚（Louis Dreyfus）（简称"ABCD"）四大跨国粮商加上益海嘉里，被称为国际粮商五巨头。这些跨国粮商在"全产业链的渗透"战略指导下，对中国市场"步步为营"，它们遍布中国各地，在食用油、稻米面等行业，分别把控种植、加工、物流、贸易及科研等产业链各环节，控制中国油脂、粮食市场。

益海嘉里（由美国 ADM 和新加坡丰益国际集团共同投资组建）目前在中国直接控股的工厂和贸易公司已达 38 家，控股"金龙鱼"，参股"鲁花"等多家国内著名粮油加工企业，工厂遍布全国。

路易达孚（北京）于 2006 年从中国政府手中获得玉米国内贸易的许可证后，积极拓展国内市场，从中国出口玉米的业务不断增长，同时也是中国最大的棉花供应商。

嘉吉在中国 20 个省市投资建立了 34 家独资与合资企业，在中国投资项目广泛，包括动物饲料、饲料蛋白、植物油、玉米加工、各种食品配料和化肥等。

邦吉 2000 年正式进入中国，已成为中国最主要的大豆和油菜子供应商。该集团在中国已建有 4 个大豆加工厂。目前五大国际粮商巨头已经占领了中国大豆有效加工能力的一半以上和进口大豆的 80%。

这几个国际粮商巨头进入中国之后，在短时间内形成垄断格局，它们通过控制收购节奏冲击我国现有的粮食价格体系，挤压我国粮食市场，造成国内大豆、棉花、食用油等产业持续大面积的亏损，极大地威胁着我国的粮食安全。

第二章 粮食主产区农民增收现状

第一节　粮食主产区的界定

"苏湖熟，天下足"到"湖广熟，天下足"的民间谚语，反映了中国历史上粮食生产中心与经济中心南移的过程。在北大荒开发之后，东北地区粮食生产的数量和质量迅速提升，成为中国重要的粮食生产基地。由于历史的演进与各地区的地理条件，中国的粮食主要生产地区在全国的分布呈现出一定的规律。

我国粮食主产区主要是指水稻、小麦和玉米三个品种主产区的并集，根据历年的《中国统计年鉴》数据，我国的水稻、小麦和玉米的产量占全部粮食总产量的87%左右。一个地区作为粮食主产区，不仅在该地区粮食生产中占有重要地位，也应当在全国粮食生产中占有重要地位。此外，作为一个粮食主产区，还应当在全国市场内更多地扮演产品输出者的角色，不仅能够自给，还能丰年有余，向外输出粮食产品。因此，我们必须立足于近些年来各地的粮食经济状况来界定粮食主产区。各地粮食现状既反映了正在发生的变化，也蕴涵了未来的变化趋势。根据这些原则，我们从以下几个方面进行粮食主产区的确定。

第一，确定粮食主产区预选地区。根据国家统计局对水稻、小麦和玉米主产区的界定，粮食主产区预选地区包括内蒙古、山西、黑龙江、吉林、辽宁、山东、江苏、浙江、安徽、江西、河北、河南、湖北、湖南、广东、广西、四川、陕西、甘肃。

第二，考虑各地区粮食总产量。在考虑中国行政区划的变动情况的基础上，为了抑制粮食产量年度波动的干扰，采用了以下三个指标：①1997～2010年各地区粮食总产量的平均值；②各地区稻谷、小麦、玉米、大豆等四类主要粮食产品产值占该地区国内生产总值（GDP）的比例；③产品产值。产品产值为各地产品产量与各地区产品出售价的乘积，并采用1997～2010年产品产值各年度之和的平均值，以消除年度波动影响。

第三，考虑各地区粮食净出口值。我们应该通过分析各地区粮食进出口的情况，来衡量一个地区在全国市场内的粮食产品输出能力。但是目前还没有这方面的数据可以利用。因此，我们采用各地区农产品进出口数据进行近似分析。选定大米、小麦、玉米、大豆1999～2010年的数据（1999年以前没有全面的统

计数据）进行分析。通过各产品的进出口价格得到进出口值，由此得到这四种
产品各地区年度净出口值，然后再算出这几年的平均值进行分析，以消除年度
波动影响。

第四，权重赋予。我们依据粮食总产量、主要粮食产品产值占该地区 GDP
的比重、粮食净出口值这三个方面来确定粮食主产区。为综合确定粮食主产区
需要量，必须给这三项指标分配一定的权重。根据这三项指标在评判粮食主产
区时的重要程度和解释能力、有关分析材料和有关专家的意见，确定三项指标
的权重如下：粮食总产量权重为 0.55，主要粮食产品产值占该地区 GDP 的比例
权重为 0.3，粮食净出口值权重为 0.15。每项指标在加权平均前都进行标准化变
换以消除量纲的影响，使得每项指标的均值为 0，标准差为 1。我们最终确定内
蒙古、黑龙江、吉林、辽宁、河南、河北、湖北、湖南、山东、江苏、安徽、
江西、四川等 13 个省（自治区）为粮食主产区。

这 13 个省（自治区）拥有全国 65% 的耕地面积、70% 的有效灌溉面积；提
供全国 70% 以上的粮食，80% 以上的商品粮，如表 2-1 所示。13 个省（自治区）
分属四大地区，其中，黑龙江、吉林、辽宁属于东北平原，河北、山东、河南
属于黄淮海地区，四川、江苏、安徽、江西、湖南、湖北属于长江中下游流域，
内蒙古属于内蒙古草原地带。这些省（自治区）的粮食在生产和社会经济中都
占有十分重要的地位，其生产结构和布局以粮食为主。这些区域的粮食生产在
我国具有举足轻重的地位和作用。研究该区域粮食生产状况，对确保我国粮食
安全、提高我国粮食综合生产能力和提高农民收入意义重大。

表 2-1　中国各省（自治区）粮食生产情况（2010 年）

地区	农作物播种面积/千公顷	粮食作物播种面积/千公顷	谷物播种面积/千公顷	粮食作物产量/万吨	谷物产量/万吨
北京	317.3	223.5	213.6	115.7	113.2
天津	459.3	311.8	296.3	159.7	157.4
河北	8 718.4	6 282.2	5 831.8	2 975.9	2 844.3
山西	3 763.9	3 239.2	2 714.8	1 085.1	1 035.2
内蒙古	7 002.5	5 498.7	3 707.7	2 158.2	1 821.2
辽宁	4 073.8	3 179.3	2 948.3	1 765.4	1 677.1
吉林	5 221.4	4 492.2	3 865.0	2 842.5	2 654.1
黑龙江	12 156.2	11 454.7	7 459.9	5 012.8	4 284.8
上海	401.2	179.1	172.5	118.4	116.3
江苏	7 619.6	5 282.4	4 887.0	3 235.1	3 110.4
浙江	2 484.7	1 275.8	1 052.5	770.7	699.0
安徽	9 053.4	6 616.4	5 424.4	3 080.5	2 911.2
福建	2 270.8	1 232.3	903.1	661.9	525.8
江西	5 457.7	3 639.1	3 350.0	1 954.7	1 869.7

续表

地区	农作物播种 面积/千公顷	粮食作物播种 面积/千公顷	谷物播种 面积/千公顷	粮食作物 产量/万吨	谷物产量/ 万吨
山 东	10 818.2	7 084.8	6 670.7	4 335.7	4 105.3
河 南	14 248.7	9 740.2	8 920.9	5 437.1	5 207.1
湖 北	7 997.6	4 068.4	3 602.0	2 315.8	2 174.1
湖 南	8 216.1	4 809.1	4 383.4	2 847.5	2 689.2
广 东	4 524.5	2 531.9	2 123.9	1 316.5	1 135.9
广 西	5 896.9	3 061.1	2 648.0	1 412.3	1 332.5
海 南	833.7	437.2	345.5	180.4	147.6
重 庆	3 359.4	2 243.9	1 319.7	1 156.1	822.1
四 川	9 478.8	6 402.0	4 781.6	3 222.9	2 656.9
贵 州	4 889.1	3 039.5	1 831.2	1 112.3	911.6
云 南	6 437.3	4 274.4	3 063.4	1 531.0	1 278.0
西 藏	240.2	170.2	163.0	91.2	88.5
陕 西	4 185.6	3 159.7	2 610.6	1 164.9	1 042.1
甘 肃	3 995.2	2 799.8	1 955.5	958.3	737.7
青 海	546.9	274.5	151.6	102.0	57.0
宁 夏	1 247.9	844.1	573.4	356.5	310.3
新 疆	4 758.6	2 028.6	1 879.4	1 170.7	1 121.9

资料来源:《中国统计年鉴》(2011)

第二节　粮食主产区经济发展状况

一　粮食主产区基本经济状况

2010 年,中国 GDP 为 401 202.0 亿元,其中第一产业总值为 40 533.6 亿元。2010 年 13 个粮食主产区地区 GDP 合计为 242 509.83 亿元,占全国的 60.45%,其中第一产业总值为 26 565.77 亿元,占全国的 65.54%。2010 年粮食主产区的人均 GDP 为 29 231.8 元,低于全国人均 GDP(30 073.6 元),如表 2-2 所示。

表 2-2　粮食主产区基本经济状况(2010 年)

地区	总产值/亿元			比重/%			人均产 值/元
	第一产业	第二产业	第三产业	第一产业	第二产业	第三产业	
河 北	20 197.1	2 562.8	10 705.7	6 928.6	12.7	53.0	34.3	28 110.0
内蒙古	11 655.0	1 101.4	6 365.8	4 187.8	9.5	54.6	35.9	47 167.1
辽 宁	18 278.3	1 631.1	9 872.3	6 774.9	8.9	54.0	37.1	41 779.0
吉 林	8 577.1	672.8	1 050.2	4 417.4	12.2	51.5	36.3	3 123.9
黑龙江	10 235.0	1 302.3	5 100.1	3 832.6	12.7	49.8	37.4	26 716.2
江 苏	40 903.3	2 539.6	21 753.9	16 609.8	6.2	53.2	40.6	52 000.0
安 徽	12 263.4	1 729.4	6 391.0	4 143.3	14.1	52.1	33.8	21 610.7
江 西	9 435.0	1 205.3	5 194.7	3 034.4	12.8	55.1	32.2	21 169.0
山 东	39 416.2	3 588.3	21 398.9	14 429.0	9.1	54.3	36.6	41 149.6

续表

地区		总产值/亿元			比重/%			人均产值/元
		第一产业	第二产业	第三产业	第一产业	第二产业	第三产业	
河 南	22 942.7	3 263.2	13 226.8	6 452.6	14.2	57.7	28.1	24 410.9
湖 北	15 806.1	2 147.0	7 764.7	5 894.4	13.6	49.1	37.3	27 613.7
湖 南	15 902.1	2 339.4	7 313.6	6 249.1	14.7	46.0	39.3	24 211.5
四 川	16 898.6	2 483.0	8 565.2	5 850.4	14.7	50.7	34.6	21 021.9
合 计	242 509.8	26 565.8	124 702.8	88 804.5	12.0	52.4	35.65	29 231.8

资料来源:《中国统计年鉴》(2011)

二　我国各粮食主产区农业概况

东北粮食主产区包括黑龙江、吉林、辽宁三省,是我国重要的商品粮基地,该区域的大豆生产占全国的"半壁江山",玉米在全国也占 1/3,因此该区域的玉米和大豆生产在全国占有重要地位。该区域土地面积占全国的 8.2% 左右,人口约占全国的 8.3%,2010 年全区耕地面积占全国总耕地面积的 16.6%,粮食播种面积和粮食总产量均占全国的 17.6% 左右。该区域大豆播种面积和总产量分别占全国的 44.3% 和 50.4%,玉米播种面积和总产量分别占全国的 25.4% 和 29%,水稻播种面积和总产量分别占全国的 8.8% 和 9.4%。

黄淮海粮食主产区包括山东、河北、河南三省,是我国重要的产粮区和商品粮基地,是冬小麦和玉米占绝对优势的区域。该产粮区土地面积约占全国的 5.3%,人口约占全国的 19.5%,2010 年全区耕地面积、粮食播种面积分别占全国的 17.4%、21.1%,粮食产量占全国的 23.3%。

长江中下游流域粮食主产区包括江苏、江西、安徽、湖北、湖南五省,水稻生产在该区域占绝对优势,水稻产量约占全国总产量的一半。该地区土地面积占全国土地总面积的 8.45%,总人口占全国总人口的 23.8%,耕地面积占全国的 17.6%。该区粮食播种面积和稻谷播种面积分别占全国的 22.4%、44.2%,粮食产量和大米产量分别占全国总产量的 24.6%、44.8%,小麦播种面积和总产量分别占全国的 19.7% 和 16.6%,大豆播种面积和总产量分别占全国的 17.3% 和 16.9%,薯类播种面积和总产量分别占全国的 15.7% 和 17.1%,玉米播种面积和总产量分别占全国的 7.2% 和 6.6%,水稻生产在该区域乃至全国处于绝对优势地位。

内蒙古粮食主产区主要包括内蒙古西部的河套平原和东部的通辽、赤峰、巴彦淖尔等地,是我国秋粮主产区,主产小麦、玉米等,2010 年小麦播种面积和产量分别占全国总量的 1.4% 和 2.3%,玉米播种面积和产量分别占全国总量的 8.3% 和 7.7%。内蒙古的燕麦产量较大,是我国燕麦的主产区。2010 年,内蒙古燕麦的种植面积达到 225 万亩,占全国燕麦种植面积的 21.4%,为全国第一大燕麦种植区。燕麦产量达 15 万吨，占全国燕麦总产量的 18.8%，居全国前列。

三 粮食主产区耕地和粮食播种面积变化情况

第一，粮食主产区耕地面积刚性减少。耕地面积的变化是直接影响粮食播种面积变化和粮食产量的重要因素之一。《全国土地利用变更调查结果报告 (2006)》显示，截至 2006 年年底，全国（不含台湾省、香港特别行政区、澳门特别行政区的数据）有农用地 98.58 亿亩，占 69.1%；建设用地 4.85 亿亩，占 3.4%；未利用地 39.17 亿亩，占 27.5%。2006 年全国建设占用耕地就达 387.8 万亩，其中当年建设占用耕地 251.0 万亩，比"十五"期间年均建设占用耕地减少 24%，往年未变更上报的建设占用耕地 136.8 万亩，灾毁耕地 53.8 万亩，生态退耕 509.1 万亩，因农业结构调整减少耕地 60.3 万亩。2006 年全国共减少耕地 1011.6 万亩。同期，土地整理复垦开发补充耕地 550.8 万亩。减少耕地与补充耕地相抵，耕地面积为 18.27 亿亩，全国人均耕地面积为 1.39 亩，仍然比 2005 年年末净减少 460.2 万亩。自 20 世纪 80 年代以来，由于工业化、城镇化的快速发展，新增耕地的增加速度远远赶不上建设用地的增加速度，我国耕地面积逐年递减已成必然趋势。

从粮食主产区耕地面积减少的幅度来看，要大于同期全国耕地面积减少的幅度。1980～2006 年，全国净减少耕地 500 多万公顷，年均减少 22.74 万公顷，年均减少近 9%，而粮食主产区要高于这个平均数，这一现象应引起各级政府部门的高度重视。从粮食主产区的各区域比较来看，长江中下游流域耕地面积减少最快，1980～2003 年，该区域耕地面积净减少 156.93 万公顷，年均减少 6.82 万公顷，年均减少 6.4%。主要原因是该区域城镇化、工业建设和经济发展速度较快；黄淮海地区耕地面积减少仅次于长江中下游地区，共减少 121.35 万公顷，年均减少量为 5.27 万公顷，年均减少 5.1%；东北三省是这三个区域中耕地减少最少的区域，起伏变化最小，1980～2003 年，该区域净减少耕地面积 8890 公顷，年均减少 390 公顷，年均减少 0.04%。总体来说，耕地减少有四个原因：一是建设用地侵占耕地，二是农业结构调整占用耕地，三是生态退耕挤占耕地，四是灾害毁坏耕地。

第二，粮食作物播种面积呈波动态势。1998 年我国粮食播种面积达 1.13 亿公顷，随后连续下滑，仅仅 5 年时间，粮食播种面积减少 1440 万公顷，减幅达 12.7%，2003 年的粮食播种面积已下降到 9941.01 万公顷，创历史最低。在 2003 年之前，全国除东北粮食主产区外都呈明显的下降趋势。全国从 1980 年的 11 647.25 万公顷下降到 2003 年的 9941.01 万公顷，23 年共减少了 1706.24 万公顷，与1980年相比减少量为14.65%。粮食主产区中，长江中下游地区的减少最快，从1980年的2697.95万公顷减少到2003年的2195.54万公顷，23年净减少502.43万公顷，减少量为1980年的18.62%，高于全国水平4%；黄淮海地区次之，23年减少量为1980年的14.25%，接近全国平均水平。粮食主产区仅有东北地区粮食作物播种面积呈增加趋势，从1980年的1406.34万公顷增加到2003年的1487.18万公顷，23年净增加了80.84万公顷，增加量是1980年的5.75%。2004年在一系列惠农政策带动下，粮食播种面积有所恢复，扭转了粮食面积连续下滑的势头。2004年以后连续8年的惠农政策，使得我国的粮食播种面积逐年上升，2010年达到10 987.2万公顷。

四　我国及粮食主产区粮食产量的变化

第一，粮食总产量不断攀升。改革开放以来，我国及各粮食主产区的粮食总产量均呈强劲上升趋势，全国粮食总产量由1980年的31 822万吨增加到2010年的54 641万吨，30年净增加22 819万吨。我国粮食主产区净增加粮食7852.7万吨，占同期全国粮食总产量的70%多，其中黄淮海地区净增加粮食占同期粮食主产区的43.5%，东北地区占35.72%，长江中下游地区只占20.78%。

全国粮食生产的地域增长趋势与我国粮食增长中心北移是一致的。究其原因，一是我国梯度开发战略的负面影响。长江中下游地区具有区位、人文和政策上的优势，非农产业迅速发展，使农业发展特别是粮食生产受到负面影响，粮食增长中心发生变化，出现"北移"现象。二是粮食品种结构的负面影响。我国长江中下游粮食主产区属于稻作区，以水稻种植为主，自20世纪80年代以来，我国水稻品种更新慢、品质差，尤其是早籼稻大量滞销，致使该区水稻在粮食中所占的比重逐年下降。这两个原因导致长江中下游地区粮食生产的萎缩，粮食产量占全国的比重也逐年下降。

我国北方却恰恰相反，粮食生产增长，粮食产量占全国的比重也逐年攀升。究其原因，一是耕作制度的正面影响。我国北方地区过去是一年一熟的耕作制度，随着科技进步，特别是地膜的普遍运用，不少地区实施了一年两熟或两年三熟的耕作制度，复种指数明显提高，促使北方地区粮食种植面积扩大。二是品种结构的正面影响。北方特别是黄淮海地区以小麦、玉米为主要作物，近年来，我国小麦、玉米的品种进行了更新换代，单产水平大幅度提高，导致北方粮食总产量大幅攀升。

第二，粮食总产量阶段性波动上升。尽管我国耕地面积和粮食作物播种面积总体呈下降趋势，但粮食总产量仍呈增长趋势。1980～2011年，我国的粮食总产量变化基本分为六个明显的阶段。①快速增长阶段：1980～1984年，全国粮食总产量快速增长，从 1980 年的 31 822 万吨猛增到 1984 年的 40 735.5 万吨。②先降后升阶段：1984～1988 年，粮食产量波动较大，全国粮食总产量从 1984 年的 40 735.5 万吨开始下降，之后又回升到 1988 年的 39 930 万吨。③缓慢回升阶段：1988～1994 年，全国粮食总产量呈缓慢回升趋势，从 1988 年的 39 930 万吨缓慢波动回升到 1994 年的 44 510.2 万吨。④快速攀升阶段：1994～1998 年，全国粮食总产量增长较快，由 1994 年的 44 510.2 万吨快速攀升到 1998 年的 51 229.31 万吨，首次突破 5 亿吨大关，达到历史最高水平。⑤陡然下降阶段：1998～2003 年，全国粮食总产量下降幅度较大，从 1998 年的 51 229.3 万吨陡落到 2003 年的 43 069.4 万吨，只相当于 1990 年年初的水平。陡然下滑的粮食总产量引起了中央和地方政府的高度重视。⑥快速回升阶段：2004～2011 年，在一系列的支农、惠农政策出台后，我国粮食产量连续增加，到 2011 年达到 57 121 亿吨。我国三大粮食主产区粮食总产量的变化态势与全国基本一致。30 多年来，三大粮食主产地区中黄淮海地区和东北地区粮食总产量增加率远远超过了全国平均水平，唯独长江中下游地区粮食总产量增加率低于全国平均水平近 15%。

第三，粮食单产阶段性震荡上升。随着农业科学技术的日益进步，我国粮食新品种不断推广应用，栽培管理技术措施不断提高，现代高新技术广泛应用于农业生产，极大地促进了我国农业生产的发展，粮食作物单产水平呈波动性上升趋势。1980～2011 年，全国各地粮食单产均有不同程度的增加，全国平均、粮食主产区平均、黄淮海地区、东北地区和长江中下游地区 30 多年间粮食单产增加率分别为 58.57%、61.95%、80.91%、67.33%、48.10%。全国、粮食主产区、黄淮海区、东北区、长江中下游区绝对单产水平分别是 4052 公斤/公顷、4316 公斤/公顷、3951 公斤/公顷、3920 公斤/公顷、4847 公斤/公顷。其中，粮食主产区的粮食单产水平高过全国平均水平 264 公斤/公顷，长江流域区单产绝对水平高出全国平均水平 795 公斤/公顷。高单产水平表明长江中下游地区的科技含量高、科技对农产品产量贡献率大，而黄淮海地区和东北地区科技含量及资源的优化配置水平有待于提高。尽管如此，我国粮食作物单产增长的潜力仍然很大，难度也很大，必须引起各级政府和农业科技部门的高度重视。

我国粮食作物单产呈明显的阶段性变化趋势，与粮食作物总产的变化趋势一致，大致可分为五个阶段。①快速攀升阶段：1980～1984 年，全国粮食单产上升较快。全国年均增加 219 公斤，粮食主产区平均增加 257 公斤，黄淮海地区、东北地区和长江中下游地区分别增加 221 公斤、233 公斤和 296 公斤，该阶段三大区均高于全国平均水平，其中长江中下游地区单产增长最快，高于全国平均水平 77 公斤。②稳定增长阶段：1984～1990 年，全国粮食单产持续稳定增长。全国年均增长 63 公斤，粮食主产区平均增长 74 公斤，高于全国平均水平 11 公斤，东北地区增长最快，年均增长 134 公斤，高于全国平均水平 71 公斤，长江地区增长最慢，年均增长 44 公斤，低于全国平均水平 20 公斤。③缓慢增长阶段：1990～1997 年，全国粮食单产增长较慢，全国年均增加 57 公斤，粮食主产区平均增长 72 公斤，略高于全国平均水平 15 公斤，黄淮海地区和长江中下游地区年均增加 86 公斤，高于全国平均水平 29 公斤；东北地区增长为零，处于徘徊不前状态。④快速下降阶段：1997～2003 年，全国粮食单产不但没有增长，反而快速下降。全国年均下降 7.5 公斤；粮食主产区下降更快，年均下降 33 公斤；长江中下游地区年均下降达 83 公斤；东北区年均下降 7.5 公斤，下降幅度较小；黄淮海地区是唯一略有上升的区域，年均上升 9 公斤。⑤快速回升阶段：2004～2011 年，随着国家系列支农政策的出台，我国粮食单产在这一时期呈现出快速增长趋势。粮食单产量由 2004 年的 4620.5 公斤/公顷上升到 2011 年的 5166 公斤/公顷，平均每年增长 78 公斤/公顷。粮食单产的变化除了与科技进步、品种更新换代有关以外，还受农业政策、农民管理水平和农业经济水平的综合影响。

第三节　中国粮食产业发展及其市场状况

━ 一 中国粮食产业发展历史及现状

经过多年的努力，我国粮食总产量从 1980 年的 3.21 亿吨增加到 2011 年的 5.7 亿吨，如图 2-1 所示。

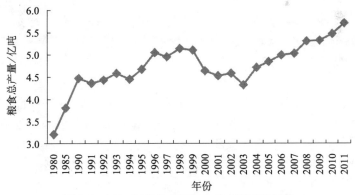

图 2-1　1980 年以来中国粮食总产量变动趋势

资料来源：《中国统计年鉴》(2011)

在国家政策支持下，1996～1998 年，我国粮食连续 3 年获得丰收，总供给量大于总消费量，市场供大于求，出现结构性过剩。但从 1999 年开始，粮食产量连续 5 年下滑，市场供不应求，粮食库存持续下降。2003 年粮食总产量下降到 4.31 亿吨，比 2002 年减产 5.8％。2004 年在中央惠农政策的支持下，粮食总产量达 4.69 亿吨，比 2003 年增加了 8.8％，连续 5 年的粮食产量下滑局面终于被扼制住。2004～2011 年我国粮食总产量连续 8 年上升，2011 年达到 5.7 亿吨。尽管如此，我国粮食产量的发展现状仍不容乐观，粮食生产进入一个徘徊下降的变动周期。

目前我国粮食生产各地区发展很不平衡。从 2010 年各地区的产量来看，其中粮食产出规模超过 3000 万吨的有黑龙江、江苏、安徽、山东、河南、四川 6 省，产量在 2000 万～3000 万吨的有吉林、内蒙古、河北、湖北、湖南 5 省（自治区），产量在 1000 万～2000 万吨的有辽宁、山西、江西、广东、广西、贵州、云南、重庆、新疆和陕西 10 省（自治区、直辖市），低于 1000 万吨的有北京、天津、上海、浙江、福建、海南、西藏、宁夏、甘肃、青海 10 省（自治区、直辖市）。

粮食播种面积的变化和粮食单产的变化是影响粮食产量的两大重要因素。从粮食播种面积的变化情况来看，2000 年以前，我国的粮食播种面积一直稳定在 1.1 亿公顷左右。但从 2000 年开始，粮食播种面积逐年下降，2001 年我国粮食播种面积为 1.06 亿公顷，首次降到 1.1 亿公顷以下；2002 年为 1.039 亿公顷，比 1998 年下降了 8.7％；2003 年下降到新中国成立以来的最低水平，低于 1 亿公顷；2004 年上升到 1.016 公顷；2004～2011 年粮食播种面积缓慢上升，但是仍然在 1.1 公顷以下。在粮食播种面积持续下降的同时，粮食作物播种面积占农作物总播种面积的比重也同步下降。2010 年粮食作物占农作物的比重为 68.38％，比 1980 年的 80.1％下降了 13.9％，平均每年下降 0.56％。从粮食单产的变化情况来看，1980～1998 年，我国粮食单产在波动中连续上升，1980 年粮食单产为 2734 公斤/公顷，1998 年增加到 4953 公斤/公顷，1998 年比 1980 年增长 2219 公斤/公顷，增幅为 81.0％。1999～2003 年，单产波动不大，1999 年、2000 年、2001 年、2002 年、2003 年粮食单产分别为 4945 公斤/公顷、4753 公斤/公顷、4800 公斤/公顷、4885 公斤/公顷、4873 公斤/公顷。2004～2010 年，粮食单产呈上升趋势，2010 年达到 5524 公斤/公顷。目前我国主要粮食品种单产均高于世界平均水平，稻谷单产是世界平均水平的 160％，小麦单产接近世界平均水平的 140％，玉米单产略高于世界平均水平。但是我国粮食单产仍低于世界其他粮食主产国，如小麦单产远低于欧盟国家，玉米和稻谷单产则低于美国。这说明与世界其他粮食主产国相比，我国粮食单产水平还较低。

二 中国粮食市场需求的发展状况

自 20 世纪 80 年代以来，我国粮食消费总量基本稳定，略有波动。供需基本持平，供给总量对我国粮食供求平衡的影响，已经明显减弱，但供给结构对粮食供求平衡的影响显著增强。自 20 世纪 90 年代以来，结构问题已经超越了总量问题，成为影响我国粮食供求平衡的主要问题。结构问题先是表现为局部地区供求总量失衡，或者表现为某一品种供求失衡，而后这些问题经传播和放大，往往被误解为总量失衡。我国诸多总量问题往往是由结构问题引发的。影响我国粮食市场需求的结构问题主要有三类，包括品种结构问题、区域结构平衡问题及依附于品种的品质结构平衡问题。

1. 品种结构问题

自 20 世纪 90 年代末期以来，我国稻谷、小麦、玉米和大豆的消费量发生重大变化。从各品种消费量占粮食消费总量的比重来看，稻谷的比重显著下降，小麦的比重缓慢下降，玉米比重缓慢上升，大豆的比重显著上升。总之，我国对稻谷和小麦的消费量已由此前的缓慢增长转入稳定下降，但是对玉米和大豆的消费量则呈持续增长态势。形成这种现象的原因很多，主要是城乡居民膳食结构变化，导致工业用粮特别是饲料粮的消费需求持续扩张。

在稻谷、小麦、玉米和大豆四类品种中，稻谷往往是引发我国粮食供求失衡的先导性和敏感性品种。从 20 世纪 80 年代以来历次粮食供求失衡来看，无论是短缺还是过剩，几乎都是先从稻谷开始的，然后逐步波及其他品种，最后扩散到所有粮食，导致全局性的粮食供求失衡。因此，中国粮食供求失衡根本在于稻谷的失衡，即使粮食总产量在增长，只要稻谷供求失衡，仍然会导致全国性的粮价波动。改革开放以来，这种情况已屡屡发生。1993 年因稻谷供求失衡引发的整个粮食供求失衡最为典型，当年稻谷较 1992 年减产 4.6%，但小麦和玉米均有所增产，当年稻谷、小麦和玉米的价格分别上涨了 24.6%、5.4% 和 19.2%，1994 年稻谷、小麦和玉米的价格分别上涨了 54.0%、52.2% 和 51.3%。2003 年下半年的粮价上涨和局部粮食供应紧张，也是在稻谷连续 6 年减产的背景下发生的，如表 2-3 所示。

表 2-3 1999～2005 年不同品种粮食消费占粮食消费总量比重的变化

年份	消费量/万吨				占粮食消费总量的比重/%			
	粮食	稻谷	小麦	玉米	粮食	稻谷	小麦	玉米
1999	30 917	17 654	10 247	808	100	57.10	33.14	2.61
2000	29 921	17 113	8 962	1 407	100	57.19	29.95	4.70
2001	28 971	16 249	8 705	1 398	100	56.09	30.05	4.82
2002	28 242	15 864	8 131	1 304	100	56.17	28.79	4.62
2003	28 082	14 707	8 708	775	100	52.37	31.01	2.76
2004	30 237	16 066	8 741	1 016	100	53.13	28.91	3.36
2005	31 226	15 696	9 185	1 249	100	50.27	29.41	4.00

资料来源：《中国农业分析报告》（2007 年第 3 季度）

2. 区域结构平衡问题

现阶段我国粮食平衡的区域性矛盾发生了新的变化。一是"两增一减"的变化,"两增"为缺粮省和余粮省都在增加,"一减"为余粮省的余粮总量有所减少。2010 年,国内粮食自给有余并能稳定调出的省(自治区、直辖市)为 13 个,与 20 世纪 90 年代中期相比增加了 4 个,其中黑龙江、吉林两省 2011 年共计调出量达 815 亿斤[①]。二是由于各地经济发展和粮食生产机会成本的差序变动,部分粮食调出省变成了自给省,且缺粮地区主要集中于经济发达地区。一方面部分粮食自给省变成了粮食调入省;另一方面部分粮食调入省的供求缺口越来越大,由此导致全国缺粮省份增加。2010 年,国内缺粮省份有 18 个,比 20世纪 80 年代中期增加 2 个。其中广东居全国之首,2008 年缺粮总量达 25.3 亿斤。2011 年,能够平衡粮食自给(产销盈余低于 1 亿斤)的省(自治区),全国只有辽宁、宁夏、新疆、西藏四个。即使是这些省(自治区),随着近几年的经济加速发展,其实现粮食供求平衡的基础正在局部动摇,有可能变为缺粮地区,如辽宁、新疆就呈下降趋势。

粮食主销区特别是东南沿海地区,成为引发我国粮食供求失衡的敏感性地区。主要原因有三个。第一,我国粮食的变动源于粮食主销区。自 20 世纪 80 年代以来,我国每一次粮食的变动,不论是粮食供给过剩、价格下跌,还是粮食供给紧张、价格上涨,几乎都是先从粮食主销区特别是东南沿海地区开始的,然后逐步波及其他粮食主产区,其整体路线是从南向北传导演变为全国性的粮食供求失衡。第二,粮食主销区的稳定对确保全国粮食供求平衡具有重要作用。相对于粮食主产区,粮食主销区往往是工业化、城镇化推进比较快的地区,工业化与城镇化过程中产生的大量"三废"排放得不到有效控制,侵占、污染、毁损耕地和污染水源等现象更容易发生,农业生产环境遭到极大破坏,粮食生产的恢复更为艰难。因此确保主销区粮食生产的稳定,对确保全国粮食供求平衡具有重要作用。1985~2005 年(1992~1997 年除外),在全国粮食增产年份,主销区粮食增产量占全国粮食增产总量比重往往低于主销区粮食产量占全国粮食总产量的比重;在全国粮食减产年份,主销区粮食减产量占全国粮食减产总量比重往往高于主销区粮食产量占全国粮食总产量的比重;甚至在一些全国粮食增产年份,如 1990~1993 年,主销区出现了粮食减产的现象。在全国粮食总量增加的同时,缺粮的东南沿海和华南地区却分别减产粮食 190 万吨和 187.5 万吨。第三,北京、天津、上海、浙江、福建、广东、海南 7 个粮食主销区的粮食自给率均低于 50%,这些地区要依赖于粮食主产区乃至全国的多余粮食供给才能实现其粮食供求平衡。此外,在经济和政治因素影响下,这些地区的粮食供求失衡,对

---

① 1斤=0.5公斤。

粮食主产区乃至全国粮食供求的波及影响也更大，如表 2-4 所示。

表 2-4 中国主要粮食品种的区域供求分布

分类	主产区	主销区
小麦	黄淮海平原、华北地区	东北、东南沿海、华南地区
稻谷	长江中下游地区	东南沿海、华南、华北地区
玉米	东北、华北地区	除东北以外的所有地区

第四节 粮食主产区农民收入状况

长期以来，农业与粮食产业的比较效益远远低于其他农业产业，导致以粮食生产为主的粮食主产区农民收入增长缓慢。1990～2010 年，在 13 个粮食主产省份中，至少有 6～9 个省份的农民人均纯收入低于全国平均水平。粮食主产区农民人均纯收入最好的是 1998 年，7 个省份的农民人均纯收入超过了全国平均水平。但 1998 年后，粮食主产区农民人均纯收入增长缓慢，仅有 4～5 个省份的农民人均纯收入超过了全国平均水平，东北三省一度呈下降趋势。直到 2003 年年底，粮食供应缺口凸显，导致粮价短期反弹，加上 2004 年后国家出台对粮农直补和减免农业税政策，才使粮食主产区农民人均纯收入有了较大幅度的增长。2004 年粮食主产区中有 6 个省份的农民人均纯收入超过了全国平均水平。2005年，在中央出台了"一号文件"的背景下，粮食主产区仍只有 5 个省份的农民人均纯收入超过了全国平均水平，2005～2011 年中央每年都出台涉农的"一号文件"，大力扶持农业发展，但是到 2010 年仍然只有 6 个省份超过全国平均水平，形势不容乐观，粮食主产区农民增收困难重重，如表 2-5 所示。

表 2-5 粮食主产区农民人均纯收入状况 （单位：元）

地区	1990 年	1995 年	2000 年	2001 年	2002 年	2003 年	2004 年	2005 年	2010 年
全国	1577.74	2161.98	2366.40	2475.63	2622.24	2936.40	3254.93	3254.9	5919.0
河北	621.27	1668.73	2478.86	2603.60	2685.16	2853.38	3171.06	3481.64	5958.0
内蒙古	607.15	1208.38	2038.21	1973.37	2086.02	2267.65	2606.37	2988.87	5529.6
辽宁	836.17	1756.50	2355.58	2557.93	2751.34	2934.44	3307.14	3690.21	6907.9
吉林	803.52	1609.60	2021.50	2182.22	2300.99	2530.41	2999.62	3263.99	6237.4
黑龙江	759.86	1766.27	2148.22	2280.28	2405.24	2508.94	3005.10	3221.27	6210.7
江苏	959.06	2456.86	3595.00	3784.71	3979.79	4239.26	4753.85	5276.29	9118.2
安徽	539.16	1302.82	1934.57	2020.04	2117.56	2127.48	2499.33	2640.96	5285.2
江西	669.90	1537.36	2135.30	2231.60	2306.46	2457.53	2786.78	3128.89	5788.6
山东	680.18	1715.09	2659.20	2804.51	2947.65	3150.49	3507.43	3930.55	6900.3
河南	526.95	1231.97	1985.82	2097.86	2215.74	2235.68	2663.15	2870.58	5523.7
湖北	670.80	1511.22	2268.59	2352.16	2444.06	2566.76	2890.01	3099.20	5832.3
湖南	664.24	1425.16	2197.16	2299.46	2397.92	2532.87	2837.76	3117.74	5622.0
四川	557.76	1158.29	1903.60	1986.70	2107.64	2229.86	2518.93	2802.78	5086.9

资料来源：《中国统计年鉴》(1990～2011)

尤其值得关注的是，粮食主产区农民增收的后劲不足，突出表现在以下几个方面。一是粮食主产区农业抗害、抗病风险能力弱。2004 年后，在中央"一号文件"的指引下，中央政府对农业的投入较以前有所增加，但缺乏确保投入稳定增长的机制，致使粮食主产区存在的农业基础设施脆弱、农田水利债务较重、抗灾能力不强、农业风险防范体系极不健全等一系列问题在短时间内无法根本解决，靠天吃饭依然是大多数粮食主产区的特征之一，因此粮食主产区农业抗害、抗病风险能力弱的现象还将持续。二是粮食主产区面临消费者偏好与国外技术壁垒的挑战，农民增收又面临新的不利局面。伴随国民收入的增长，人们对食品安全的关注与日俱增，消费者的偏好转到了安全食品上，绿色食品、有机食品越来越成为富裕起来的国民所追求的目标。理念、技术、资金等多种因素，使得粮食主产区的农民多数仍然习惯大量使用农药、化肥，大多数农产品缺乏生产技术操作规范，因此中国出口农产品时受到国外技术壁垒的挑战。三是粮食主产区农民持续增收受到国家粮食安全目标、粮食风险基金的双重制约。由于粮食的经济功能与社会政治功能相仿，但粮食调控者与生产经营者的目标不一致，所以粮食生产的商业化、产业化受到很大约束。国家是粮食调控者，为确保粮食安全，自 2004 年以来，中央连续出台了"一号文件"，给予种粮农民以免税、补贴、保护价等各种扶持政策，但这些扶持、优惠政策往往被农用生产资料的涨价和粮食收购者的低效抵消。目前我国的粮食风险基金制度要求中央、省财政与市、县财政负担的比例分别为 76% 和 24%，虽然市、县负担的相对比例不高，但其绝对额相对于它们的财政收入仍然比较大，有些粮食主产区的风险基金配套额已经占其当年财政收入的 10%～20%。现行的粮食风险基金制度使得粮食主产区陷入产粮越多则财政负担越重、贡献越大则义务越多的不利境地。这对粮食主产区和主产区的经营者有失公平，而且这样的粮食风险基金制度已经成为制约粮食主产区经济发展的重要因素。因此粮食主产区经济发展一旦受阻，农民增收更是难上加难。四是受教育程度等因素制约了粮食主产区农民的非农收入。

第三章

粮食主产区农民增收特殊性与瓶颈分析

第一节　粮食主产区农业增效与农民增收的阶段变化

1978～2011 年，粮食主产区农民人均纯收入有了很大增长，扣除价格因素，年均增长率达 8%。但是随着我国经济体制改革的进一步深化，市场经济体系的逐步完善，在城乡经济向纵深发展的过程中，大量的深层次矛盾逐渐暴露出来。农业生产可持续发展受到阻碍，农民收入增长乏力就是集中的表现。从粮食主产区粮食产量增长与农民人均纯收入增长相关性来看，除个别年份外，两者增长曲线变化轨迹基本相似，呈现正相关关系，只是不同年份两者相关的强弱性有所不同。从整个过程来看，粮食主产区粮食生产与农民人均纯收入变化可划分为以下六个阶段。

一　快速增长阶段（1979～1984 年）

这一阶段，由于家庭联产承包责任制的实行，粮食产量与农民收入快速增长。党的十一届三中全会以后，我国实行改革开放政策，首先从农村家庭联产承包责任制的实行开始，对国家、集体、农民三者的关系进行了合理的调整，充分调动了广大农民生产的积极性，农产品总量大幅度增长。为保障农民的利益，减少农产品价格因市场震荡受到的冲击，国家还采取了保护农业发展的财税政策，提高农副产品的收购价格，尤其是提高粮食的收购价格。1984 年与1978 年相比，粮食收购价格提高了 98.07%，比同期整个农副产品的收购价格增长指数多 44.5%。同时，为让农民获益，国家连续多年调整粮食征购基数，大幅减少征购数量，扩大超购数量，让更多的粮食进入市场进行交易。因此，粮食主产区的农民向国家交售的超购粮和议购粮大幅增加，农民收入也大幅增长。

上述举措极大地促进了粮食主产区粮食生产的迅速发展，缓解了一直以来我国粮食供不应求的紧张局面，也大大增加了农民收入。《中国统计年鉴》（1979～1984）显示，1984 年粮食主产区粮食总产量为 28 352.4 万吨，比 1979年增加 7017.7 万吨，增长幅度达 32.78%，年均增长率达 6.56%，新中国成立后首次改变了"买粮难"的局面。与此同时，农民人均纯收入也由 1979 年的 159.86 元增加到 1984 年的 363.46 元，年均收入增长率达 15.9%（扣除物价上涨因素），是新中国成立以来粮食主产区农民收入增长最快的时期。1984 年粮食主产区农民人均纯收入比非主产区提高了 20.5 元。1978～1984 年，粮食主产区农民人均纯收入年均增长率比非主产区高 1.6%。除个别年份外，粮食主产区农民人均纯收入年增长率都高于非主产区。

二 平稳增长阶段（1985～1988 年）

1985～1988 年是粮食主产区农民收入平稳增长阶段。在农村经济改革取得巨大成功的基础上，中央决定将经济改革和发展的重心由农村转向城市，1985 年，我国城市经济改革拉开帷幕。这一阶段，改革开始向企业推进，加大了企业自主权，工业品价格呈现上涨趋势，工业品价格尤其是农用生产资料的上涨加大了农业投入的成本，实际上降低了农民的收益。在比较利益驱动下，从 1985 年开始，农村掀起了工业化浪潮，广大农民轰轰烈烈地办起了乡镇工业。农村工业化浪潮在一定程度上限制了农民的资金和劳动力投向农业，来自于农业的收入增速下降。这一阶段，农民人均纯收入名义增长率并不低，但由于通货膨胀率较高，扣除物价上涨因素后的农民人均纯收入实际增长率较低。1988 年，农民人均纯收入为 537.15 元，比 1985 年增长了 38.19%，名义增长率达 8.42%，如果扣除物价因素，农民实际纯收入年均增长率只有 3.89%。4 年中 1985 年的实际增长率最低，只比 1984 年增长 3%；1987 年的实际增长率最高，比 1986 年增长 6%。1988 年粮食主产区农民人均纯收入名义增长率达到 16%，而实际增长率只有 4.8%，两者相差 11.2%。这一时期，农民收入的名义增长率与实际增长率相差甚大，农民收入增长出现虚假增长现象。

这一阶段主产区农民人均纯收入与粮食发展呈现弱相关关系。粮食增长呈现波动性趋势，农民收入总体水平呈平稳上升趋势，增幅明显低于前一阶段。主产区粮食总产量由 1985 年的 26 487 万吨上升到 1988 年的 27 762 万吨，4 年粮食产量的年均增长率只有 1.6%，明显低于前一阶段。究其原因，一是国家合同收购制度的实行及农产品收购价格提价幅度的大幅降低。国家将农产品统购制度改为合同收购制度，并降低了主要农产品收购价格的提价幅度。其中，1985 年的粮食产品收购价格仅比 1984 年提高 1.8%，但农用生产资料的成本上涨幅度较大。粮食生产出现了"卖粮难"的局面，甚至出现了向主产区农民"打白条"的现象，影响了主产区农民收入增长。二是农村工业化浪潮的掀起，大力兴办乡镇工业影响了粮食主产区对农业的投入，从而影响了农民的纯收入。这一阶段粮食主产区农民人均纯收入明显低于粮食非主产区增长速度，年平均增速主产区农民比非主产区农民低 8% 以上。差距最小的是 1986 年，粮食主产区农民收入增长速度只比非主产区低 2.1%；差距最大的是 1988 年，主产区农民人均纯收入比非主产区增长低 16%，其余年份差距都在 7% 以上。

三　停滞徘徊阶段（1989～1991 年）

这一时期是自 1979 年改革以来农民收入增长最慢的时期。其重要特征就是农民"增产减收"，农产品总量增产但农民不增收甚至减收。这一阶段粮食等主要农副产品供给连续保持历史较高水平，农产品供求失衡矛盾在很大程度上得以缓解，"供过于求"导致农产品价格增长进一步趋缓，所以农民来自农业内部的收入并没有增加。据《中国统计年鉴》（1989～1991），这一阶段粮食生产与农民人均收入呈逆向关系。这一阶段粮食总产量年均实际增长速度达 3.7%，1990 年粮食产量为 31 440.9 万吨，比 1989 年增长 11.6%，创历史最高水平。但粮食主产区农民人均纯收入从 1989 年的 583.36 元增长到 1991 年的 661.41 元，扣除物价因素，3 年平均增长 −0.04%。1989 年主产区农民收入名义上比 1988 年增加了 8.6%，但实际增长速度是 −3.2%，1990 年粮食主产区农民收入实际增长速度为 −7.5%，这一阶段粮食主产区农民的实际人均纯收入下降幅度高于非主产区农民人均纯收入下降幅度。粮食主产区出现了粮食增产、农民增收缓慢甚至减收的局面，并演变成 20 世纪 80 年代后期中国农村经济中一个突出的问题。

四　恢复性增长阶段（1992～1996 年）

这一时期我国政府采取了一系列发展粮食生产、促进农民增收的政策和措施，使我国粮食生产进入恢复性增长阶段，农民的人均纯收入在波动中呈现总体向上趋势。1992 年，党的十四大确立了建设社会主义市场经济体制的目标，价格走向市场化。为了进一步刺激农民发展粮食生产的积极性，中央政府在 1994 年提高了粮食等农产品的收购价格，这次收购价格提高的幅度达 46.6%，迅速拉动市场上粮食价格的上涨。在强烈的市场价格信号刺激下，农民发展粮食生产的积极性大为提高，通过销售粮食增加的收入也大为增加，农民的生产性收入占农业收入的比重也大为提升。1995 年为抑制快速上升的通货膨胀，国家采取了宏观调控手段，使通胀率从 1994 年的 21.7% 下降到 1995 年的 14.8%。例如，放低粮食收购价格的提升幅度，1995 年粮食收购价格仅比 1994 年提高 29%，与 1994 年的提高幅度相比下降 17.6%。政府还制定了农产品收购保护价格，并在减轻农民负担、引导和推进非农产业发展、发展多种经营、加大小康建设考核力度等方面作出了积极努力，使粮食主产区农民收入取得了恢复性增长。

从这一阶段粮食产量与农民人均纯收入的关系上看，两者呈不一致的波动性。最为明显的变化是，尽管粮食产量增长速度回落，但主产区农民的人均纯收入依然呈现在波动中上升的趋势。从粮食产量来看，1992～1996 年，粮食产量共增长 4846.4 万吨，年均增长率为 3.68%，低于 1979～1984 年的 6.56% 和 1989～1991 年的 3.7%，但高于 1985～1988 年的 1.6%。《中国统计年鉴》统计显示，1990～1995 年中国粮食增长总水平仅为 4.57%，年平均增长 0.89%。从农民人均纯收入来看，1994 年，粮食主产区农民人均纯收入首次突破 1000 元大关，随后几年保持持续上涨，1995 年农民人均纯收入达到 1547.13 元，1996 年农民人均纯收入达到 1922.12 元。5 年时间农民人均纯收入上了一个大台阶，由 1992 年的 739.6 元猛增到 1999 年的 1922.12 元，增长 2.6 倍，扣除物价因素年均增长 7.1%。增长最快的是 1994 年，农民人均纯收入名义增长率达到 24%，实际增长率为 10.9%，成为自 1985 年以来主产区农民收入增长最快的一年。这一阶段，主产区农民的纯收入增长速度高于非主产区，年均增长速度比非主产区高出 2.6%。增长水平最高的年份是 1994 年，主产区农民人均纯收入实际增长率比非主产区高出 7%。

五 增长停滞阶段（1997～2003 年）

这一时期增长停滞，呈现农产品总量增加、农民收入减少的局面。一是由于农产品价格的低位运行。以 1997 年为标志，中国农业发展进入新阶段，大多数农产品价格在低位运行，因此尽管农产品总量增加了，但农民出售农产品的收入减少了。二是受亚洲金融危机和市场需求疲软的影响，乡镇企业发展速度减缓，经济效益下滑，农民从乡镇企业获得的收入减少；城市就业压力增大，农民工失业人数增加，进城和外出打工的劳务收入减少，非农产业收入减少。

从 1997 年开始，粮食主产农民收入增长速度连续 4 年下降，处于停滞、减收状态。从绝对收入增加数来看呈缓慢上升趋势，主产区农民人均纯收入由 1997 年的 2127.06 元增加到 2003 年的 2687.61 元，增长 560.55 元，年均增长 4.0%。但从增加幅度来看呈下降趋势，1997 年，扣除物价因素后，主产区农民人均纯收入比 1996 年增 6.67%，增幅下降达 4.25%。1999 年农民人均纯收入实际增长 3.89%，2000 年农民收入增长的形势更加严峻，实际增长率仅 1.86%，是这一阶段粮食主产区农民收入增长速度最慢的一年。1997～2000 年，主产区农民人均纯收入的增幅持续下跌，这是改革以来首次出现的状况，表明农民增收的难度越来越大。2001 年，主产区农民收入增长速度有所回升，达到

5.1%，比 2000 年增加 3.4%。但到 2002 年增长速度又下降 4.9%，2003 年再次回升到 5.2%。

这一时期主产区粮食生产出现"二减"局面。一是主产区粮食总产量减少，2003 年粮食主产区粮食产量为 33 331.53 万吨，比 1997 年减少了 5.2%，年均增长率为－0.9%。二是主产区粮食产量增长率降低，1997 年、2000 年、2001年主产区粮食产量增长率分别为－2.3%、－10.7%、－0.7%。

这一时期，主产区粮食生产与收入呈弱相关关系。两者呈现不同步的缓慢增长，出现"减产增收，增产减收"现象，结合度弱化。2001 年主产区粮食产量比 2000 年减少 0.7%，主产区农民收入实际增长率达到 4.09%；2003 年粮食总产量比 2002 年增长 1.3%，但是农民人均收入实际增长率比 2002 年下降了1.5%。从名义增长率来看，这一时期，1997 年、2001 年粮食主产区的名义增长率高于非主产区，1998 年、1999 年、2000 年、2002 年、2003 年粮食主产区均低于非主产区。

六 快速增长阶段（2004 年至今）

这一时期我国农业生产与农民收入进入快速增长阶段。在国家各项支农、惠农政策，现代农业不断发展和农村劳动力就业结构不断优化等因素共同作用下，我国农民收入突破了收入增长缓慢的瓶颈，进入新的较快增长期。据《中国统计年鉴》，2004～2010 年我国农民人均纯收入连续快速增长，增长幅度分别为 6.8%、6.2%、7.4%、9.07%、13.02%、7.6%、12.94%，连续 7 年保持较高水平的增长，是 1981 年以来的首次。

从 2004 年起，中央连续下发了 8 个"一号文件"，出台了一系列支农、惠农政策，有力地支撑了农民收入增长。中央财政实际用于"三农"的各项支出不断增加，2004～2011 年分别为 2626 亿元、2975 亿元、3397 亿元、4318 亿元、5955.5 亿元、7161.4 亿元、8579.7 亿元、10 497.7 亿元，增长率分别为18.7%、13.3%、14.2%、23%、37.9%、20.2%、18.3%、22.4%，2004～2011 年中央财政用于"三农"的支出年均递增 21%。这一阶段，中央对农业生产、农村发展基础、农民收入增加的支持力度之大前所未有。此外，取消农业税、牧业税、特产税和屠宰税，大大减轻了农民的负担。现代农业的不断推进极大地提高了农业效益，增加了农民收入。乡镇企业的稳定发展拓宽了农民收入来源。同时，国务院出台的一系列保障农民工权益的政策，使越来越多的外出务工农民收入和生活得到保证。这一阶段我国农民增收呈现出一些新特点，家庭经营纯收入、工资性收入、财产性收入和转移性收入增长态势比较明显，尤其是工资性收入成为农民增收的新亮点。

总之，从农民增收和粮食增产的变动关系看，1980～1988 年及 1996～2003 年这两个阶段粮食主产区农民收入增长与粮食产量增长呈同向变动趋势，而 1989～1995 年呈反向变动趋势，2004 年以后粮食主产区的农民收入呈现出回归性快速增长趋势。

第二节　粮食主产区农民增收的基本特征

一　农业收入逐渐不是农民增收的主要源泉

目前我国农民收入的主要来源仍然是农业，农业收入是农民收入的主要组成部分，农业收入在农民纯收入中占的比重相当大。但是，农业收入已经不再是农民收入增长的主要来源，农业收入在整个收入中所占的比重呈现出下降的趋势，据《中国统计年鉴》，农业收入在整个农民收入中所占的比重由 20 世纪 80 年代中期的 66%，下降到 2006 年的 40%左右。其中，1998～2000 年，农民人均农业收入连续三年负增长，分别为－2.26%、－4.48%和－4.24%。农业收入下降的主要原因是 1998～2000 年种植业收入连续三年下降，分别比上年减少了 1.67%、4.87%和 11.16%。据《中国统计年鉴》计算，1986～1990 年农业收入对农民收入增长的平均贡献率为 67.05%，1991 年以来，农业收入对总收入增长的贡献率急剧下降，到 2010 年降为 12.39%。可见，农业对农民增收的作用正在降低。

二　工资性收入逐步成为农民增收的主要源泉

农民的工资性收入包括在乡镇企业的务工收入、外出打工收入、从非企业组织得到的收入和其他报酬收入。从 20 世纪 80 年代开始，工资性收入在农民收入构成中的比例呈现不断上升的趋势。自 1984 年以来，工资性收入的增长非常稳定，日益成为农民的主要收入来源。20 世纪 80 年代工资性收入占农民收入的 20%，2003 年上升到 35%，逐步上升的发展趋势与农业收入正好相反。工资性收入增长的主要原因是农民外出打工收入的增长。我们对湖南省 30 多个县的抽样调查显示，2007 年有 82%的农村劳动力外出打过工，其中有 75%在外打工或从业的时间在 6 个月以上。由于世界金融危机的影响，2008 年外出打工人数比 2007 年有所下降。近年来，工资性收入的增长成为保持农民收入缓慢增长的主要动力。1979～1990 年，工资性收入对农民收入增长的贡献率为 20.48%，到 2010 年工资性收入对农民收入增长的贡献率超过 65%，远远超过了农业收入，相当于农业收入贡献率的 5 倍多。

三 城乡居民收入差距不断扩大

改革开放以来，城乡居民收入差距大致呈一条 U 形曲线变化，经历了一个由大到小，再由小到大的变化过程。1978～1985 年，城乡居民收入差距由大到小，1978 年城镇居民人均可支配收入与农村居民人均纯收入之比为 2.57：1，1985 年为 1.86：1。这是因为这一段时间，我国改革的重点在农村。农村改革使得农民收入超常规增长，据《中国统计年鉴》，这一时期农民人均纯收入年均增长速度比城镇居民家庭人均可支配收入高 8.2%。1985～1994 年，城乡居民收入差距由小到大，1994 年城镇居民人均可支配收入与农村居民人均纯收入之比达到2.86：1。1985 年以后，我国经济改革的重心从农村转向城市，城市比农村有了更优越的就业和增收机会，城镇居民家庭人均可支配收入增长速度远远高于农民人均纯收入增长的速度。1994～1999 年，随着农民收入的恢复性增长，城乡收入差距略有缩小。1999 年至今的 10 多年间，城乡居民收入差距又呈现出扩大的趋势。1999 年两者之比为 2.65：1，重新回到改革开放初期的水平，2000 年为 2.79：1，2001 年为 2.90：1，2002 年继续扩大到 3.11：1，2003 年达到 3.23：1，2006 年为 3.28：1，2007 年为 3.33：1，2008 年进一步扩大到3.36：1，2009 年为 3.33：1，2010 年为 3.23：1，2011 年为 3.13：1。

在城乡居民各项收入来源差距中又以人均转移性收入差距悬殊最大，转移性收入占城镇居民总收入的20%，只占农村居民收入的5%。转移性收入是居民无须付出任何对应物就能获得的资金、货物、服务或资产所有权的制度性的收入，非要素本身的收入，属于国民收入再分配的范畴，包括在外人口寄回和带回的收入、退休金、救济金、救灾款、抚恤金、奖励收入、土地征用补偿收入、保险赔款、调查补贴、五保户供给等款项，在很大程度上与政府的偏好和社会再分配的制度有关。转移性收入差距的悬殊，突出反映了国民收入再分配中的二元结构。据抽样调查统计，近年来转移性收入在农民纯收入中所占比重有所提高，为3%～6%。城镇居民获得的转移性收入，无论是绝对额还是相对额，都要远远高于农村居民，而且随着政府各类保障制度在城镇的建立与完善，两者的差距还在进一步扩大。城镇居民在很大程度上免费或少费地享受了政府提供的养老保障、教育、医疗、住房和其他社会服务，而农村居民基本上是付费使用这些服务，农村居民与城镇居民受不平等的国民待遇，差距很大。除此以外，农民还要缴纳各种形式的非正式税、费，这都在很大程度上减少了农民的可支配收入。因此，目前的社会再分配制度的二元结构，仍然明显地偏向城市，还没有建立起对农民收入的直接支持机制。

四 农民收入区域不平衡与主产区农户增收乏力

农民收入分配不平衡，粮食主产区农民收入增长幅度低于全国平均水平。中部地区的 8 个粮食主产省自 1999 年以来连续 5 年农民人均纯收入都低于全国平均水平，有的年份粮食主产区农民的人均纯收入甚至出现负增长。而且，粮食主产区农民的税费负担高于全国平均水平。显然，这样的收入状况对粮食生产能力的稳定和提高非常不利。但是随着农产品价格的提高，粮食主产区农民人均纯收入的增速有所加快，到 2010 年，13 个粮食主产区平均增长速度为 11.4%，比全国平均水平高 0.5%。

以农业收入为主的农户收入水平低，税费负担重，增收乏力。以农业收入为主的农户是指农业收入占当年收入 50% 以上的农户，包括纯农户和兼农户，他们占全国农户总数的 2/3，基本上是中低收入户。2000 年纯农户的人均收入为 1933 元、兼农户为 1980 元、非农兼业户为 2805 元、非农户为 5135 元，其中纯农户和兼农户的收入分别比全国平均水平低 320 元和 273 元，还没有达到 1998 年的水平，更是远远低于非农兼业户和非农户的收入水平。同时，纯农户和兼农户的税费负担无论是从绝对额还是从相对额来看都大大高于非农兼业户和非农户。2006 年，纯农户和兼农户的税费负担为人均 77.5 元和 65.5 元，占当年纯收入的 3.6% 和 2.7%。非农兼业户和非农户的负担为 57.5 元和 48.3 元，占当年纯收入的 1.9% 和 1.0%。

第三节 农业劳动生产率的阶段与增长特征

新中国成立初期，中国第一产业劳动生产率水平远远低于第二、第三产业，只有社会总体劳动生产率的 60% 左右。按可比价格计算，第二、第三产业劳动生产率分别是第一产业的 3.53 倍和 4.08 倍。但是随着农业生产水平的提高，农业劳动生产率呈稳步上升的趋势。1952~2003 年增长了 22 倍，年均递增 6.4%。尽管如此，其增速仍然比同期农业总产值增长速度 8.03% 低 1.63%，比第二产业劳动生产率增长速度 7.56% 低 1.16%，但是比第三产业劳动生产率增长速度 5.74% 高 0.66%。从农业劳动生产率提高的阶段性来看，后一阶段提高较快。1952~1977 年，农业劳动生产率只提高了 62.16%，25 年年均递增 1.95%。1977~2003 年，农业劳动生产率提高了 13.57 倍，后 26 年年均递增 10.85%。前 25 年贡献率为 15.16%；后 26 年贡献率为 84.84%。由此可见，农业劳动生产率提高的 93% 以上都产生在 1978 年以后。

一 "一五"到"二五"恢复时期：增长、倒退与恢复

"一五"到"二五"时期，由于我国农业政策的变化，农业生产出现了"一五"（1953～1957年）时期的增长、"二五时期"（1958～1962年）的倒退和"三年调整期"的恢复。"一五"时期出现农业产出增长、劳动力增加、农业劳动生产率提高的特征。以1953年为基年，按可比价格的农业总产出连年递增，产出指数平均每年增长近15％，年均递增2.61％。"二五"时期农业生产出现倒退。1958年出现了农业产出和劳动力增加、劳动生产率均高于1957年30％的大幅度增长局面，但接下来1959年、1960年农业产出连续两年大幅度下跌，1959年下跌18.06％，1960年下跌15.12％，1961年农业产出比1960年增长约30％，基本止跌。但农业劳动生产率止而又跌，1962年跌4％，整个农业劳动生产率跌到"一五"初期的水平。"二五"时期，整个农业劳动生产率指数只有107.55％，与"一五"初期的水平相当（1953年指数为107.57％）。这一时期出现"先增长后倒退"这样大起大落的特征，根本原因是国家工业化政策和"大跃进"方针的影响。1958年，农业劳动力由之前的每年约增加389万人（年均递增2.13％），突然绝对减少380万人，增减相加的差额达到700万人以上，1958年的劳动力人数仅相当于1953年的87％左右。尽管1958年的农业产出比1957年下降5.42％，但农业劳动生产率却大幅提高29.26％。这种不依靠农业劳动生产率的提高来推进农业劳动力的转移，而靠人为因素减少农业劳动力来促使农业劳动生产率提高的做法是不可靠的，当时的农业经济水平也无法支撑那种快速的工业化节奏。之后国家出台了一系列政策，严格控制人口流入城市，就此形成城乡二元化结构，并且影响后世几十年，造成我国城乡的巨大差别。经过1963年、1964年、1965年三年调整期后，农业劳动生产率基本恢复到了正常增长的水平。

二 "文化大革命"影响时期：徘徊与停滞

"三五"（1966～1970年）和"四五"（1971～1975年）时期，直到改革开放前夕（1977年），基本处于"文化大革命"时期，整个农业生产处于一种自然增长或徘徊增长的状态。这一时期，农业产出、劳动生产率提高与劳动力增长大致相当。在此期的12年中，农业产出大于农业劳动力增长的年份有7个，小于农业劳动力增长的有5个；农业劳动生产率负增长的年份有5个，正增长的年份有7个。在7个正增长的年份中，有5个年份的增长速度低于5％，只有1970年和1973年真正有一定增长幅度，1970年为5.072％，1973年为7.5％。从农

业劳动生产率的绝对数上看,1966~1977 年,12 年时间仅提高了 35 元,平均每年提高不到 3 元。这个时期的农业劳动生产率与"三年调整"时期相比,在质和量上都没有太大的变化,基本处于徘徊与停滞的状态。

三 1978 年后改革开放时期:高速增长

1978 年,党的十一届三中全会的召开拉开了我国改革开放的序幕。从改革开放到今天,我国农业生产力得到极大解放,农业经济飞速发展,农民增收幅度大为提高。因此,1978 年是中国农村变革的一个重要分水岭,农业劳动生产率的增长出现了实质性的变化。1978~2011 年,依据农业劳动生产率突变的情形,可以划分为四个阶段:①1978~1984 年同步快速上升阶段。这一阶段,呈现出劳动力增加、产出增长、农业劳动生产率显著提高的特征。7 年间,劳动力、产出、农业劳动生产率等三项指标的递增率分别为 0.73%、13.57%、12.75%。其中农业劳动生产率指数提高了 200%,年平均增加高于 30%。②1985~1991 年平稳增长阶段。在前一阶段发展的基础上,这一阶段农业生产继续增长,但是增速相比前一阶段有所放缓,进入平稳增长阶段。农业劳动生产率指数在 1984 年的基础上又增加了 300%,7 年指数平均增幅为 43%,年均递增 8.92%,尽管持续增长,但增速与 1978~1984 年的速度相比,开始放缓。环比速度以两位数增长的年份只有 1987 年和 1988 年,环比增长体现出高速平稳的特征。③1992~1996 年迅猛增长阶段。这一阶段的突出特点是"两增一降",农业产出增长、农业劳动生产率高速增长、农业劳动力减少。从 1992 年开始,农业劳动力连续 5 年减少,每年平均减少 850 万农业劳动力。这一时期的农业产出却持续高速增长,环比增长的平均幅度为 24.51%,比第一阶段平均 12.86% 的增幅高出 11.65%。农业劳动生产率在这样一种农业投入产出的态势中也保持了 5 年的高速增长。在 1991 年基础上,农业劳动生产率指数猛增 1300%,平均每年增加超过 260%,年均递增速度为 24.07%,这一阶段仅一年的指数提高量就相当于前两个阶段 10 年积累的指数提高总量。农业劳动生产率绝对数量也上升到 4000 元级的水平上。目前中国农业劳动生产率格局基本上是在这一时期形成的。④1996 年至今高速增长阶段。这一阶段仍然体现出高速增长的态势,增长类型发生改变。这一阶段农业劳动力增长指数增加 350%,平均每年增加指数 50% 左右,年均递增率为 2.35%,增长速度开始放慢。农业劳动生产率环比增长速度全面放慢,只有 2003 年达到 6.99% 的增长水平,其他年份都没有超过 5%,并且在 1999 年出现了 -2.2% 的增长。这一阶段,农村劳动力呈增加态势,7 年中农业劳动力增加的有 6 年。增长类型也由第三阶段的以农业劳动力连续下降为主变为以农业劳动力增加为主。

第四节　粮食主产区农业增效与农民增收的制约瓶颈分析

一 粮食主产区农业生产方式转变面临的制约

随着我国经济体制改革的不断推进，我国农业经济增长方式正发生着巨大变化，由粗放型逐步向集约型转变。要实现农业经济增长方式的根本转变，还面临着以下三个方面的问题。

第一，农业投入严重不足。强大的财力是农业经济增长方式转变的基础。我国大部分农村地区贫困落后，靠地区自身的力量无法完成经济方式的转变，而国家财力投入又少，因此农业投入严重不足制约了我国粮食主产区农业生产方式的快速转变。从国家用于农业科研推广的经费来看，大大低于中上等收入国家在 20 世纪 80 年代初期的水平。1980 年发达国家农业推广经费占农业总产值的 0.62%，我国农业推广经费仅占农业总产值的 0.18%。从财政支农资金的绝对量来看，国家财政支农支出持续增长，但从相对量来看，则是下降的；从金融支农情况来看，目前的金融结构难以满足广大农民的资金需求。金融体制改革后，国有商业银行逐步退出农村，农村信用社和农业发展银行根本不能满足农民和涉农企业贷款的需求。据了解，目前全国 2.4 亿农户中，约有 1.2 亿的农户有贷款需求，但银行部门根本无法满足其需求，加之农业信用社贷款利率高，超出了农民和涉农企业的承受能力。一方面是农民急需贷款，另一方面农民又无力贷款。从农户和集体农业投入情况来看，也是相当少的。20 世纪 90 年代均低于 6.0%，1996 年为 5.5%，1997 年下降至 4.6%。农户资金用于农业的投入 1995 年最高达 42.9%，而 1996 年、1997 年分别下降至 36.4%、22.7%。

第二，农业劳动力素质较低。高素质的劳动力是农业经济增长方式转变的关键。农业劳动者的文化科学技术水平对提高农业劳动生产率起着决定性作用。据联合国教科文组织统计，20 世纪 90 年代初具有小学文化程度的农民可使农业劳动生产率提高 43%，中学文化程度可提高 108%，大学文化程度可提高 300%。随着我国科教兴国战略的实施，农村科技教育有了很大发展，农民的科技文化水平有了很大提高。但是，从现代科学技术发展的速度来看，我国农民的科技文化水平仍然还比较低。据专家统计，目前我国农业劳动力中，体力劳动型高达 73.06%，文化型占 26.9%，科技型仅占 0.04%；从受教育程度看，文盲占 35.90%，小学毕业占 37.2%，初中毕业占 21.5%，高中毕业占 5.43%，大学毕业仅占 0.3%（何解定，2008）。随着我国工业化、城镇化进程的加快，农村中绝大多数有文化和技术的青壮年纷纷进城打工，基本上都是老人、妇女和儿童留守在农村。这不仅导致了从事农业生产的劳动力严重不足，而且造成了从事农业的生产者文化科技水平更低。在此情况下维持农业的简单再生产都十分困难，更谈不上农业的集约经营了。

第三，农村科技人才严重匮乏。科技人才是农业经济增长方式转变的支撑。因此我们必须实施科教兴农战略，特别是要培育农业科技人才，因为科技成果的转化和推广、农业知识的普及，都离不开宏大的科技人才队伍。目前，我国农村科技人才奇缺，平均每3个乡才有一个农业技术推广站，每94.6个乡才有一个牲畜配种站，每9.1个乡才有一个气象站。转变农业经济增长方式急盼大量农业科技人才去广阔的农村工作。但由于农村工作、生活条件差，经济待遇低，很多农业科技人员不愿意到农村工作，甚至已经在农村工作的科技人员也不能安心工作，农科院校毕业的大学生更不愿意到农村就业，造成农村科技人员极度缺乏。这种状况必然影响科教兴农和农业经济增长方式的转变。

二 粮食主产区农民收入增长的限制因素分析

1. 农村经济发展水平

对农民收入增长起决定性作用的因素是农村经济发展水平。尽管从改革开放至今我国农村经济的不断发展，带动了农民收入水平的不断提高，但是近年来农民收入增幅减缓，已经成为制约整个国民经济发展的重要问题。农村经济发展是一个系统工程，包括产量、质量、劳动力素质、观念、生活质量等多方面内容。因此衡量一个国家或地区农村经济发展的程度应该按照多方面指标综合考虑，仅仅农业产量的提高并不能代表农村经济发展的程度。我国的基本国情是人多地少，在农业生产中耕地资源非常稀缺，相对而言劳动力资源则比较丰富。从经济学理论上讲，在缺乏新技术扩展生产可能性边界的情况下，土地的边际报酬必然会随着生产要素的追加而呈现出递减趋势。可以采用技术进步或实现规模经济的办法来解决土地收益递减规律的制约作用。我国农业生产的组织形式是分散的、小规模经营的家庭生产，这使得农户的经营规模明显低于经济的适度规模水平。因此我们在采用新技术扩展生产可能性边界时，必须与扩大规模相结合，才能有效地降低农产品的生产成本。

2. 城乡二元经济社会结构

城乡二元经济社会结构是影响农民收入增长的重要因素。进入工业化阶段后，城市与农村的发展水平存在差异，尤其是我国，城乡差异表现相当明显。长期以来，我国经济一直是在牺牲农业的基础上发展起来的。政府通过一系列制度安排把社会人口划分为两大群体——城镇居民和农村居民，两大群体享受不同权利，承担不同义务，我国经济和社会发展政策的制定和实施都建立在这种划分的基础之上，人为地加大了城乡发展基础的差异。城镇居民和契约化的农村居民被身份化，工人与农民、城里人与乡下人之间形成了一条不可逾越的鸿沟。这样制度性的划分使得现有的城乡差距中存在着非市场合理性。当劳动力接近于无限供给时，农业劳动投入的边际生产率接近于零。在比较效应的影响下，农业剩余劳动力必然向效益较高的第二、第三产业转移。但现有的一系列制度，包括城乡分割的户籍制度、劳动力就业制度和社会保障制度等，在一定程度上限制了农村剩余劳动力向其他产业和部门转移。即使农村人口转移到了城镇，与城市居民生活在共同的环境、从事同样的工作，但享受的却是不平等的待遇：与城市居民在地位上不平等，无法享受相同的社会保障、管理和服务，形成了城乡二元经济社会结构。

3. 扭曲的国民收入分配格局

扭曲的国民收入分配格局是影响农民收入增长的另一重要因素。城乡二元经济社会结构在财政分配制度上表现为倾斜的分配格局：重城市、轻农村，重工业、轻农业，重市民、轻农民。国家不仅在资金投入方面向工业和市民倾斜，忽视农业和农民，而且还通过各种税费的形式获取了部分农民的利益。扭曲的国民收入分配格局对农业发展与农民增收的制约作用主要表现为以下四个方面。

（1）农民的制度内负担过重，制度外负担不合理。我国一直对农业征税，是世界上少数征收农业税的国家之一，直到2006年才在全国范围内全部免除农业税，农民的制度内负担重。农民不仅享受的公共产品数量和质量远不如城市居民，而且在此情况下还要支付比城市居民高得多的税赋。收入分配体制的不公平性、财权与事权不对称的分级财政体制，致使乡镇财政贫困，大部分乡镇财政处于赤字状态，连基本工资都难以保障，更不用说为本地区农民提供公共产品。加之乡镇基层政府机构臃肿、行政成本较高，直接加重了农民的负担。因此我国农民不仅制度内负担过重，而且制度外负担也不合理。由于我国行政体制改革滞后，对农村公共产品供给起决定作用的往往是自上而下的行政指令，而不是农村社区内部的需求。因此这种机制很容易导致公共产品的供过于求或供求结构错位，公共产品的供给成本大为增加。

（2）农业科研和灌溉投入不足造成农业生产的基础条件薄弱。目前我国用于农业科研的经费严重不足，导致农业基础研究滞后，具有突破性的技术储备相当缺乏。我国用于农业灌溉的投资数额较大，但其中真正用于农业的投资不多，有相当部分被用于大江大河的治理，以确保城市安全，并没有用于保证农业生产的稳定发展。

（3）结构调整援助缺乏导致农业和农村经济结构调整的步伐缓慢。在需求约束的情况下，简单的农业增产并不能保证农民增收，甚至还会出现增产减收的情况。改革开放前，农产品供不应求，处于缺乏时期，只要农业能增产，农民就能增收。改革开放以来，我国农产品供求格局逐步发生变化，目前农产品供大于求，处于买方市场，这样的格局在短期内不会有太大的改变。当前，我国农产品的价格已经接近或超过国际市场价格，依靠提高价格增加农民收入余地不大。而且，我国已经加入世界贸易组织，价格补贴的总量受到限制。因此依靠增加产量和提高价格来促使农民增收的途径难以再继续下去，在现阶段和以后相当长的一段时间内需要依靠农业和农村经济的战略性调整。而农业和农村经济的战略性调整需要方方面面的援助，建立专门针对结构调整的支持体系。目前我国农业和农村经济战略性结构调整援助缺乏，调整面临诸多困难、步伐缓慢。主要表现如下：农村经济结构单一，第二、第三产业不发达的状况没有得到根本改变；农产品品种和品质结构调整滞后，供给结构与需求结构失调；农村城镇化和农业产业化水平不高，农村剩余劳动力的转移受阻；农产品国际竞争力不强，部分农产品"卖难"和价格下跌。

（4）农村教育支出偏低导致农民增收面临人力资本约束。我国现有的农村教育供给制度导致农民增收面临人力资本约束。我国农村基础教育基本上是以乡、村自筹经费为主的民办义务教育。这样的教育供给制度增加了农民的额外负担，许多农村居民无法享有受教育的权利，使得农民的自身素质难以提高。对素质不高的劳动力，第一，降低了他们对市场信息的获取，使其生产决策具有很强的模仿性和盲目性，加大了农民的经营风险和农产品市场的波动。第二，阻碍了农业科学技术在生产中的推广、应用和农业生产率的提高。第三，城乡人力资本差距使农村人口在劳动力市场上的竞争力大为减弱，未来缩小城乡收入差距的可能性也大为降低。

长期以来，"三农"问题的解决和城乡二元结构矛盾的消除一直是我国党和政府高度关注和致力的重要工作。但直至今天，"三农"难题远未破解，二元结构的矛盾又呈现加剧发展趋势。这主要是由于我们以往都是孤立地研究和解决"三农"问题，我们仅仅是就农村论农村，就农业论农业，就农民论农民，这样孤立的视角及方法存在着很大的局限性，最终导致"三农"问题成为一个无解的方程。实践也证明了农民增收困难的主要原因已经不在于农业和农村本身，而在于我国的宏观经济管理体制。因此要破解"三农"难题和消除城乡二元结构矛盾仅仅在农业和农村领域进行改革并不能从根本上解决问题，我们必须从国民经济的宏观层面入手，在调整分配制度的基础上，进一步深化农业、农村和农民层面的体制改革。在国内对农业支持政策和措施上要有突破，实现城市和农村之间、工业和农业之间、市民和农民之间的资源优化配置。只有这样，才能使农民增收具有公平的基础和持久的动力。

三 粮食主产区新农村建设中的认识误区与发展困境

1. 粮食主产区新农村建设中的认识误区

通过课题组对粮食主产区（湖南、湖北、安徽）的调研和以往资料分析，新农村建设的认识误区主要包括以下五个方面。

第一，将新农村建设等同于新村庄建设。由于上层宣传的力度不够和基层认识的局限，广大农村对新农村建设的认识有所偏差。按照"人本发展理论"，新农村之"新"可以概括为新技术环境、新自然环境、新分工环境和新居民主题（徐均武，2007）。而一些基层干部和村民容易将"新农村"理解为新村镇或新村庄，将新农村建设等同于大兴土木，而忽略了新农村建设应该包括生产、生活、乡风、村容、管理等方面的丰富内涵。

第二，将新农村建设与工业化和城市化对立起来。通过深入访谈我们发现，由于长期的城乡二元发展模式，在新农村建设的初期，农村居民仍旧未能形成"城乡统筹发展"的意识，很多村民和干部将新农村建设与城市化和工业化对立起来。在新农村建设的实践中，没有形成城乡之间在资源、要素方面的自由流动和互补。作为现代化进程的一部分，工业化才是农村最终的出路，因此必须把"三农"问题的解决放在工业化进程和城市化的分工协作中来考虑。

第三，将新农村建设看成是政府的事情。新农村建设是一个长期而艰巨的任务，必须依靠政府引导的各个方面的积极配合和协作。但中国大多数地区的农村干部和农民认为新农村建设仅仅是政府的任务，没有明确自身作为建设的主体在这场大战略中的角色和地位。新农村建设应该是农民在政府的宏观支持下，自主、自愿、自立、自我组织、自我觉悟、自我创新的过程。

第四，将新农村建设当做一个短期运动。中国农村落后的现实及农村人口众多的现状，决定了建设社会主义新农村的目标必须是一项需要长期面对的重大任务。然而，此次调查发现，很多农民和农村工作者无论在认识上还是在实践中，都有急于求成和操之过急的倾向，一方面导致了基层工作者提出一些冒进而不切实际的口号和目标；另一方面是农民群众对新农村建设抱有过高的期望和速成心态，而一旦预期的效果未能在短期内实现，其参与和建设的积极性就明显下降。因此必须保持清醒的头脑，正确地处理好新农村建设中的短期目标和长期目标，分步骤、分阶段地进行新农村建设。

第五，将新农村建设看成是以村为单位的建设。这一认识的误区在于继续把农村建设孤立起来。被调查的 12 个村庄中，很少有新农村建设工程是在不同的村庄之间协作完成的，大多数村庄的新农村建设规划、项目布局和考核都强调以村为单位。同样，也缺乏将乡镇的总体规划置于更大范围内来考虑，缺乏农业产业与城市产业的必要结合。这样，直接的后果是导致城镇化进程中部分农村将走向衰落，成为"空心村"。

2. 粮食主产区新农村建设中的发展困境

新农村建设是一项全面而系统的工程，必须坚持中央"一号文件"所规定的"五要五不要"原则。然而，由于受前面所提误区的影响，在新农村建设的实践中还存在诸多问题，是粮食主产区农业与农村发展的困境所在，主要表现为以下六个方面。

一是国家政策的颁布和执行具有滞后性，农民依靠农业增收压力大。一方面，相对于"三农"问题的产生，国家的优农、惠农、哺农政策来得较晚，农村发展过程中许多问题已经病入膏肓，而惠农政策未能从根本上解决当前的"三农"问题；另一方面，对中央政策的学习、执行和让农户完全理解政策需要时间，这种时滞性比较严重地影响了政策执行的效果。随着城乡差距的进一步扩大，农民增收的压力越来越大，主要原因有两个。首先，农产品价格的上调赶不上农用物资价格的节节攀升。种子、农药、化肥和农机工具价格年年上涨，加之土壤肥力的减退和农资物品的质量变差，农产品价格的上调相对于农资物品投入的增加还是不够的，因此种粮农户收益越来越低。其次，农业基础设施落后，农业生产抵御自然灾害的能力弱。由于水利和堤坝多年失修，农业的旱涝保收能力不强；农户低成本的投入，农业综合生产能力差，这些都制约了农民收入增长。

二是不顾经济发展水平与层次和农民的主体地位，大搞超前的形象工程。在新农村建设的初期阶段，许多乡镇不顾当地经济发展水平，没有正确认识所处的发展阶段，忽略农民群众在新农村建设中的主体地位，地方政府搞政绩工程和超前的形象工程建设，是实践中常见的问题之一。这主要表现在三个方面：其一，一些地方政府在指导新农村建设时，动辄以发达国家农村为标准或国内最先进的农村为标准，而忽略了农民的切实需要；其二，违背经济规律，大力投资不可维持的高标准基础设施建设，导致地方政府负债累累，也未能较好地满足农民的现实需要；其三，盲目攀比，不顾实际和地方特色建设千篇一律的"新村"，从而使农村建设的比较优势得不到发挥。

三是农业科技推广能力弱，离现代农业的目标远。由于经费少、体制弊端及农村科技人员素质方面的问题，当前的农业科技事业不能满足农民农业生产的需要。主要原因如下。一是国家对农业技术推广的经费支持不够，支持方式不合理。税费改革后，乡镇主要依靠国家有限的转移支付来进行农业技术推广，未必能满足农户的技术需求。二是农机站向上级部门申请相关科研经费需要经过立项、审批，中间的时滞较强。很多从事规模种植、养殖经营的农户由于缺乏持续、科学的技术指导，所以生产的风险增大，难以形成规模经济。

四是土地产权制度不完善，农村集体经济发展受到约束。土地是农民福利的根本，土地产权制度改革的最终目标是土地产权的明晰，只有建立土地拥有者可以占有、使用、受益、转让、抵押、继承并具有排他性的产权，充分保障农户或集体作为土地所有者的权益，鼓励对土地进行长期投资，促进土地适度集中，才能提高规模经济水平，为集体经济的产生和繁荣创立先行条件。除土地制度的约束外，农村集体经济的发展还受到以下几个方面限制：一是国家转移支付有限，农村基础设施建设和社会化服务体系建设远远不够，尚未能为集体经济的发展提供健康土壤。一些地处偏远的山村，由于交通不便，招商引资困难，一些深藏于山的优质矿藏也得不到开发，未能为当地农民创造经济价值。二是农村干部队伍缺乏培训，没有发挥出新农村建设中应有的凝聚力，因此也无法组织社区农民进行合作、合资，发展规模产业或基地生产。

五是农村劳动力流失，农村基层干部队伍储备不足。新农村建设的伟大工作需要具有高素质和凝聚力的基层干部来领导完成，而当前符合这一要求的农村基层干部严重不足。主要原因有两个。一是受过良好教育的年轻人都选择外出务工来实现自身价值，而留在农村的大多是老人、儿童和妇女。据我们走访调查，有些农村有人去世，由于缺乏青壮年，灵柩都难以抬上坟地。二是村干部待遇太差，在夹缝里做人。据 2008 年我们走访调查的情况来看，湖南省的很多地方村干部工资并不高。

六是乡镇基层政府处境艰难，弱化了基层政府对新农村建设的领导作用。税费改革后，乡镇级政府失去了正常的财政收入来源，各项工作开展依靠国家转移支付。同时，新农村建设以来，农村许多重要工作需要开展，许多项目需要经费，乡镇基层政府工作进退两难。这主要体现在两个方面：一是国家政策缺乏对不同农村地区具体情况的考虑。每个地区的生产力水平不同，实施的新农村建设措施应该有所差异，而当前的政策是"下面万根线，上面一针穿"，因此导致了有些地区的乡镇政府对国家新农村建设的政策指标感到困惑。二是基层政府缺乏适当的执法权力，权、责、利不明确，不统一。当前的镇政府各部门干部 2/3 的时间在处理各种百姓纠纷。农户由于自身的局限性对国家新农村建设政策的理解不够，各项公共设施集资困难，同时对基层政府要求太高。据很多有多年工作经验的基层干部反映，当前的基层工作是近 10 年来最难做的。

第四章

粮食主产区农民增收的要素分析

新中国成立以来，我国的粮食价格政策演进的基本路径是从高度计划到尊重市场对资源配置的基础性作用，处于不断变换之中。1985 年，双轨制代替了国家统购统销，一部分粮食价格由市场决定，初步反映了市场供需的要求，但这样的政策导致国家财政负担过重等新的问题出现。之后我国政府采取制定保护价和敞开收购农民粮食的政策，以提高农民生产的积极性。但是这种政府保护价的制定很少反映市场的要求，也扭曲了粮食价格。2004 年我国又进一步推出新的政策，探索在市场经济条件下的粮食流通体制。在这些粮食政策与改革的背后，规范的经济学理论支点是什么，在这一支点的指导下，粮食的价格、农民收入、农业发展之间的关联如何。这一章节将给出理论与实证分析。

第一节　农业支持政策的规范经济理论

如果希望对政府和市场关于规范个人经济行为中的相对作用得出某些结论，需要两个步骤：一是要形成公共干预经济的规范理论；二是要形成公共干预经济的实证理论。在评价政府干预经济的现实性，以及改进干预及结果的可能性时，必须以规范为标准。这样建立的农业支持政策体系能够为实践所证明其内在的一致性和合理性，从而发展一种逻辑结构，这种逻辑结构可以保证农业支持政策体系不仅建立在经济逻辑和理性基础上，还能经受经验数据的检验，同时是决策者预测未来的基础。

一　农业支持政策的目标

在农业支持政策的目标表达方法上，一般可以采取如下四种：固定目标法、优先法、可变边际替代率的弹性目标法和不变边际替代率的弹性目标法。

1. 固定目标法

这种方法是由丁伯根（丁伯根，1988）创立的，即给被选做经济政策目标的变量赋予固定值。

假定目标是城镇居民和农村居民二者的收入，即 Y_u 和 Y_r，利用城镇和农村

现有资源的收入可能性的表示为

$$Y_u = f(Y_r),$$

表现为转换曲线，如图 4-1 所示。

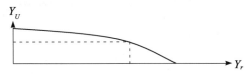

图 4-1　城镇和农村现有资源的收入可能性固定目标图

用固定的目标表示该目的等同于该曲线的一点。

$$Y_u = \overline{Y}_u; \ Y_r = \overline{Y}_r$$

固定目标问题在农业经济政策中的另一个应用是表示粮食安全目标和粮价稳定目标之间的转化关系。用 u 表示粮食安全指数，用 $\dot{p} = (\Delta p/t)/p$ 表示粮食价格的变动率。这两个目标的"转换曲线"可以用关系式 $u = f(\dot{p})$ 联系在一起。如图 4-2 所示，把可取目标设立为固定目标，在派生的曲线上选择一点 B，有 $\dot{p} = p^*$，$u = u^*$。

图 4-2　粮食安全目标和粮价稳定固定目标图

2. 优先法

如果决策者不知道"转换曲线"的位置或是一个目标与另一个目标的确切联系，那么固定目标的方法就不可行了。在这种情况下，排出目标的优先次序会更加合理。例如，当决策者不知道城镇居民收入与农村居民收入的"转换曲线"的位置，或者不知道城镇居民收入与农村居民收入的确切关系时，可采用目标优先法。在确定城镇居民收入达到一定程度后，试图将农村居民收入最大化，其位置与"转换曲线"的实际位置是一致的。在图 4-3 中，转换曲线可以为 A 也可以为 B。但是决策者希望 $Y_u = \overline{Y}_u$，然后最大化 Y_r，Y_r 可能是 $\overline{Y}_r$，也可能是 $\overline{Y}_r'$，还可能是 $\overline{Y}_r''$，这取决于转换曲线的位置，如图 4-3 所示。

如果粮食安全和粮价稳定是决策者的目标，那么决策者必须选择其中一个目标，并取定经验中稳定值，再调整第二个目标。

3. 可变边际替代率的弹性目标法

利用弹性目标来处理农业政策问题与标准的微观经济学中解决消费问题的

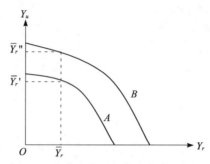

图 4-3　粮食安全和粮价稳优先目标图

方法是等价的。消费者不会死板地限定他消费的商品和服务的数量，而是通过表露其偏好以弹性的方式来表明他的目标。类似的是，决策者在经济学家的帮助下，会构建一个反映社会偏好的社会无差异曲线（社会福利函数，SWF）。并把该图置于其效用函数的两个变量之间的"转换曲线"上，从而确定目标。如图 4-4 所示，给出了 Y_u 和 Y_r 之间的社会无差异曲线图及"转换曲线"。很明显，该问题的解由曲线之间的切点 C 给出。

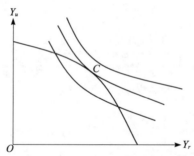

图 4-4　可变边际替代率的社会福利函数弹性目标图（一）

　　可以看出，在这种情形下，与社会福利函数有关的无差异曲线和与消费者效用函数有关的无差异曲线是相似的。如果社会福利函数的自变量是"不益的"方面（如粮食安全指数问题 u 和粮价波动问题 p）而不是"有益的"（城镇居民收入 Y_u 和农村居民收入 Y_r）方面，那么无差异曲线是不同的。首先，偏好次序不同。当另一个自变量水平既定，一个"不益的"自变量水平越低，效用越高。因而越接近原点的曲线，代表的效用水平越高，如图 4-5 所示。其次，这些曲线是凹的，表明边际替代率是递增的，而不是递减的。

　　这种情况下的农业经济政策问题仍然有解，可以通过比较社会无差异曲线和转换曲线来找到这个解，如图 4-6 所示，D 是社会福利的最高点。

　　无论结果如何，社会福利函数的自变量都是影响农业经济政策目标的因素。但是，与固定目标法不同，在这种情况下，当约束一定时，目标被内生确定为

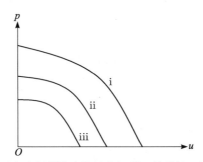

图 4-5 可变边际替代率的社会福利函数弹性目标图（二）

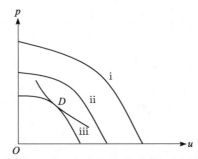

图 4-6 可变边际替代率的社会福利函数弹性目标图（三）

社会福利最大化值。这也是一种优化的方法，与固定目标方法形成一种对照。被称为优化法的原因是：目标值不是事先确定的，它们是在转换曲线，或者更一般地说是在经济模型所给定的约束下，通过优化过程来确定的，而使用固定目标法时所赋予的目标值只是令人满意，并非最优的。

4. 不变边际替代率的弹性目标法

这种情况与为了与通过线性化方式简化的社会福利函数相对应，因为它的边际替代率为常数。以城镇和乡村居民收入为例，社会福利函数可以写成

$$W = aY_u + bY_r$$

式中，a 和 b 是赋予两种收入的权重。它们可以任意取值，反映的是界定社会福利函数的个人或团体的偏好。在这种情况下，对 Y_u 和 Y_r 任意取值，a 和 b 是常数。因此 Y_u 和 Y_r 之间的边际替代率（b/a 给出）也是常数。这样我们用图 4-7 表明农业经济政策选择问题。在赋予一定的权重时，D 点决定了二者的最优收入水平。

同样可以设不变边际替代率的社会福利函数是自变量 u 和 $\dot{p}$ 的函数，则有

$$W = a\dot{p} + bu$$

式中，a 和 b 为负的常数。u 减小和 $\dot{p}$ 增加意味着社会福利的下降。如果我们选

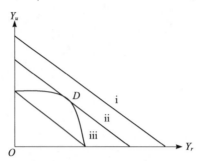

图 4-7　不变边际替代的社会福利函数弹性目标图（一）

择 u 和 $\dot{p}$ 作为社会福利函数的自变量，图 4-8 给出了粮食安全指数 u 与粮价波动 $\dot{p}$ 之间的取舍条件。

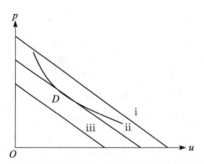

图 4-8　不变边际替代的社会福利函数弹性目标图（二）

二 农业支持政策工具

1. 经济政策工具的定义

如果一个变量满足下列三个条件，就可以认为是经济政策工具。

（1）可控制性。决策者可以控制该变量，可以确定该变量应该取什么值，并且可以采取行动直接固定这个值。

（2）有效性。已经被决策者固定其值的变量对其他变量有影响，而这些变量被赋予了目标作用。当一个目标和一种工具以一种简单的函数关系联系在一起时，有效性可以用目标对工具的导数 dy/dx 来衡量。在具有多重目标、多重工具的情况下，用导数来衡量有效性将变得十分复杂。

（3）独立性或可分性。必须根据其可控制性和有效性的程度将该变量与其他工具分开。

所以，一种经济政策工具就是这样一个变量：其唯一的功能是能够影响关系到决策者偏好的其他变量。但是，这是比较少见的，因为现实世界里一些经济变量除了具有工具值外，还有内在值。换言之，决策者偏好函数的自变量包括适当的目标变量，还包括为获得目标变量而通常具有工具性作用的其他变量。例如，公共支出是一个工具性变量，因为它能够影响到许多政策目标，如收入、就业、国际收支等的水平。不过，决策者也可以对公共支出水平或公共支出水平与国民收入的比率赋予一个内在值。目标和工具之间缺乏严格的区分，并不会增加解决经济政策问题的困难。

2. 农业支持政策工具的不同类型

可以根据不同的方法对经济政策进行分类。丁伯根提出了一种分类方法，将经济政策工具分为数量型政策、质量型政策和改革型政策。数量型政策涉及改变现有的工具值的政策（如改变政府支出水平）；质量型政策涉及新工具的引入或在经济体系不发生重大变化的前提下取消已有工具（如规定银行贷款最高限额或开征新税）；改革型政策是指会使经济体系特征及规范发生重大变化的新工具的引入或旧工具的废除。农业经济政策改革会产生了巨大的制度影响。例如，我国 20 世纪 80 年代初实行的农村家庭联产承包责任制，是对土地产权的进一步界定和完善；农村金融体系的改革、农业税的免除和农业补贴的实施等都对我国农民收入增加及整体经济改革产生了巨大影响。

按照政策工具实施的方式，农业支持政策工具可以分为直接控制措施和间接控制措施。直接控制措施旨在通过强迫某些类型的主体从事既定的活动来实现农业经济目标；间接控制措施是通过引导主体决策的变量来达到目标（如农业的税收调整或免除与农业生产的相关补贴）。财政政策、货币政策和汇率政策是三种主要的间接措施。财政政策涉及政府支出和征税水平，如农业高新技术的引进及相关的政府购买、农业税收制度的改革；货币政策是通过基础货币和必要准备金比率的变化来调节经济体系的流动性的，体现在农业支持政策方面主要是农村金融机构的改革及农用物资贷款的调整；汇率政策表现在对货币汇率的调整间接影响农产品进出口的关税政策和各种农产品外贸经济活动。

一种非常重要的分类方法是将其分为相机抉择措施和自动规则。相机抉择措施是指决策者对农业经济情况进行客观的科学评价之后，机动地决定和选择不同类型的政策工具。自动规则是指不需要对农业具体经济情况进行观察，决策自动发挥作用的政策工具。例如，在货币政策方面，弗里德曼的一个建议是：每年按固定的百分比增加货币供给，而不是定期地对情况进行评价再采取措施。这种定期的农业政策调整能够起到内在稳定器的作用，有助于熨平农业发展过程中的经济周期波动，一定程度上缓解农业政策调整的时滞性，能够防范粮食安全问题和增加农村积累，有利于农业的稳定发展，同时还能减轻收入分配的不公，对繁荣整个国民经济都有着重要的意义。

三 合理农业经济政策的古典方法及修正

出于对农业经济政策正确选择的考虑，对经典的模型进行与实际相适应的修正使其可以作为决策模型是非常重要的；也就是说，在现实农业经济的决策过程中必须确定可以作为固定目标或弹性目标的变量，以及可以作为工具的变量。

1. 从结构化模型到简化形式模型

结构化模型由各种类型的方程式构成：定义方程式、行为方程式、技术方程式、均衡方程式、制度方程式。沿用凯恩斯主义的方法对以上方程进行说明。式（4-1）中，Y 为收入，π 为平均劳动生产率，C 和 A 分别为消费和自发需求。式（4-1）中的第一个方程是技术方程，表明在短期假设下，K 一定时，生产函数 $Y=f(K, N)$ 的情况；式（4-2）是一个均衡方程，表示供需之间的均衡关系；制度方程表示在遵守法律或习俗的基础上推导出来的各种关系和约束条件。

$$Y=\pi N, \ Y=C+A, \ C=cY \tag{4-1}$$

求解就业率 N，把它表示为其他变量的函数得

$$N=\frac{1}{\pi} \cdot \frac{1}{(1-c)} A \tag{4-2}$$

结构形式模型中的变量可分为内生变量（包括目标）和外生变量（包括工具），结构形式模型是内生变量表示为其他内生变量和外生变量的函数。用 y 表示内生变量，x 表示外生变量，结构形式模型可写成

$$y=f(y, x)$$

第一，以固定目标表示农业经济政策问题的求解，需要首先从结构形式模型进入简化型模型，再到逆简化形式。通过替代消除所有的无关变量，并把剩余的每个内生变量（每个目标）只用外生变量来表示，这样就由结构模型得到简化形式模型。因此，有多少个目标就有多少个简化形式的方程式。式（4-2）就是结构形式模型式（4-1）的简化形式。由于只有一个目标，所以只有一个方程式。如果用 y 表示目标，x 表示工具，则式（4-2）可表示为 $y=f(y, x)$。在具有两个目标 y_1 和 y_2、两个工具 x_1 和 x_2 的情况下，简化的模型是

$$\begin{cases} y_1=f_1(x_1, x_2) \\ y_2=f_2(x_1, x_2) \end{cases} \tag{4-3}$$

通过把工具表示为目标的函数，就可以获得逆简化形式，对式（4-3）中的方程组求逆可得

$$\begin{cases} x_1 = \varphi_1 \ (x_1, \ x_2) \\ x_2 = \varphi_2 \ (x_1, \ x_2) \end{cases} \tag{4-4}$$

在求解方程组的过程中，未知数的个数必须等于方程的个数。一个农业经济政策问题里的未知数是工具，简化形式的方程个数必须等于目标的个数，这就是经济政策的"黄金律"，这是丁伯根的贡献：在固定目标的情况下，经济问题有解要求目标数必须与工具数相等。

第二，弹性目标问题是以最大化或最小化社会福利函数表达的，该社会福利函数满足代表经济体系运行的模型关系式给定的约束。如果社会福利函数有两个一般性的目标 y_1 和 y_2，则有目标函数

$$W = f \ (y_1, \ y_2)$$

满足：

$$y_1 = f_1 \ (x_1, \ x_2), \ y_2 = f_2 \ (x_1, \ x_2)$$

在工具数少于目标数时，这个问题也是有解的。很明显这种情况下所得的社会福利值比较小。由于可利用的工具增多，就会对福利产生积极的影响。在农业经济发展过程中，对农村经济目标影响的农业经济调节工具的增多，对农村经济发展具有非常意义。

2. 古典方法的局限性及扩展

古典方法的关键特征是它对政策问题的全方位视角，这集中表现在这种方法考察操纵每种工具所产生的扩散效应上。扩散效应是指不只影响政策的一个目标，而是多个目标，甚至所有的目标。在农业支持政策中，这一特征体现得更为明显。在解决农村经济的实际问题时，可以帮助我们理性地解决"三农"问题中的许多棘手问题，帮助决策者计算精确解，即达到某些政策目标或实现农民福利最大的工具解。为了更好地利用这些理论在实际运用中的效果，对理论进行便于实践的修正是必不可少的程序。

在农业经济政策的决策模型中，一般假定农户行为函数的具体形式已知，在此基础上，可以预测私人主体的行为。通过设立某些目标与基于农户主体行为的政策工具之间的联系，就可以确定政策决策。但是，这种农业经济政策的决策分析模型忽略了政府决策对私人主体行为的反馈效应。这也是卢卡斯（Lucas，1976）对这种古典经济政策模型提出批评的实质。卢卡斯的质疑在理论上和实践上都具有非常重要的意义，并对我们具有重要启示。从理论上看，卢卡斯特别强调私人主体的行为与政府行为之间的相互作用。在相互作用中，私人主体扮演的是主动角色，他们根据政府行为变化的预期来改变

自己的行为。但是传统分析模型并不承认主体行为与政府行为之间的相互作用。为了改变这种分析的局限性，必须改变模型的类型。因此可以使用博弈理论建立主体之间策略性相互作用的模型。在实践中，由经济政策的变化导致的参数变化的大小十分重要：如果参数变化小，说明基于以前的估计值来设计的政策将是可信的。用来估计参数的数据库的大小将决定可信度的高低：数据库越大、包含的政策应用情况越多，参数变化越小，模型的最优政策指标的可信度越高。

本研究借鉴并改进了泰勒（泰勒，2007）的分析，使得我们能从正规的角度透视卢卡斯评论的性质、重要性及模型修正后可能的答案，对农业支持政策的最优选择进行说明。

假设 t 时刻农户的行为函数为

$$y_t = ax_t + \beta E(Z_{t+1} \mid \Omega_t) + \eta_t \tag{4-5}$$

式中，y_t 为因变量，它是第二个变量 x_t、第三个变量 z 在 $t+1$ 时刻的预期及随机干扰 η_t 的函数，它以在 t 时刻获得的信息集 Ω_t 为条件。假定 z 在前两个时期的取值决定 z_{t+1} 的随机取值，即它采取二阶自回归过程：

$$z_{t+1} = \varphi_1 z_{t-1} + \varphi_2 z_{t-2} + \varepsilon_t \tag{4-6}$$

式中，ε_t 为白噪声，$(z_{t+1} \mid \Omega_t) = 0$，$0 < i < t$。于是 z_{t+1} 的理性预期为

$$(z_{t+1} \mid \Omega_t) = \varphi_1 z_t + \varphi_2 z_{t-1} \tag{4-7}$$

把式（4-7）代入式（4-5）可得经济的真实模型

$$y_t = ax_t + \beta(\varphi_1 z_t + \varphi_2 z_{t-1}) + \eta_t \tag{4-8}$$

式（4-8）的计量估计形式一般为

$$y_t = ax_t + \gamma_1 z_t + \gamma_2 z_{t-1} + \eta_t \tag{4-9}$$

式（4-9）与真实经济模型是等价的。该模型能够比较准确地描绘农业经济现象。这是因为农户对政府农业经济政策的预期一般比较稳定，所以 t 时刻的行为受随机游动过程的影响并不大。

由上可知，公共主体行为与农户私人行为主体之间的策略性是相互作用的。对政府行为的预期是私人主体行为的基础。但是，农户私人主体的行为函数本身会随着公共决策的变化而变化，因此我们必须考虑这两类主体决策的相互影响，动态博弈理论可以为构建这类相互作用的模型提供一个新方法。

3. 农业补贴政策的博弈分析

长期以来农业被认为是弱质产业，它的长期私人收益曲线和社会收益曲线相分离，并且长期私人收益曲线低于社会收益曲线。如果政府对农业生产进行补贴，可能导致农业生产的社会成本高于私人成本，存在外部性；如果政府不对农业生产实行补贴，可能会使农业生产的私人成本高于社会成本，也存在负

外部性。因此如何恰当地执行农业补贴政策是中国面临的难题，也是世界发展中国家普遍面临的难题。

下面我们以粮食的购销政策为例来建立博弈模型，阐述政府与农民的博弈行为。模型的基本假设是：首先，政府理性地追求财政收入最大化，农民理性地追求收益最大化，政府和农民在农业上的投资是同质的，具有完全的替代性。其次，农业要素资源的存量是固定的，政府通过比市场价格低的固定价格收购农民一定量的农产品来抽调农业剩余。农村中存在乡镇企业这类投资回报率比农业高的非农产业，它们为政府直接提供利税，增加农民收入。

根据上述假设得到农民的效用函数为

$$U_f = (P_g, P_m, P_u, O_u, O_r, O_t, T)$$

得到政府的效用函数为

$$U_g = (P_g, P_m, P_u, O_u, O_r, O_t, T)$$

式中，U_g、U_f 分别为政府的效用和农民的效用；P_g、P_m、P_u 分别为农产品收购价格、市场价格和非农产品价格；O_t、O_u、O_r 分别为农产品总产量、非农产品总产量和农产品收购量；T 为政府在非农产品上抽取的利税比率。假设农民、政府在农业上的投入分别为 K 和 K_g，分别对 K_g 和 K_f 求导得各自的边际效用 $\frac{\partial U_g}{\partial K_g}$ 和 $\frac{\partial U_f}{\partial K_f}$，各自的边际替代效用为 $\frac{\partial U_g}{\partial K_f}$ 和 $\frac{\partial U_f}{\partial K_g}$。通过对各个偏导数的分析可知，农民和政府投入能取得的边际收益取决于 P_g，P_m，P_u，O_u，O_r，O_t 和 T 的比较。如图 4-9 所示，由政府增加 dK_g，农民增加 dK_f，那么政府的效用将增加 $\alpha \frac{\partial U_f}{\partial K_f} dK_f + \varphi \frac{\partial U_f}{\partial K_g} dK_g$，而此时农户的效应增加量为 $\beta \frac{\partial U_g}{\partial K_g} dK_g + \lambda \frac{\partial U_g}{\partial K_f} dK_f$，其中 α、β、φ 和 λ 为各变量比较所得的系数。

	农户增加投入	农户不增加投入
政府增加投入	$\alpha \frac{\partial U_f}{\partial K_f}dK_f + \varphi \frac{\partial U_f}{\partial K_g}dK_g$ $\beta \frac{\partial U_g}{\partial K_g}dK_g + \lambda \frac{\partial U_g}{\partial K_f}dK_f$	$\varphi \frac{\partial U_f}{\partial K_g}dK_g$ $\lambda \frac{U_g}{\partial K_g}dK_g$
政府不增加投入	$\alpha \frac{\partial U_f}{\partial K_f}dK_f$ $\varphi \frac{\partial U_g}{\partial K_f}dK_f$	0 0

图 4-9 政府与农户调整博弈矩阵

从以上的博弈分析可以看出，我们从博弈环境的改善和博弈的内在结构入手，才能走出农业投入的"囚徒"困境，才能提高农业投入的有效性。第一，为政府和农民的农业投入提供合理的激励制度环境，加快农民理性地追求收益最大化的进程，以实现博弈过程效用最大化。第二，表达对政策的需求和支持，让农民积极参加经济政策的各个周期。第三，培养农民学习能力，强化农民对自身利益的表达能力。第四，加强信息的可靠性，提高信息的透明度，培养农民对信息的把握，实现农民完全信息合作。第五，提高政府对农业政策补贴的成本-收益的核算能力，以降低农业总成本。

第二节　农产品价格变动与农民收入的相关性分析

影响农民收入的因素很多，但农业生产仍然是长期以来影响农民收入的主要因素，其中，粮食生产，特别是粮食价格一直是农民收入的重要组成部分，因此，本节利用相关资料对粮食价格对农民收入的影响进行回归分析，以求找出二者之间的量化论据，为本研究建立实证基础。

一　农民人均年纯收入的波动有四个明显不同的阶段

第一阶段：1978～1984 年，实行家庭联产承包责任制，包产到户，农业大增产，农民大增收。该时期农民收入增长和生活改善的特征是速度快、幅度大，是新中国成立以来任何时期所未有的。

第二阶段：1985～1988 年，乡镇企业发展迅猛，农业生产出现波动，农民收入继续增长。尽管这一时期，粮食、棉花等产量一直处于停滞不前的局面，但乡镇企业发展迅猛，经济效益非常显著，农民收入增长呈不断上升趋势。

第三阶段：1989～1991 年，农产品再次大幅度增长，但农民收入停滞、徘徊不前，1989 年，农村改革以来农民人均年实际收入第一次出现负增长。1990 年、1991 年虽增长但退到了农村改革以前的增长水平。

第四阶段：1992 年以后，我国改革开放的步伐进一步加快，出现了新的热潮，农村经济发展又被注入了新的活力，农民收入水平逐渐好转。但随着改革开放程度的进一步深入，在新旧体制并存和交替的过程中，又暴露了一系列新的矛盾，特别是农产品供求之间的结构性矛盾和乡镇企业产值增长快而吸纳新增就业人数下降的矛盾，已严重制约了我国农民收入的持续增长。

二　粮食价格对农民收入影响的定量分析

影响农民收入增长的主要因素之一就是粮食价格的波动。为了精确表明粮食价格波动与农民收入增长之间的关系，本节拟出以下推算数据，如表 4-1 所示。

表 4-1　粮食价格与农民收入的影响推算

年份	粮食价格/（元/50公斤）	粮食价格变动/%	产量/万吨	乡村人口/万人	粮价带来的农民收入变动/（元/人）	农民人均纯收入/元	农民人均纯收入变动/（元/人）	粮价带来的收入变动占农民人均纯收入变动的比重/%
1989	28.98		40 754.9			601.5		
1990	26.85	−2.13	44 624.3	89 590	−21.22	686.3	84.8	−25.02
1991	26.12	−0.73	43 529.3	90 525	−7.02	708.6	22.3	−31.48
1992	28.43	2.31	44 265.8	91 154	22.44	784	75.4	29.76
1993	35.8	7.37	45 648.8	91 334	73.67	921.6	137.6	53.54
1994	59.45	23.65	44 510.1	91 526	230.03	1 221	299.4	76.83
1995	75.13	15.68	46 661.8	91 675	159.62	1 577.7	356.7	44.75
1996	72.29	−2.84	50 453.5	91 941	−31.17	1 926.1	348.4	−8.95
1997	65.1	−7.19	49 417	91 525	−77.64	2 090.1	164	−47.34
1998	62.05	−3.05	51 230	91 960	−33.98	2 162	71.9	−47.26
1999	53.54	−8.51	50 839	92 216	−93.83	2 210.3	48.3	−194.27
2000	48.36	−5.18	46 218	92 820	−51.59	2 253.4	43.1	−119.69
2001	51.5	3.14	45 264	93 383	30.44	2 366.4	113	26.94
2002	49.24	−2.26	45 706	93 503	−22.20	2 475.6	109.2	−20.23
2003	56.54	7.3	43 070	93 751	67.07	2 622.2	146.6	45.75
2004	70.73	14.19	46 947	94 254	141.36	2 936.4	314.2	44.99

资料来源：根据《全国农产品成本收益资料汇编》（1989～2004），《中国农村统计年鉴》（1989～2004）相关资料整理而成

从推算结果可以看出：第一，1994 年是由粮食价格大幅上涨而带来农民收入上升幅度最大的一年，其次是 1995 年；第二，1994 年是由粮食价格上涨带来的农民收入占农民人均纯收入的比重最大的一年，其次是 1993 年；第三，1999年是由粮食价格下降导致农民收入减少最多的一年，其次为 1997 年；第四，在所有年份中，因粮食价格下降而带来农民收入减少量大于农民收入增加量的年份只有 1999 年和 2000 年两年。

三　粮食价格变动对农民家庭经营现金收入的影响

粮食价格变动直接影响到家庭经营现金收入，从近 10 年的情况来看，农民出售粮食数量一直较为稳定，基本保持在 150～270 公斤/人。农民出售粮食带来的收入占整个家庭经营现金收入的比重呈抛物线形变化，比重最高年是 1994年，农民出售粮食带来的收入占整个家庭经营现金收入的比重为 25.8%，其后，逐年下降，到 2003 年这一比重降至最低，只有 18.3%，其中重要原因是粮食价格不断下降导致农民出售粮食带来的收入不断减少。2004 年，由于粮食价格大幅度上涨，当年农民出售粮食的收入增加，农民出售粮食的收入占家庭经营现金收入的比重达到了 20.1%，开始回升。

从近十几年农民出售粮食收入占农业现金收入的比重看，最高年份是 1994 年的 56.8%，其次是 1995 年的 51.5%，最低年份是 1991 年的 34.8%，如表 4-2 所示。

表 4-2　粮食价格、粮食出售量与收入

年份	粮食价格/（元/50 公斤）	农民收入/（元/人）	粮食出售量/（公斤/人）	粮食收入/（元/人）	家庭经营现金收入/（元/人）	出售粮食收入占家庭经营现金收入比重/%	农业现金收入/（元/人）	出售粮食收入占农业现金收入比重/%
1990	26.8	686.3	180.2	96.8	481.2	20.1	248.6	38.9
1991	26.1	708.6	179.4	93.7	523.3	17.9	269.0	34.8
1992	28.4	784	165.9	94.3	552.8	17.1	265.7	35.5
1993	35.8	921.6	159.4	114.1	629.6	18.1	265.6	43.0
1994	59.5	1221	188.5	224.1	869.0	25.8	394.6	56.8
1995	75.1	1577.7	179.2	269.3	1116.7	24.1	522.8	51.5
1996	72.3	1926.1	203.5	294.2	1322.7	22.2	617.1	47.7
1997	65.1	2090.1	228	296.9	1446.9	20.5	635.6	46.7
1998	62.1	2162	227.5	282.3	1393.8	20.3	602.6	46.9
1999	53.5	2210.3	243.3	260.5	1380.2	18.9	583.8	44.6
2000	48.4	2253.4	264.7	256.0	1498.8	17.1	600.6	42.6
2001	51.5	2366.4	268	276.0	1565.5	17.6	636.5	43.4
2002	49.2	2475.6	281.2	276.9	1653.7	16.7	667.7	41.5
2003	56.5	2622.2	294.4	332.9	1822.1	18.3	788.7	42.2
2004	70.7	2936.4	287.3	406.4	2019.8	20.1	878.9	46.2

资料来源：根据《全国农产品成本收益资料汇编》（1989～2004），《中国农村统计年鉴》（1989～2004）相关资料整理而成

四　粮食价格变动对农民收入影响的回归分析

模型为柯布-道格拉斯生产函数（Cobb-Douglas production function，C-D 函数），即 $Q_t^s = \lambda P_{t-1}^\beta$，其中，$Q_t^s$ 为本期收入，P_{t-1} 为上期价格，结果如表 4-3 所示。

表 4-3　农产品价格变动对农民收入的影响

最终输出结果					
回归统计					
多元 R	0.956 498				
R^2 值	0.914 888				
调整的 R^2 值	0.911 188				
标准误差	0.262 608				
观测值	25				
方差分析					
	自由度	SS	MS	F	显著性 F
回归分析	1	17.049 86	17.049 86	247.232 6	8.49×10^{-14}

续表

最终输出结果						
残差	23	1.586 145	0.068 963			
总计	24	18.636				
	回归系数	标准误差	t Stat	P-value	下限 95%	上限 95%
截距	1.985 645	0.309 521	6.415 221	1.51E-06	1.345 353	2.625 937
X1 变量	1.377 181	0.087 587	15.723 63	8.49E-14	1.195 994	1.558 367

资料来源：根据《全国农产品收益资料汇编》（1980～2004），《中国农村统计年鉴》（1980～2004）等相关资料整理而成

由表4-3可以看出，调整后的 R^2 为0.911 188，这充分说明绝大多数方程的方差均在0.9以上，方程总体拟合能力较好，90%以上被解释的方差将可以由解释变量予以解释。F 等于247.232 6，通过检验，这说明估计的模型可以用来解释研究期间内农产品平均出售价格对农民收入变动的影响。对于变量来说，t 等于15.723 63也通过检验，说明在统计上自变量对因变量的影响是显著的，即本期粮食价格每变化1%，农民收入就会相应变动1.38%，且两者变动趋势保持一致。

第三节　粮食价格变动与粮食生产的相关性分析

一　我国粮食产量变化的总体趋势是在波动中上升

一般而言，我国的粮食生产包括玉米、水稻、小麦、谷类、豆类和薯类。在本书中我们选取1950～2010年我国的粮食产量数据，并采取环比增长法测定粮食的生产波动周期，如图4-10所示。

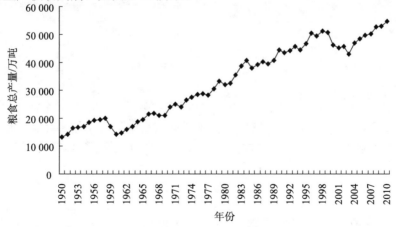

图4-10　1950～2010年我国粮食总产量

资料来源：《中国统计年鉴》（1950～2011）

从图 4-10 中可以看出我国的粮食产量呈波动中逐渐上升的趋势，根据环比增长法可以将我国粮食产量波动周期分为 6 个阶段。①1950~1958 年粮食产量低但稳步上升；②1959~1961 年粮食大幅度持续减产；③1962~1985 年粮食产量波动巨大：1968 年、1980 年和 1985 年粮食绝对产量减少；④1986~1998 年粮食产量小幅波动；⑤1998~2003 年粮食产量陡然持续下降；⑥2004~2010 年粮食产量突破性回升。

二 价格变动直接影响农民生产行为

从总体上看，农民家庭经营投入与粮食价格趋势基本接近，农业投入随上期粮食价格的变动而同向变动，如表 4-4 所示。

表 4-4 农村居民家庭经营现金支出

年份	粮食价格/（元/50 公斤）	家庭经营费用现金支出/（元/人）	第一产业支出/（元/人）	农业支出/（元/人）
1990	26.9	162.9	146.4	99.5
1991	26.1	188.4	169.1	112.8
1992	28.4	206.5	185	118.8
1993	35.8	241.2	211.3	133.1
1994	59.5	327.8	294.4	182.8
1995	75.1	454.7	410.7	261.4
1996	72.3	524	468.4	313.7
1997	65.1	539.9	483.1	298.4
1998	62.1	511.7	451.6	277.4
1999	53.5	470.7	417.6	269.1
2000	48.4	544.5	462.9	286.5
2001	51.5	584.8	502.4	296.5
2002	49.2	617.4	530.7	309.7
2003	56.5	638.4	551.1	318.1
2004	70.7	788.6	694.3	402.2

资料来源：根据《全国农产品成本收益资料汇编》（1990~2004），《中国农村统计年鉴》（1990~2004）相关资料整理而成

2004 年以后，在党和国家各项利农政策的刺激下，粮食价格快速上涨，农户农业生产投入明显增加。据对全国 31 个省（自治区、直辖市）6.8 万个农村住户的抽样调查显示，2004 年农民人均农业生产投入为 1032 元，比 2003 年增长 20.4%，增加 175 元。扣除农业生产资料价格上涨因素影响，实际增长 8.9%。

1. 农业生产投入大量增加

2004 年，我国农户人均农业生产投入为 829 元，增长 24.2%，比 2003 年增

加 161 元，增速比 2003 年快 21％。农业生产投入增加额占当年生产投入增加额的 92％。其中，人均种植业投入 435 元，增长 25％，比 2003 年增加 87 元；人均牧业投入 366 元，增长 24.7％，比 2003 年增加 72 元。

2. 粮食主产农户生产投入高于全国平均水平

2004 年，粮食主产区农户人均农业生产投入为 929 元，增长 26.4％，比 2003 年增加 194 元，2004 年增幅高于全国平均增幅 2.2％。

三　价格变动对农业生产行为的蛛网理论分析——动态蛛网模型

粮食不仅是人类赖以生存和发展的最基本物质资料，而且还是关系国计民生、影响国家安全与社会稳定的重要战略物资，粮食的重要作用是世界任何一个国家和地区都不可忽视的。中国是世界第一人口大国，无论是从自身生存角度，还是从国际责任层面，都必须高度重视粮食的稳定供给，在世界粮食供给能力有限的情况下，必须保持相对较高的粮食自给率。自新中国成立至今的 60 多年来，我国粮食产量呈波动中明显上升趋势。随着粮食供给由供不应求转向供过于求，粮食供给关系的变化并不代表粮食问题的根本解决，1998～2003 年，我国粮食产量的陡然持续下降趋势更说明解决粮食生产问题的重要性。

粮食是商品的特殊性及基础性公共产品的属性决定了粮食供需矛盾必须靠市场调节与国家的宏观调控来共同解决，而宏观调控是调节粮食生产的必要因素。在我国，粮食价格政策是一种重要的政策工具，其对粮食生产产生巨大影响。但我国的粮食价格政策有一个明显的弊端就是粮食价格政策的制定往往忽视了市场价格机制的基础性作用。随着我国市场经济不断发展，粮食安全管理向我们提出了新的要求。我国必须在市场经济的框架内，实行必要的粮食宏观调控。根据国情和粮食情况，我国粮食宏观调控的主要目标是：保障国家粮食安全，保持粮食市场的基本稳定，保护和提高粮食综合生产能力，保护种粮农民利益。

因此，我们很有必要了解我国的粮食价格政策的演进过程，探究粮食价格政策对我国粮食生产的影响，分析如何通过粮食价格政策有效刺激农民粮食生产的积极性，促进我国粮食生产。2004 年，我国进一步加强了宏观调控中经济手段在粮食生产中的运用，又把粮食收购价格由以往的国家统一收购价格转变为竞争收购价格。因此，我们分析研究国家宏观粮食价格政策与粮食生产的关系，将有助于国家在市场经济体制下，更好地运用适当的政策工具，刺激农民生产粮食的积极性，稳定粮食市场价格，确保国家粮食安全，实现粮食增产、农民增收。

1. 蛛网模型及其对分析粮食问题的适用性说明

在静态的供求模型中引入时间变化趋势因素，需要根据属于不同时期的需求量、供给量及价格之间的相互作用的连续关系，用动态的分析方法来分析生产周期长的商品的产量与价格在偏离均衡状态后的波动过程及结果。

西方经济学根据均衡状的稳定与否，将均衡分为稳定的均衡与不稳定的均衡，均衡价格体系分为稳定的均衡价格体系和不稳定的均衡价格体系。当某个均衡价格体系在受到外力干扰偏离均衡点时，如果在市场机制的作用下这个体系还能回到均衡，则称这个均衡价格体系是稳定的。如果这个体系在受到外力干扰而偏离原点时，不能够在市场机制的作用下回复到原点，这个均衡价格体系则是不稳定的均衡。

蛛网模型是西方经济学运用动态分析方法论述农产品等生产周期长的商品产量和价格偏离均衡状态后的实际波动过程及其结果的理论。其基本假定是：商品本期的产量取决于前一期的价格，商品本期的需求量取决于本期的价格。根据以上假设形成供求方程组。

蛛网模型中，有收敛型蛛网、发散型蛛网及封闭型蛛网三种类型。当供给曲线斜率的绝对值大于需求曲线斜率的绝对值时，实际价格和实际产量会围绕均衡水平上下波动，但波动的幅度越来越小，回复到原来的均衡点，即呈收敛状。相反，当供给曲线斜率的绝对值小于需求曲线斜率的绝对值时，实际价格和实际产量会围绕均衡水平上下波动，但波动的幅度越来越大，离均衡点的均衡产量和均衡价格越来越远，即呈发散状。而当供给曲线斜率的绝对值等于需求曲线斜率的绝对值时，市场由于受到外力的干扰偏离原有的均衡状态后，实际价格和实际产量始终按同一幅度围绕均衡点上下波动，既不进一步偏离均衡点，也不会逐步地趋向均衡点，即呈封闭状。

粮食生产是一个周期长且带有连续性的生产过程，是具有很明显时间趋势的序列，因此我们可以选择蛛网模型对粮食的供求平衡关系进行分析。

根据蛛网模型的假设，农民在从事粮食生产之前会根据上一期的粮食价格决定当期的粮食产量，那么当期的粮食价格在一定程度上决定了下一期的粮食产量。在粮食的供求模型中，价格的变动对粮食的供给多少的影响十分显著，价格高，农民的生产积极性就高，粮食供应就充足；价格低，农民种粮的积极性就低，粮食供给就存在短缺现象。生活必需品和一些工业的重要原材料，价格变化导致需求变化的幅度就相对小了很多，即需求的价格弹性远远小于供给的价格弹性，供给曲线斜率的绝对值小于需求曲线斜率绝对值。一方面，一旦供给出现很大波动，而需求量变化不大的话，粮食价格就会出现巨大波动，对稳定粮食市场十分不利。另一方面，根据发散型的蛛网模型，一旦粮食价格偏离均衡点，仅靠市场机制调节不能使粮食价格自动回复到均衡点。因此，国家运用一定的调控手段来稳定粮食供求的均衡、平稳粮价很有必要。

粮食生产是自然再生产与经济再生产过程的复合体，其过程既受粮食生产系统之外的因素影响，包括自然条件、市场供求信号、宏观经济环境、国家的定购价格、财政政策等；也受粮食生产系统内部因素的影响，包括土地资源的供给状况，农户的生产目标、偏好、心理预期、自给水平和技术状况等。受自然条件和社会因素的共同影响，这些因素或先行或滞后、或直接或间接、或平缓或剧烈地作用于粮食生产系统，直接影响粮食单产；或者通过农民的生产行为间接引起粮食播种面积或单产的变化，从而引起粮食总产的波动，间接影响粮食总产量。我国粮食价格分为收购价格、自留价格及市场价格三类。从新中国成立至今的 60 多年中，我国的粮食一直处于国家的宏观调控之下，农民进行粮食生产所要考虑的首要因素是粮食收购价格，因此，在我国粮食生产过程中，粮食价格政策在调节粮食供求上发挥了重要作用。

2. 蛛网理论的计量分析

蛛网理论说明，农产品价格的高低对农产品产量和需求量都会产生影响，下面仅就价格对粮食的生产与需求作量化分析，以期寻找影响程度。

1) 价格对粮食产量的影响

农产品价格采用《全国农产品收益资料》中数据，粮食产量数据来源于《中国农村统计年鉴》，时间为 1978～2004 年。模型为 C-D 函数，即

$$Q_t^s = \lambda P_{t-1}^\beta$$

式中，Q_t^s 为本期收入；P_{t-1} 为上期价格，结果如表 4-5 所示。

表 4-5　价格对粮食产量的影响

最终输出结果					
回归统计					
多元 R	0.906 594				
R^2 值	0.821 912				
调整的 R^2 值	0.814 492				
标准误差	0.057 833				
观测值	26				
方差分析					
	自由度	SS	MS	F	显著性 F
回归分析	1	0.370 471	0.370 471	110.764 9	1.79×10^{-10}
残差	24	0.080 272	0.003 345		
总计	25	0.450 743			
	回归系数	标准误差	t Stat	P-value	下限 95%	上限 95%
截距	10.005 96	0.062 443	160.240 5	7.09×10^{-38}	9.877 087	10.134 84
X1 变量	0.191 44	0.018 19	10.524 49	1.79×10^{-10}	0.153 898	0.228 982

从上述结果可以看出，调整后的 R^2 为 0.8145，说明，绝大多数方程的方差均在 0.8 以上，被解释的方差 80% 以上都可以由解释变量予以解释，方程总体拟合能力较好。F 等于 110.7649，也通过检验，说明估计的模型可以用来解释研究期间内农产品平均出售价格与产量之间变动的影响。对于变量来说，t 等于 10.524 49 也通过检验，说明自变量对因变量的影响在统计上是显著的，即上期粮食价格每变化 1%，粮食产量就会相应变动 0.19%，且两者变动趋势保持一致。

2）根据模型结果对粮食生产的推算

受各种因素影响，2003 年 10 月以来，粮食价格大幅度上涨，粮食价格的上涨极大地推动了农民粮食生产积极性。2004 年，全国粮食播种面积达到 101 606 千公顷，比 2003 年提高了 2.2%。2004 年，粮食产量达到 46 947 万吨，比 2003 年提高了 9%。2005 年，虽然粮食价格略有下降，但由于仍处高位，农民种粮积极性不减，扭转了粮食播种面积连续下降的局面。2005 年的早稻虽然受自然灾害略有减产，但播种面积同样呈上升态势，为 6010 千公顷，比 2004 年增加 64 千公顷，增长 1.1%。2005 年全年粮食产量达到 9600 亿斤以上。一直到 2011 年，我国粮食播种面积持续扩大，粮食产量持续上升。

根据上述模型测算结果，即粮食价格每上涨 1% 粮食产量增加 0.19% 推算，2004 年因粮食价格上涨引起的粮食产量增加为 188 万吨。2005 年因价格上涨引起的夏粮增产量增加为 600 多万吨。

四 农户生产投入的 C-D 模型分析

1. 模型的选择

生产函数反映在一定生产技术条件下，多种资源组合与物质产出之间的关系。一般来说，常用的农业生产函数有 4 种，C-D 函数、斯皮尔曼生产函数（Spillman production function）、超越生产函数（transcendental production function）和超越对数生产函数（translog production function）。目前，由于 C-D 生产函数简单且估计方便备受推崇。本书选择此函数，即

$$Q = A \prod_{j=1}^{m} x_j^{a_j}$$

2. 变量选择

虽然粮食生产要受到土地、气候、劳动力、化肥、农药、种子、农膜、农

机、畜力等多种因素的影响，但我们通过分析发现，只有农产品价格和用工对粮食播种面积的影响最为显著，因此，在分析中，自变量只选择了相应品种农产品的价格与工价。另外，考虑到在价格因素的影响下，农产品之间有可替代性，本书因变量采用各品种农产品占农产品总量的比重。

3. 数据来源及处理

（1）数据时间段与农产品品种：本章粮食模型涉及的数据时间段为1978～2004年，主要农产品品种为小麦和早籼稻，数据时间段为1984～2004年。

（2）变量数据的来源：除主要农产品的播种面积来源于《中国农村统计年鉴》外，农产品价格及工价均来源于《全国农产品收益资料汇编》。

4. 估计结果

第一，对价格影响粮食生产的估计，结果如表4-6所示。

表4-6　价格影响粮食生产的估计

最终输出结果					
回归统计					
多元 R	0.923 117				
R^2 值	0.852 145				
调整的 R^2 值	0.839 824				
标准误差	0.023 643				
观测值	27				
方差分析					
	自由度	SS	MS	F	显著性 F
回归分析	2	0.077 32	0.038 66	69.160 71	1.09×10^{-10}
残差	24	0.013 416	0.000 559		
总计	26	0.090 736			
	回归系数	标准误差	t Stat	P-value	下限 95%	上限 95%
截距	4.160 848	0.075 557	55.069 28	8.88×10^{-27}	4.004 907	4.316 789
X1 变量	0.081 036	0.028 453	2.848 037	0.008 878	0.022 311	0.139 761
X2 变量	−0.103 99	0.0184 59	−5.633 3	8.45×10^{-6}	−0.142 08	−0.065 89

从结果中可以看出，粮食调整后的 R^2 为0.839 824，说明，绝大多数方程的方差均在0.8以上，被解释的方差有80%以上都可以由解释变量予以解释，方程总体拟合能力较好。F 等于69.160 71也通过检验，说明估计的模型可以用来解释研究期内农产品平均出售价格与农民收入之间变动的影响，价格影响粮食生产。其中，两个变量均通过检验，说明自变量对因变量的影响在统计上是显著的，即本期粮食价格每变化1%，农民种粮面积占农作物总播

种面积的比重变化 0.08%，两个变量变动趋势是一致的，即农民播种粮食面积的比重随粮食价格的升高而增加，随粮食价格的降低而减少。而工价每变动 1%，农民种粮面积占农作物总播种面积的比重变化 0.1%，且两者变动趋势相反，即工价提高，农民播种粮食的面积比重减少，工价降低，农民播种粮食面积比重增加。

第二，对价格影响小麦生产的估计，结果如表 4-7 所示。

表 4-7　价格影响小麦生产的估计

最终输出结果					
回归统计					
多元 R	0.824 029				
R^2 值	0.679 023				
调整的 R^2 值	0.643 359				
标准误差	0.063 854				
观测值	21				
方差分析					
	自由度	SS	MS	F	显著性 F
回归分析	2	0.155 26	0.077 63	19.039 4	3.62E−05
残差	18	0.073 392	0.004 077		
总计	20	0.228 653			
	回归系数	标准误差	t Stat	P-value	下限 95%	上限 95%
截距	9.259 41	0.251 94	36.752 37	$2.19×10^{-18}$	8.730 103	9.788 718
$X1$ 变量	0.405 233	0.091 228	4.441 994	0.000 315	0.213 57	0.596 895
$X2$ 变量	−0.313 75	0.056 083	−5.594 42	$2.61×10^{-5}$	−0.431 58	−0.195 93

从结果中可以看出，粮食调整后的 R^2 为 0.643 359，这说明，绝大多数方程的方差均在 0.6 以上，被解释的方差有 60% 以上都可以由解释变量予以解释，方程总体拟合能力不是很好。但 F 等于 19.039 4，通过检验，说明估计的模型可以用来解释研究期间内价格与农民种植小麦之间变动的关系，价格影响小麦生产。其中，两个变量均通过检验，说明自变量对因变量的影响在统计上是显著的，即本期粮食价格每变化 1%，农民种植小麦的面积占农作物总播种面积的比重变化 0.41%，两个变量变动趋势是一致的，即农民播种小麦面积的比重随粮食价格的升高而增加，随粮食价格的降低而减少。而工价每变动 1%，农民小麦面积占农作物总播种面积的比重变化 0.31%，且两者变动趋势相反，即工价提高，农民播种小麦的面积比重反而减少，工价降低，农民播种小麦面积比重却增加。

第三，对价格影响水稻生产的估计，结果如表 4-8 所示。

表 4-8　价格影响水稻生产的估计

最终输出结果					
回归统计					
多元 R	0.956 008				
R^2 值	0.913 952				
调整的 R^2 值	0.904 391				
标准误差	0.024 676				
观测值	21				
方差分析					
	自由度	SS	MS	F	显著性 F
回归分析	2	0.116 417	0.058 208	95.593	2.59E−10
残差	18	0.010 961	0.000 609		
总计	20	0.127 377			
	回归系数	标准误差	t Stat	P-value	下限 95%	上限 95%
截距	2.803 672	0.072 365	38.743 47	8.59×10^{-19}	2.651 639	2.955 705
X1 变量	0.145 507	0.028 231	5.154 06	6.66×10^{-5}	0.086 195	0.204 819
X2 变量	−0.189 22	0.020 526	−9.218 23	3.08×10^{-8}	−0.232 34	−0.146 09

　　从结果可以看出，粮食调整后的 R^2 为 0.904 391，这说明，绝大多数方程的方差均在 0.9 以上，被解释的方差有 90% 以上都可以由解释变量予以解释，方程总体拟合能力很好。但 F 等于 95.593，通过检验，说明估计的模型可以用来解释研究期间内价格与农民水稻生产变动的关系，价格影响水稻的生产。其中，两个变量均通过检验说明自变量对因变量的影响在统计上是显著的，即本期粮食价格每变化 1%，农民种植水稻的面积占农作物总播种面积的比重就变化0.15%，且两个变量变动趋势是一致的，即农民播种水稻面积的比重随粮食价格的上升而增加，随粮食价格的降低而减少。工价每变动 1%，农民种水稻面积占农作物总播种面积的比重就变化 0.19%，且两者变动趋势相反，即工价提高，农民播种水稻的面积比重反而减少；工价降低，农民播种水稻面积比重却增加。

　　总体来看，粮食价格及工价对农民种粮面积占农作物播种面积的比重有一定的影响，但其种植面积占农作物播种面积的比重受价格变化影响的敏感性并不高。从三种粮食来看，其播种面积占农作物播种面积的比重受价格变化的敏感性不高。究其原因，主要是农民对土地的依赖度仍然很高。分品种看，小麦播种面积所占比重对价格变化的敏感性要高于水稻，主要原因是小麦转产的可能性要高于水稻。从估计结果也可以看出，尽管农民种植粮食的面积对价格的敏感性不高，但农民对土地有着较强的依赖性，因此对粮食价格进行补贴是必要的，尤其要对敏感性较高的小麦的价格进行补贴。

第五章

粮食政策在粮食主产区的效应分析

第一节　中国主要粮食政策回顾

一　粮食购销政策演变的历史回顾

我国粮食购销政策实际上是随着粮食流通体制改革的进行而不断演变的。新中国成立以来，粮食流通体制改革作为农产品流通体制改革最重要的内容之一，始终遵循着有利于粮食流通的原则而循序渐进地进行着。改革开放以后，我国粮食流通体制改革遵循着市场化的要求一步一步地推进：从粮食的生产格局到流通渠道，从粮食的价格形成机制到宏观调控手段，市场在资源配置中的作用日益重要。粮食流通体制改革的目标，总体来说包括以下几点：稳定和提高粮食生产能力，保障粮食安全；提高粮食生产者组织化程度和市场交易谈判能力，增加粮食生产者收入，保障粮食生产者的利益；减少国家财政补贴，提高财政资金的利用效率；促进全国统一的粮食市场的形成，使价格机制发挥基础调节作用，提高粮食市场的运行效率；促进粮食区际有效流通和粮食主产区的经济发展；增强政府对粮食市场的宏观调控能力，利用储备吞吐将年度间的供求和价格波动控制在一定范围之内。粮食购销作为粮食流通领域中的重要环节，其政策的每次变动也都是为了实现稳定粮食市场、保障种粮农民利益的目标。

伴随粮食流通体制改革的进行，粮食购销政策的演变经历了以下几个阶段。

1.1949～1952 年，国营商业领导下的自由购销阶段

此阶段粮食流通体制的主要特点是：粮食购销自由，市场供求决定粮食价格，多元化的粮食市场经营主体形成，国有粮食系统开始逐步确立其在市场上的主导地位。

新中国成立初期，粮食生产能力不足，供求矛盾十分突出，于是私人粮商乘机兴风作浪，凭借其在市场上占有的优势哄抬粮价，导致市场粮价剧烈波动从而牵动全国物价全面上涨，给社会带来了极大的危害。面对严峻的形势，政

府一方面加强了公粮征收工作，以掌握粮源；另一方面采取了一系列措施加强粮食市场管理。国营粮食商业的这种做法严厉打击了投机抬价行为。1950～1952年，国营粮食商业收购和销售的比重逐年上升：1950年国营粮食收购数量占收购总量的23%左右，1952年上升到73%；国营粮食商业销售量占销售总量的比重，从1950年的20%左右，上升到1952年的51%。3年间，国家征收公粮和在市场上收购的粮食数量逐年增加。1952年比1949年增加了将近1倍。

2.1953～1978年，高度集中的粮食统购统销阶段

1953年，在城市对私有经济进行改造、在农村对小农经济进行合作化，标志着我国高度集中的计划经济体制形成。随着我国经济快速发展和大规模工业建设的兴起，工业人口和工业生产对粮食需求大幅度增加，粮食的生产量和收购量已经无法满足需求。1953年11月，国务院发布了《关于实行粮食计划收购和计划供应的命令》，实行在中央统一政策下由中央和地方分工负责的粮食管理政策。1954～1960年，全国粮食购销价格基本稳定，保持着较低的水平。1960年，国家实行超购加价政策，生产队人均交售粮食超过规定数量的部分在统购价基础上加价10%。较低的购销价格打击了种粮农民的积极性，为了刺激农民种粮，国家在1961年首次大幅度提高了粮食统购价格，全国6种粮食统购价格平均提高25.3%，而统销价格未作调整，因此第一次出现了粮食销价低于购价的倒挂现象。1962年，取消超购加价。1963年，为了解决粮食倒挂现象，国务院先将供应农业和工商行业的粮食统销价提高到统购水平，实行购销同价。然后于1965年将城乡非农业人口的粮食统销价也提到统购价水平，其间还曾实行了加价奖励和奖售工业品的办法。这一时期，由于要保护工业发展和保证城镇居民口粮供应，粮食统购统销价格总体定得比较低，虽于1961年、1963年、1965年和1966年几次提高粮价，但没有从根本上改变粮食价格偏低的状况，1966年以后粮食价格就完全冻结了。

3.1979～1984年，对统购统销政策实行部分调整阶段

这一阶段的粮食购销政策主要内容如下。①大幅度提高粮食统购价格；②逐步减少统购粮食数量，扩大市场调节的范围；③恢复和发展粮食集市贸易，开展粮食议购议销；④在继续发挥国营粮食商业主渠道作用的同时，发展多渠道经营。

统购统销政策使得粮价长期处于较低的水平，极大挫伤了农民种粮的积极性。为了解决粮食价格长期偏低的问题，国务院决定从1979年夏粮上市开始，将玉米、稻谷、小麦等6种粮食统购价格平均提高20.86个百分点，每50公斤价格由10.64元提高到12.86元，将超购加价幅度由30%扩大到50%。1978～

1984 年，粮食收购价格水平提高了 98.1%，平均每年提高 14.0%，全国粮食产量由 3048 亿公斤增至 4073 亿公斤，平均每年递增 4.95%，价格提高对粮食增产的拉动作用十分明显。

这段时期，在坚持统购统销的前提下，国家垄断价格体制开始解冻，粮食分配体制从封闭式、单渠道、多层次逐步向开放式、多渠道、少环节转变。允许国营粮食部门按市场价经营部分粮油，并放开粮食集贸市场，扩大粮食的市场调节，使一部分粮食价格由市场形成。

4. 1985～1991 年，实行粮食购销"双轨制"阶段

20 世纪 80 年代初期，农业连年丰收，使得长期以来粮食供求紧张的状况发生了根本性的好转，甚至出现了"卖粮难"的现象；而粮食流通体制改革以来农产品收购价格虽有所提高，但销售价格基本不变，农产品购销价格倒挂形成了巨额财政补贴，让政府背上了沉重的财政负担。为扭转这种局面，这一阶段在加大市场调节幅度和力度的情况下，改统购统销制度为合同定购制度，同时减少定购数量，扩大议购议销，部分或全部放开某些农副产品价格。为放开与人民群众关系不大的二、三类粮食品种价格，让更多的粮食品种参与市场调节。国家于 1985 年取消了粮食统购，改为合同定购。1989 年又改为国家定购，定购的品种为玉米、小麦、稻谷、大豆。小麦、玉米定购价实行"倒三七"比例计价，稻谷按"倒二八"计价，大豆按原购价不变。定购以外的粮食允许自由购销，按市场价买卖。如果市场价格低于统购价，国家仍按原统购价收购。由于改革只涉及统购，而没有触动销售，销售仍维持原低价，合同定购和市场收购的"双轨制"由此形成。

5. 1992～1993 年，粮食统销制度解体阶段

从 1992 年开始中国农村改革进入全面向市场经济转变阶段，农产品流通制度创新也取得新的进展。为了解决长期以来粮食购销价格倒挂的问题，从 1992 年 4 月 1 日起，国家采取"购销联动"的方式，同时提高粮食的定购价格和销售价格，基本上实现了购销同价，并在此基础上，陆续展开放开粮价、放开经营的试点。1993 年在全国范围内取消了实行时间长达 40 年的粮食统销制度，取消了口粮定量供应办法，价格随行就市，粮食供应和消费完全靠市场调节。到 1993 年年底，除云南、甘肃两省的 25 个县以外，全国约有 95% 的县（市）基本上放开了粮食价格和购销，完成了从计划定价（合同定购部分）和市场定价（合同外自由销售）的双轨制到市场单轨制的转变，农副产品的价格由市场供求决定，农产品市场购销制度的基本框架已经确立。这一时期粮食流通制度创新的另一个重要进展是粮食市场体系的进一步发育。1993 年 5 月 28 日，郑州粮食

批发市场开始粮食期货交易，随后上海粮油商品交易所、天津联合商品交易所
也开业经营粮食商品交易，从而在全国范围内形成了集市贸易、区域性批发市
场和国家级批发市场相互配套的粮食流通市场网络。

6. 1994～1997 年，"双轨制"回归阶段

1993 年年底，全国性粮价大波动，国家不得不恢复和加强对粮食购销、价
格、市场的控制和干预，并于 1994 年 5 月发出《关于深化粮食购销体制改革的
通知》，重申定购是农民应尽的义务，必须完成，规定粮食从收购到批发恢复由
国有粮食部门统一经营，发挥主渠道作用，确保国有粮食部门掌握 70％～80％
的商品粮，定购价格由国家确定，定购计划仍作为国家任务，定购任务以外的
粮食价格随行就市，这实际上又恢复了粮食流通的"双轨制"；对城镇居民基本
口粮的供应价格也恢复由国家管理。这一时期为了缩小市场价格和定购价格间
的较大差距，刺激粮食生产，1994 年、1996 年中央先后两次提高了定购价格，
使粮食定购价格大大高于市场价格。这样一来政策干预和提价等因素刺激了粮
食生产增长，1993～1997 年，粮食总产量增加 3768 万吨，年平均增长率
为 2.0％。

7. 1998～2003 年，以市场化为取向的粮食购销体制阶段

连续几年的粮食丰收使得粮食供求由长期短缺转变为总量大体平衡、丰年
有余，但是供求结构性的矛盾却日益突出，农民收入持续下滑；而国有粮食企
业也"高买低卖"，加上其管理、经营不善，每年亏损与财务挂账高达几百亿
元，使国家财政不堪重负。为了解决上述几个严重问题，国务院于 1998 年下发
了《关于进一步深化粮食流通体制改革的决定》，提出了"四分开、一完善"的
改革举措，即政企分开、粮食储备和经营分开、中央与地方的粮食责权分开、
新老账务财务分开，完善粮食价格形成机制。在 1998 年全国粮食购销工作电视
电话会议上，中央提出了"三项政策、一项改革"，即按保护价敞开收购农民余
粮、国有粮食购销企业实行顺价销售、农业发展银行收购资金封闭运行的三项
政策，加快国有粮食企业自身改革。这项改革未能有效保护粮食主产区的利益，
加重了粮食主产区的财政负担，导致"穷省补贴富省"的问题更加严重。

8. 2004 年至今，以购销市场化、经营主体多元化为标志的粮食流通体制改
革阶段

从 2004 年起，国务院决定积极稳妥地推进市场化条件下的粮食流通体制改
革，全面放开粮食收购市场和收购价格，国务院下发了《关于进一步深化粮食
流通体制改革的意见》和《粮食流通管理条例》。该意见阐明了粮食流通改革的

基本思路：在国家宏观调控下，充分发挥市场机制在配置粮食资源中的基础性作用，实现粮食购销市场化和市场主体多元化；加强粮食综合生产能力，建立对种粮农民的直接补贴机制，保护他们的利益；深化国有粮食购销企业改革，切实转换经营机制，发挥国有粮食购销企业的主渠道作用；加强粮食市场管理，维护粮食正常流通秩序；加强粮食工作省长负责制，建立健全适应社会主义市场经济发展要求和符合我国国情的粮食流通体制，确保国家粮食安全。两个文件的出台标志着我国粮食流通体制改革朝着市场化方向迈出了具有决定性意义的步伐。

二 市场化前后粮食购销政策的影响

1. 市场化以前粮食购销政策的影响

粮食购销政策随着粮食流通体制变革而发生了反复的变化，每一次变化在其特定的历史阶段都起着积极的作用，特别是从 1998 年开始的新一轮粮改，更是取得了巨大的成效。总体来说，市场化改革以前，购销政策中存在着一系列的问题。

第一，价格形成机制不健全，无法有效调节供求。从价格上看，我国粮食价格基本上由订购价和市场价两部分组成：定购实行国家定价，自由购销实行随行就市。这种价格的"双轨制"共同影响着粮食市场供给的变化。订购粮食作为一种指令性任务，不管价格高低农民必须上交，定购价的高低对农民种粮的积极性和定购任务的完成将产生重要的影响。农民的粮食生产量扣除自用和定购部分，再经农民储备调节形成真正的贸易粮。这部分粮食在市场上的供给量形成市场价，市场价对粮食生产有着更加直接的影响。当粮食的市场价低于定购价时，往往出现农民"卖粮难"的情况，且定购价被压级压价。另外，各地政府往往规定只有完成定购任务以后才准开放市场。而由于粮食生产分夏秋两季，定购粮的三大品种也分布于夏秋两季，结果实际上放开的时间不足一个季度。而且，各地的收获期存在很大差别，实际上全国性统一的开放市场几乎没有形成。所以，在"双轨制"下，"死"的一块（定购粮）往往影响"活"的一块（议购粮），粮食产销真正以市场供求形成价格机制的情况实际上并不存在，真正的粮食市场尚未形成。

第二，粮食市场分割加剧了供求矛盾。由于调控主体多元化、保护价格各省有差异，国内粮食市场基本上还处于以行政区划为特征的分割状态，妨碍了粮食的正常流通，从而加剧了供求矛盾。这主要体现在缺粮地区和余粮地区之间不正常的贸易关系上，他们更多地考虑自身利益并付诸行动，这两类地区在推动粮价正负运动方面正好形成一种合力。缺粮地区特别是经济发展水平较高的缺粮地区，在全国出现"卖粮难"的情况下，由于采购的方便并为防止价格继续下跌，就减少粮食的储存；当国内出现粮食供求较紧、价格看涨时，就急于增加储存，并凭借经济实力抬价抢购粮食。余粮地区面对缺粮地区的行为，在粮食供求较紧张时，就会人为地实行地区封锁政策，一方面控制粮食外销以保持本地区市场稳定，另一方面试图在交易中实现收益的最大化；当粮食供大于求时，不是积极销售，而是设法向农民少收粮食。这两类地区在粮食市场上，一方是"买贵不买贱"，另一方是"卖贱不卖贵"，其结果只能是把市场粮价扭曲得不合理，使"卖难"、"买难"交替出现，市场供求剧烈波动。这对保证粮食供给、调动农民种粮的积极性十分不利。

第三，政府对粮食市场的宏观调控体系不健全。储备是国家宏观调控的主要手段和物质基础，我国建立粮食专项储备制度是在1990年，同年成立了国家粮食储备局，1992年开始实行按最低保护价敞开收购余粮。1995年，实行"米袋子"省长负责制以来，相继建立了地方粮食储备，专门用来调节粮食市场：当市场粮食供不应求，价格不正常上涨时，政府以低于市场价格的价格，适时适量地向市场上抛售专储粮，以达到稳定供求、平抑市场价格的目的；当市场粮食供大于求时，市场价格不正常下跌，农民出现卖粮难时，政府适时地以一定价格（保护价）收购储备，维持市场价格的基本稳定。市场化改革前，我国粮食专项储备制度还很不完善，严重制约着政府对粮食市场调控能力的发挥。

2. 2004年市场化以后的购销政策影响

2004年的中央"一号文件"《中共中央、国务院关于促进农民增加收入若干政策的意见》和国务院"十七号文件"《国务院关于进一步深化粮食流通体制改革的意见》的相继出台，在我国20多年的粮食流通体制改革进程中具有里程碑意义。这次粮食流通改革的基本思路有以下五点。

第一，放开收购市场，健全粮食市场体系。积极稳妥地放开主产区的粮食收购市场和价格，将市场的基础作用与政府的宏观调控作用相结合。充分发挥国有粮食购销企业的主渠道作用，积极发展多种市场主体，并对各种市场主体从事粮食收购和经营活动进行规范，由市场供求决定粮食价格。国家在充分发挥市场机制的基础作用上进行宏观调控。充分发挥价格的导向作用，在粮食供求发生重大变化的情况下，中央政府在粮食主产区可对一些短缺的重点粮食品种实行最低收购价，以保证市场供应和保护农民利益，建立健全统一、开放、竞争、有序的粮食市场体系。

第二，结合农村税费改革，建立直接补贴粮农的机制。从2004年起，我国全面实行了对种粮农民的直接补贴政策。直接补贴对象是粮食主产区的种粮农民，直接补贴粮食数量原则上不低于前三年平均粮食商品量的 70%，直接补贴资金从粮食风险基金中优先安排。当年粮食主产区就从粮食风险基金中安排 100 亿元对种粮农民直接补贴。直接补贴机制在一定程度上能够补偿粮食生产成本，并使农民获得适当收益，对调动农民种粮的积极性、促进粮食生产有一定的作用。

第三，转换企业机制，加快推进国有粮食购销企业改革。国有粮食购销企业是粮食购销的主体，要充分发挥这一主体的"主渠道"作用，必须加快企业产权制度改革、实行组织结构创新，真正建立自主经营、自负盈亏的新机制，以提高市场竞争力。改革的具体做法是：实行政企分开，因地制宜地推进兼并重组，妥善解决企业的"三老"历史包袱，分流富余人员，建立健全法人治理结构，并将企业职工和分流人员统一纳入当地社会保障体系和再就业规划，保护职工合法权益。对按保护价收购的存量粮食实行"新老划断、分步销售"。按照有关规定消化处理企业新老财务挂账。

第四，维护市场秩序，加强粮食市场管理。加强市场管理，严格市场准入制度和资质标准；坚持多渠道经营，加强政府对非国有粮食购销企业的监管，提高政府对非国有粮食购销企业的服务意识和服务水平；加强对粮食批发、零售市场的管理；加大对粮食市场的监管和调控力度，维护正常的粮食流通秩序。

第五，加强宏观调控，建立健全省级政府全面负责体制。严格执行我国《土地管理法》和《基本农田保护条例》，实行最严格的耕地保护制度。加强国家对粮食种植、生产、销售、加工等环节的宏观调控，建立省级人民政府对粮食生产和流通全面负责的体制，确保国家粮食安全。根据中央和省级政府粮食事权划分原则，进一步健全和完善中央、省级粮食储备制度和调控机制，继续完善中央储备粮垂直管理体系，加强中央储备粮的调控功能，做到严格遵守制度、严格进行管理、严格落实责任。继续实行中央在 2001 年制定的对地方粮食风险基金包干政策，确保中央补助资金不减少、地方配套资金及时足额到位。建立中长期粮食供求总量平衡机制和市场监测预警机制，在立足国内的基础上对进出口进行适当调剂，运用国际市场调剂国内粮食品种和余缺，分级制订粮食应急保障预案，明确粮食预警调控指标。加快粮食法律、法规建设，严格执行《中央储备粮管理条例》和《粮食流通管理条例》，逐步实现依法管粮，依法规范粮食市场。

新的粮食流通体制进行了多种形式的创新：通过建立种粮农民收入持续增长机制来保护种粮农民的利益，调动农民种粮积极性，稳定粮食生产发展；全面放开粮食主产区的收购市场和价格，实行了市场形成粮食价格的机制；对国有粮食购销企业进行产权制度改革，创新机制，建立有效的激励与约束机制，提高了市场竞争力，使国有粮食购销企业从"计划主渠道"向"市场主渠道"

转变。同时，新型粮食流通体制还通过建立严格的粮食市场准入制度，加强对非国有粮食购销企业的服务和监管，强化对粮食批发、零售市场的管理，建立完善的粮食经营信息统计报告制度，来建立坚持政府宏观调控下的规范有序的粮食流通体制。

由市场化后粮食购销政策内容及特点可以看出，新的粮食流通体制是一个完整的政策体系，其基本框架是相辅相成的：全面放开购销市场是基础，直接补贴粮农是关键，进行企业改革是重点，维护市场秩序是条件，加强宏观调控是保障。因此我们必须要深刻理解和准确把握新型粮食流通体制的重点，理顺一系列重大关系，使粮食流通体制改革沿着正确方向顺利推进。

第二节　粮食支持政策与农业绩效的实证分析

对粮食进行补贴，是当今世界上许多国家和地区，尤其是发达国家和地区普遍采取的旨在保护和发展粮食生产经营的一项重要政策措施。我国对粮食生产同样采取了此类措施。我国对粮食进行补贴由来已久，虽然各个时期补贴方式各不相同，但其根本目标都是促进粮食生产、保障种粮农民的利益。1998年的新一轮粮改，采取了一系列的补贴政策，其根本目标是：使按保护价敞开收购农民余粮的政策得到很好的落实，使农民的利益得到保护；减少国有粮食企业的政策性亏损，推动粮食企业扭亏为盈和深化改革；稳定粮食市场，保证粮食流通渠道畅通等。而2004年的直接补贴政策是为了刺激粮食生产，稳定粮食安全供给，增加粮农收入，调动农民种粮积极性。

一　粮食补贴政策回顾

大致来讲，我国粮食补贴政策的演变经历了以下七个阶段。

1. 1961～1978年，对粮食经营费用进行补贴阶段

1959～1961年的三年自然灾害给我国带来了深重的灾难，很多地方出现饥荒、经济困难等问题。为解决这些问题，尽快实现粮食供求平衡和价格合理，1961～1965年国家先后四次提高了粮食的收购价格，而销售价格则提高缓慢，出现了粮食购销价格倒挂现象。1965年同1958年相比，粮食收购价格平均提高了35％，而粮食销售价格平均只提高了9.6％。随后国家采取一系列政策和措施抑制粮食购销价格倒挂现象，1965年基本解决了这种问题。1966年，国家又进行全国性的粮食购价调整，统购价格平均提高了17.1％，粮食销价也相应地再次提高，这种状况一直持续到1979年国家再次调整粮食购销价格。这一阶段国家对粮食的补贴仅仅是经营费用的补贴。由于这一阶段粮食的成本高、生产效率低，极大地阻滞了粮食生产的发展。为促使粮食生产的快速发展，1962年国家又一次放开了农村粮食集贸市场，实行粮食议购议价。农民完成了统购任务以后，可以将自己的粮食在集贸市场上出售，供销社也可以在集贸市场收购粮食，甚至还可以用工业品来交换粮食，农村粮食集贸市场的放开极大地减轻了国家依靠粮食经营费用补贴来促进粮食生产发展的压力。

2. 1979～1984年，对粮食企业经营费用和购销差价进行补贴阶段

这一阶段以补贴购销差价为主，实际上重点是补贴城市居民，农民、粮食购销企业间接得到补贴利益。党的十一届三中全会后，为解决我国农产品匮乏、农民生活贫困的问题，1979年3月，国务院决定对粮食企业经营费用和购销差价进行补贴。从当年夏粮上市起，将粮食统购价格提高20%，大幅度提高超购加价，由原来统购价加30%提高到新统购价加50%。尽管这种做法提高了收购价格，但粮食仍是低价销售，购销之间的差价和粮食购销企业的经营费用由国家进行补贴。国家财政补贴金额由1978年的38.4亿元增加到1984年的234.1亿元，增长6倍多，占当年财政收入的比重也由1978年的3.4%上升到1984年的15.6%。这一时期的粮食补贴的目的是在提高收购价格的同时维持原来的销售价格，因此是对购销双方进行补贴，既补贴了农民也补贴了城市居民，还补贴了粮食购销企业，但重点是补贴城市居民。

3. 1985～1990年，对农民交售定购粮进行"三挂钩"补贴阶段

1985年1月，中共中央、国务院颁布了《关于进一步活跃农村经济的十项政策》文件，规定粮食取消统购，改为合同定购，农民在交售定购粮以后，剩余的粮食可以自由上市。如果市场粮食价格低于原定购价，国家仍按原定购价收购。从此，我国粮食流通进入"双轨"运行阶段。由于粮食进入市场自由流通，市场粮食价格节节攀升，一些地方政府不得不通过强制性行政手段落实定购合同，真正的合同定购并未实现。1990年，我国又实行了粮食最低保护价制度和粮食专项储备制度，这是粮食流通体制上的一项重大改革。这一阶段，不管国家采取了哪种对粮食价格的保护制度，但粮食统销体制仍未被打破，因此这一阶段粮食补贴方式仍然是对粮食企业经营费用和购销差价进行补贴，而且以对购销差价进行补贴为主，并更加向城市居民倾斜。同时这一时期开始实行一种生产性的"三挂钩"补贴政策，即定购平价化肥、柴油，预购定金。

4. 1991～1993年，对粮食企业等流通环节进行补贴阶段

1991年，我国开始对粮食购销体制进行改革。1991年年底，国务院作出

"粮食购销体制改革，采取分区决策、分省推进"的决定。1992年，国家再次提高粮食统销价格，平均提价幅度达到43％。1993年年底，全国有95％以上的县（市）宣布放开粮食价格，城镇居民粮食统销政策被打破，新中国成立以来的粮食统销体制解体，粮食统购统销制度彻底退出了历史舞台。此外，国家决定建立粮食风险基金和储备体系，规定中央和地方财政减下来的粮食加价、补贴款要全部用于建立粮食风险基金。至此，粮食补贴方式开始发生转变，由补贴粮食企业经营费用和购销差价开始向补贴粮食企业流通环节转变，粮食风险基金为其主要存在形式。此外，这一时期我国改革了"三挂钩"的方式，将挂钩的实物折成现金，在农民向国家交售定购粮时一次性支付给农民。

5.1994～1997年，粮食生产流通体制进一步完善，实行"米袋子"省长负责制阶段

这一时期粮食补贴仍然是对流通环节进行补贴。1994年，国家决定再次提高粮食价格，小麦、稻谷、玉米、大豆等四种粮食定购价格平均提高幅度达到40％。这一时期的粮食部门也开始加快了改革的步伐。1994年5月，国务院颁发《关于深化粮食购销体制改革的通知》，要求粮食经营实行政策性业务和商业性经营两条线运行机制，业务、机构、人员彻底分开。为确保各省粮食供求平衡和粮食市场的相对稳定，1995年全国开始实行"米袋子"省长负责制，1997年国家出台了"保量放价"政策，按保护价敞开收购农民余粮的措施。这一时期粮食流通体制没有大的变化，但在不断完善，粮食补贴方式也是基本维持原有的办法。

6.1998～2003年，国家适时推进粮食流通体制改革阶段

20年的国家对粮食补贴政策的实施，极大地促进了我国粮食生产的发展，20世纪90年代末我国出现了粮食连年丰收、农产品供给基本告别了绝对短缺的好形势。在新的形势下，国家适时推进粮食流通体制改革。1998年，国务院提出实行"四分开、一完善"；同年6月，中央召开了全国粮食购销工作电视电话会议，提出粮食购销工作重点是"贯彻三项政策，加快自身改革"，即坚决贯彻按保护价敞开收购农民余粮、粮食收储企业实行顺价销售、中国农业发展银行收购资金封闭运行三项政策，加快国有粮食企业自身改革。1998年，颁布《国务院办公厅转发财政部、中国农业发展银行关于完善粮食风险基金管理办法的通知》，对粮食风险基金的用途进行了调整，明确了粮食风险基金专项用途。2001年7月，《国务院关于进一步深化粮食流通体制改革的意见》中进一步提出"放开销区、保护产区、省长负责、加强调控"的改革思路。至此，我国粮食补贴形成了以国家储备粮补贴和粮食风险基金补贴为主要内容的形式。

7. 2004 年以后的直接补贴政策阶段

以 2004 年中央"一号文件"为起点，按照"多予，少取，放活"的方针，采取一系列支持和扶持农业发展和农民增收的政策，如减免农业税，减免除烟叶以外的农业特产税，全面推行粮食直接补贴、良种补贴、购置大型农机具补贴等"两减，三补"政策。此后的 2006 年，在全国范围内免除农业税，从而进入后农业税时代。

自 2004 年起，全面实行对种粮农民的直接补贴。《国务院关于进一步深化粮食流通体制改革的意见》规定对粮食主产省（自治区、直辖市）实行直接补贴的粮食数量原则上不低于前三年平均商品量的 70%。其他省（自治区、直辖市）参照粮食主产省（自治区、直辖市）的做法，对粮食主产县（市）的种粮农民实行直接补贴。针对 2004 年直接补贴方案实施中出现的问题，财政部、国家发展和改革委员会、农业部、国家粮食局和中国农业发展银行印发《关于进一步完善对种粮农民直接补贴政策的意见》，其实施方案如下。

（1）直接补贴的管理：由财政部、国家发展和改革委员会和国家粮食局等有关部门联合制订完善直接补贴办法的指导性意见，各省（自治区、直辖市）人民政府结合本地实际确定具体执行办法。

（2）直接补贴的原则：粮食流通体制改革，放开市场，可能会造成农民收入的不确定性，丰收年份甚至造成农户增产不增收，因此按照能够补偿粮食生产成本、种粮农民获得适当收益、有利于调动农民种粮积极性、促进粮食生产等原则确定直接收入补贴政策。

（3）直接补贴的对象：省级人民政府依据当地粮食生产的实际情况，对种粮农民给予直接补贴，对当地的主要粮食生产品种进行直接补贴。

（4）直接补贴的资金：主要来源于各省粮食风险基金。兑付可以采取直接发放现金的方式，也可以逐步采取"一卡通"或"一折通"的方式，向农户发放储蓄存折或储蓄卡，播种后 3 个月内一次性全部兑现到农户，最迟要在 9 月底之前基本兑付完毕。

（5）直接补贴的标准：粮食主产省（自治区）（指内蒙古、黑龙江、吉林、辽宁、山东、安徽、江苏、江西、河北、河南、湖北、湖南、四川）原则上按种粮农户的实际种植面积补贴，如采取其他补贴方式，也要剔除不种粮的因素，尽可能做到与种植面积接近；其他省（自治区、直辖市）要结合当地实际选择切实可行的补贴方式，具体补贴方式由省级人民政府根据当地实际情况确定。一般可以按粮食种植面积补贴，可以按农业计税面积补贴，可以按计税常产补贴，也可以同种粮农民出售的商品粮数量挂钩进行补贴。从近几年的实践来看，三种粮食直接收入补贴操作方式如表 5-1 所示。

表 5-1　2004 年各省粮食直接收入补贴情况一览表

地区	补贴总金额/亿元	补贴标准	补贴粮食品种	补贴范围
北京	1.1	50~60 元/亩	小麦、玉米	所有粮食生产者
天津	0.1	10 元/亩	小麦、水稻、大豆	所有粮食生产者
河北	6.03	10 元/亩	小麦、玉米	80%的种植面积
山西	1.1	小麦 10 元/亩 玉米 5 元/亩	小麦、玉米、大豆	所有粮食生产者
内蒙古	5	0.06 元/公斤	玉米、小麦、水稻	—
辽宁	5.08	18.82 元/亩	玉米、水稻、小麦	5 个粮食主产区
吉林	13.69	0.083 元/公斤	玉米、水稻、大豆	所有粮食生产者
黑龙江	18.52	15 元/亩	水稻、大豆、小麦、玉米	所有粮食生产者
上海	1	60~80 元/亩	水稻	所有粮食生产者
江苏	6.12	20 元/亩	水稻	只补贴计划种植面积
浙江	0.2	10 元/亩	水稻	补贴实际种植面积
安徽	6.91	小麦 0.11 元/公斤 中晚稻 0.09 元/公斤	小麦、中晚稻	所有粮食生产者
福建	0.16	0.08 元/公斤	水稻	只补粮食订单户
江西	4.8	0.08 元/公斤	水稻	只补粮食订单户
山东	7.29	13 元/亩	小麦	粮食主产区
河南	11.6	12.3 元/亩	小麦、水稻	粮食主产区
湖北	5.66	0.06 元/公斤	水稻、小麦、玉米	所有粮食生产者
湖南	4.34	11 元/亩	水稻	所有粮食生产者
广东	1	20 元/亩	水稻	只补贴种植大户
重庆	0.25	10 元/亩	水稻	只补两个试点基地
四川	5	0.13 元/公斤	水稻、小麦、玉米	所有粮食生产者
贵州	0.25	5 元/亩	杂交水稻	32 个市（县）
云南	0.7	水稻 15 元/亩 玉米 10 元/亩	水稻、玉米	20 个县（市、区）
陕西	1.49	0.033 元/公斤	小麦、玉米、水稻	28 个粮食主产县
甘肃	1	2.47 元/亩	不限品种	全体农民
宁夏	0.32	10 元/亩	不限品种	主产市（县）
新疆	2	0.2 元/公斤	小麦	补贴小麦出售者

资料来源：赵德余和顾海英（2005）；马彦丽（2005）

二　原有粮食补贴政策的缺陷

　　粮食补贴政策的出发点和重要内容就是保护农民的种粮积极性、保证粮食安全供给及增加农民的收益。为改变 20 世纪 90 年代初我国粮食供给不足的状况，国家在 1994 年和 1996 年两次大幅度地提高稻谷、小麦、玉米和大豆等四种粮食的定购价格，致使 1995 年和 1996 年我国粮食生产连续丰收，两年粮食产量累计增长 5944 万吨。粮食生产连续丰收使粮食供给大大增加，也使农民从卖粮中得到了一定的实惠。但粮食的丰产也导致了粮食市场价格下跌和销售不畅，这些新问题也影响了种粮农民收入的持续提高。为解决"增粮跌价"、"粮食积压"问题，1997年8月，国务院发布了《关于按保护价敞开收购农民余粮的通知》，要求加快国有粮食企业自身改革，实行国有粮食企业坚决贯彻按保护价敞开收购农民余粮、粮食收储企业实现顺价销售、农业发展银行收购资金封闭运行三项政策。粮食保护价收购政策在一定程度上保护了农民种粮的积极性，但是，在政策执行过程中出现的各种问题，主要表现为以下几点。

1. 政策制定不科学，粮食补贴种类过多

原有的粮食补贴政策存在补贴环节多、项目多、种类多、标准多等"四多"现象，补贴范围太广，覆盖了整个粮食购销调存等流通环节，主要有以下几方面。第一，保护价收购价差补贴；第二，支持粮食顺价销售补贴；第三，国有粮食购销企业储存粮食利息、费用补贴；第四，处理陈化粮价差补贴；第五，处理新老财务挂账补贴；第六，其他补贴等。为此，政府支付了庞大的国有粮食企业运行成本，增加了财政负担，而且使得政府的补贴分散到各个环节，补贴额度较小，对农民的作用不大。在这些补贴项目中，有的比较科学合理，有的则值得研究改进。例如，超储库存粮食费用利息及销售补贴，使得不少企业对本可早日销售且有一定经济效益的粮食改为晚销或不销，造成库存居高不下，这样企业就可以坐吃财政超储费用利息补贴。这是因为企业虽然加速销售可提前回收货款，相应减少银行利息支出，还可以获得财政销售费用补贴，但如果不销售，财政超储费用利息补贴要远远高于销售后所获得的财政销售费用补贴与减少的银行的利息。

2. 粮食补贴政策很难达到预期的目标

我国对粮食实行保护价的目的主要是稳定粮食价格、保护生产者和消费者的利益，但是实施的效果并不理想。国家财政支出不少资金对收购上来的粮食给予利息费用补贴，但在实际操作过程中，一些购销企业为了自身利益，采取多扣水分、杂质等手段达到降低收购价格或少收的目的。政府所给的好处大部分流入粮食购销企业囊中，农民得不到多少政府所给的好处和利益。其结果必定是"增产不增收"：政策的实施促使了粮食供给的增加，但却无法遏制农民收入增幅递减的趋势。1997～2000年，农村居民人均纯收入实际增幅分别为4.6%、4.3%、3.8%和2.1%，远远低于同期城镇居民人均可支配收入的增幅，我国对粮食实行保护价并没有从根本上保护到农民的利益。造成这种结果的原因是多方面的，主要有以下几点。第一，支持价格下降。在粮食连年丰收，加上进口粮食的影响下，我国国内粮食市场价格持续走低，国家对粮食的支持价格也随之下调。在这种形势下，农民售粮的绝对收入也会减少。第二，国家制定的按保护价敞开收购农民余粮的政策无法落到实处。国内市场粮食价格下降使国有粮食企业不能真正敞开收购农民余粮，其本身的陈粮顺价销售都难以实现，更不用说敞开收购农民的新粮了。许多地方的做法是事先放票限定收购数量，农民凭票卖粮。保护价给农民带来的收益极为有限，无法真正起到保护农民利益的作用。第三，粮食价格支持政策的保护范围逐渐缩小。1999 年以后，国务院办公厅几次下发了调整粮食保护价收购范围的通知，扩大退出保护价收购范围的粮食品种。因此能被纳入保护价收购范围的粮食品种和数量极为有限。我国农业受土地短缺的制约，农民增收困难是普遍问题，通过粮食价格支持政策的有限效应不可能完全加以解决，通过价格支持政策也只能保护部分农民的利益。

3. 粮食补贴政策效率低下

原有粮食补贴政策是由粮食购销企业按规定的保护价敞开收购农民的余粮，再由国家把粮食风险基金对购销企业给予超储费用、利息补贴。这种把补贴补在流通环节的间接补贴的做法，人为地加长了补贴传导链条，使国家粮食补贴资金大量沉淀于垄断的流通环节，农民手中所剩无几，农民并没有从巨额粮食补贴中得到显著实惠，真正得利的是粮食购销企业。另外我国粮食补贴政策的目标不集中、泛化、淡化，也导致粮食补贴政策效率低下。1998 年以后的高价位保护价补贴政策，刺激农民生产了大量质量差、没有销路的劣质粮，数量巨大的劣质粮充斥着国家的粮库。敞开收购农民手中余粮的政策，难以落到实处。在市场无法完全关闭又无量化制约的条件的情况下，此类粮食补贴政策不具有可操作性，实际上是空谈，因而效率不可能很高。要求粮站（库）常年常时挂牌收购，其实农民卖粮有季节性，尽管一年 365 天不停收，但是有时根本无粮，造成了资源浪费。

4. 粮食补贴政策的实施削弱了国有粮食企业的竞争力

通过中间环节进行的补贴，影响了粮食流通效率，不利于国有粮食企业深化改革，增加了国有粮食企业对政策的依赖性，使企业出现"收粮靠贷款、储存有补贴、亏损就挂账"的现象（郭玮，2003）。国有粮食企业储粮越多，得到的补贴就越多。只要能把粮食收进来，企业就能靠补贴吃饭，企业并不会过多考虑收进来的粮食能否销售、能否赢利，这些对他们并不很重要。因此，在一些粮食主产区，很多粮食企业不是积极从事粮食购销经营，而是热衷于扩大库存，以达到坐吃补贴的目的。这种粮食补贴机制使得粮食企业只看重库存，不注重销售。只要有库存，就可以拿到国家的补贴，销不销售不重要，企业没有任何风险。这导致库存规模长期居高不下，库存粮食大量陈化变质，不仅给国

家造成巨大的损失，也使企业的资产受到损失，其市场占有率越来越低，国有
粮食企业的竞争力被我国的粮食补贴政策严重削弱。

三 粮食直接补贴政策的总体评价

2004 年年初，中央"一号文件"的出台，拉开了我国加强和改善对粮食宏
观调控的序幕。在此之后国家相继出台了一系列政策措施，其内容概括起来主
要是"三补两减免"，即对种粮农民实行直接补贴，对农民购买农机具给予补
贴，扩大良种补贴范围，全面取消农业特产税（除烟叶外）、加大农业税减免力
度。此外，政策措施还包括大力支持粮食主产区发展粮食产业，加强主产区粮
食综合生产能力建设，增加对主产区的财政资金投入；全面放开粮食收购价格，
对重点粮食品种实行价格保护制度；严格保护耕地、提高耕地质量等。政策制
定的力度大、涉及面广泛，充分体现了"多予、少取、放活"的方针。这一系
列政策措施的实施，极大地调动了农民生产积极性，实现了粮食增产和农民增
收的实效。

1. 增加了种粮农民的收入，保护了种粮农民的利益

自 20 世纪 90 年代中期以来，我国农民收入增长十分缓慢，城乡居民收入差
距越来越大，如表 5-2 所示。城乡差距悬殊成为经济和社会发展中的突出矛盾。
1995～2003 年，9 年里农村居民人均收入实际增长率（扣除价格上涨因素后的
增长率）除 1996 年达到 9％以外，其他年份均处在极低的水平。1995～1997 年，
农村居民人均纯收入高于城镇居民人均可支配收入，1998 年城镇居民超越农村
居民，之后，同城镇居民人均可支配收入的实际增长率的差距逐步加大，特别
是在 2000～2003 年这四年中，农民人均纯收入分别只比上年增长 2.1％、
4.2％、4.8％和 4.3％，大大低于城镇居民收入的增幅，两者的比值从 2000 年
的 1：2.79 扩大到了 2003 年的 1：3.23。2002～2010 年，两者的比值几乎一直
维持在 1：3.3 的水平。新的粮食补贴政策的出台后，国家从粮食风险基金总额
中拿出不少于 1/3 的资金，对主产区种粮农民实行直接补贴，这是促进农民增
收的重要举措。2004 年，农民人均纯收入达到 2936 元，比 2003 年增加 314 元，
实际增长率 6.8％，这是自 1997 年以来农民人均纯收入增加最多和增长最快的
一年。2004 年粮食主产区农民人均纯收入达 3025 元，比 2003 年增加 356 元，
实际增长 8.1％，增速高出全国平均水平 1.3％。粮食直接补贴政策不仅直接增
加了农民收入，而且间接刺激了农民种粮的积极性，促使农业增产、农民增收，
加上粮食价格回升和气候条件好等因素影响，使得农民收入有了大幅度提高。
农民纯收入增加中的绝大部分来自粮食，粮食纯收入增长达 621 元，比上年增

加 172 元，增长 38.4%，对农业纯收入增长的贡献率达 97.7%。2005～2010
年，在国家进一步持续加大直补投入力度的情况下，农民收入仍然延续了较大
幅度增长的势头，2010 年人均纯收入达到了 5919 元，实际增长达到 9.5%的高
水平。

表 5-2　1995～2010 年城乡居民收入

年份	农村居民人均纯收入		城镇居民人均可支配收入		城乡收入比值（②/①）
	绝对数/元（①）	实际增幅/%	绝对数/元（②）	实际增幅/%	
1995	1 578.0	5.3	4 283.0	4.9	2.7
1996	1 926.0	9.0	4 838.9	3.8	2.5
1997	2 090.0	4.6	5 160.3	3.4	2.5
1998	2 162.0	4.3	5 425.1	5.8	2.5
1999	2 210.0	3.8	5 854.0	9.3	2.7
2000	2 253.0	2.1	6 280.0	6.4	2.8
2001	2 366.0	4.2	6 859.6	8.5	2.9
2002	2 476.0	4.8	7 702.8	13.4	3.3
2003	2 622.0	4.3	8 472.0	9.0	3.2
2004	2 936.0	6.8	9 421.6	7.7	3.2
2005	3 255.0	6.2	10 493.0	9.6	3.3
2006	3 587.0	6.7	11 759.5	6.7	3.3
2007	4 140.4	7.3	13 785.8	7.5	3.3
2008	4 760.6	7.9	15 780.8	8.2	3.3
2009	5 153.2	8.6	17 174.7	9.0	3.3
2010	5 919.0	9.5	19 109.4	9.7	3.2

资料来源：《中国统计年鉴》（2011）

2. 提高了农民的种粮积极性，促进了粮食生产

1998 年以来，在粮食单产水平下降、粮价低迷等一系列因素的影响下，我
国粮食播种面积及产量逐年减少，如表 5-3 所示。2000～2002 年，粮食播种面
积分别减少 4.2%、2.2%、2.1%，到 2003 年减少幅度达 4.3%，减少总面积达
到了 9941 万公顷，为近 50 年来最低水平，突破了粮食安全的种植面积底线。粮
食产量由 1998 年最高的 51 229 万吨降到 2003 年的 43 067 万吨，为 1998 年以来
的最低水平。2004 年，新的粮食补贴政策的出台、粮食直补资金的兑现、农税
的减轻以及粮价的上扬，激发了农民的种粮积极性，农民由过去"想种田"向
"要种田"转变，由"外出赚钱"向"返乡种田"转变，粮食播种面积持续增
加，粮食生产在恢复中出现重要转机。2004 年粮食播种面积恢复到 10 161 万公
顷，比 2003 年增加 220 万公顷，扭转了连续 5 年下滑的局面；当年粮食总产量
达到 46 947 万吨，比 2003 年增加 3877 万吨，增产 9%，达到新中国成立以来产
量增加的最高峰。全国除西藏、海南、广东、广西略有减产外，其他地区都增
产，其中 13 个粮食主产区增产幅度较大，增产 3536.5 万吨，增长 11.6%，占

全国增产的 91.2%。2005～2010 年，由于直补政策得到了持续的执行，粮食播种面积也在持续增加，到 2010 年达到 10 987.6 万公顷，粮食产量比 2000 年增加 15.4%，达到 54 648 万吨。

表 5-3　2000～2010 年粮食播种面积及产量

年份	粮食播种面积		粮食产量	
	实际量/万公顷	比上年增长/%	实际量/万吨	比上年增长/%
2000	10 846.3	−4.2	46 251	−9
2001	10 608.0	−2.2	45 262	−2.1
2002	10 389.1	−2.1	45 711	1
2003	9 941	−4.3	43 067	−5.8
2004	10 160.6	2.2	46 947	9.0
2005	10 427.8	2.6	48 401	3.1
2006	10 495.8	0.7	49 804	2.8
2007	10 563.8	0.6	50 160	0.7
2008	10 679.3	1.1	52 871	5.1
2009	10 898.6	2.0	53 082	4.4
2010	10 987.6	0.8	54 648	2.9

资料来源：《中国统计年鉴》（2010）；《中国统计年鉴》（2011）

3. 干群关系得到明显改善

干群关系紧张一直是我国农村难以解决的矛盾。过去农民负担重，群众对缴纳税费有抵触情绪，对基层干部有看法、有意见；基层干部在收税时也是费力费时，几头受气。新农业补贴政策的实施减免了农业税，又发直接补贴、良种补贴和农机补贴，村干部从原来的催粮催税的工作中解脱出来，农村干部的工作压力也大大减轻了，农民负担也减轻了，农村干群关系得到缓和。干部、农民普遍认为直补工作是一项"得民心、顺民意"的德政工程，农民从国家对粮食的直接补贴政策中切切实实得到实惠，补贴到手中的钱看得见、摸得着，农民对此非常满意。农村基层干部普遍反映，通过直补农民，虽然增加了干部的工作量，但只要办法公平合理，运作公开透明，让农民切实得到实惠，可以有效地改善和密切干群关系，有利于农村工作的展开和农村社会的稳定。

四　粮食直接补贴政策执行过程中出现的问题

虽然直接补贴政策在增加农民收入、增强农民积极性、提高粮食产量、保障国家粮食安全等方面有非常大的作用，但其在制定与实施过程中也存在不少问题，主要表现为以下几个方面。

1. 粮食直接补贴政策的产量目标与收入目标不一致

粮食直接补贴政策的目标是保障国家粮食安全、确保农民收益、提高农业综合生产能力、推进种粮农民的市场化、依靠市场机制实现粮食供求平衡、提高粮食国际竞争力等。各地在推行粮食直接补贴政策实践中,首先是促进了粮食产量的增长,其次是增加了粮农的收入。实际上,增加粮食产量与增加粮农收入之间存在一定矛盾。假如风调雨顺,不发生重大的自然灾害,粮食增产的目标能够顺利实现,那么粮食市场价格与农民收入会发生变化,现实粮食的市场价格会低于生产者的预期价格,农民的收入相应也会低于预期收入。整个粮食供求关系和市场预期将会发生改变:一种情形是,政府可能提供的粮食直接补贴数额将远远不能冲销市场价格下降导致的农民收入减少的数额,农民种植粮食收入损失是不可避免且无法弥补的,粮食越增产,农民收入越减少;另一种情形是,粮食增产,粮食市场价格降低,政府将启动按保护价敞开收购的政策,但在财政资金不足的情况下,仓储敞开收购农民余粮可能难以落到实处;而且由于中央储备粮管理总公司的经营网点与能力有限,最终还必须由政府指定的国有粮食企业代理收购按保护价敞开收购的粮食,那么,各种形式的压级压价及拒收势必难以控制。粮农收入的增长受到制约。因此,从长期来看,粮食政策的产量目标和收入目标是不一致的。

2. 补贴标准地区差距过大,使地区经济发展更加不平衡

各地经济发展水平、经济实力、农村居民收入水平及粮食生产成本的不同,造成各地补贴标准差异较大。2004 年,在非粮食主产区,上海的补贴标准最高,水稻种植每亩补贴为 60～80 元,而补贴标准次高的北京对小麦每亩补贴为 50～60 元,对玉米每亩补贴为 30～40 元,甘肃的补贴标准最低,每亩补贴标准为 1.88～3.33 元,上海是甘肃的 24～32 倍。在粮食主产区,补贴最高的江苏达到了 20 元/亩,最低的河北只有 7 元/亩,河北只有江苏的 35％,其他很多省份每亩补贴在 10 元左右。即使是同一个地区,区域内的补贴标准也不尽相同,如河南制订了 11.6 亿元的粮食补贴方案,全省农民平均每亩补贴 12.33 元,最高的超过 15 元,低的只有 6 元左右。可见,全国各地补贴标准参差不齐。短期看,多补贴固然会增加农民收入;长期看,这种差距长期存在并且有可能进一步扩大的话,地区的比较优势将难以发挥,不利于地区间的公平竞争,会加重地区经济发展的不平衡。

3. 直补工作实施的操作成本高、工作量大

直接补贴工作最重要的环节是核对补贴数额。首先,无论是按照计税面积

实施补贴，按照实际种植面积实施补贴，还是按照各地的商品粮数量实施补贴，都必须要遵循"丈量土地、农民申报、张榜公布、复核、再公布、甚至再复核、再公布"这样一个程序，其次还牵涉到补贴资金的实际发放过程。整个过程并没有专门的机构来负责执行，由土地部门、农业部门、财政部门、信用社、村委会等多个部门共同实施，由于种种因素，各单位的协调是一项非常艰巨的任务，所以直补工作执行成本高、工作量大，耗费大量的人力、物力、财力是必然结果。例如，湖南省按照保守估计平均一个县的执行成本大概要超过 50 万元。即便如此，政府还可能出力不讨好，因为操作过程复杂，中间环节多，而有时候农民最后实际拿到手中的补贴不多，就变得很反感，有意见，闹情绪，导致干群关系紧张。因此，直补政策的可操作性还有待进一步完善。

4. 直接补贴金额计算依据不规范，政策落实有失公平

粮食补贴发放的依据有多种，主要有按照实际种植面积和按照农业税计税面积两种。无论哪种依据都存在实际操作的问题。如果依据农业税计税面积中的种粮面积实行补贴，实际操作时，种粮面积是一个非常模糊的概念，假如界定不清楚，那么在操作过程中就会出现由补贴资金计算依据的差异导致各地实际运作方式和落实结果有差异性的情况。湖南省部分湖区的国有农场养老田、水库移民田和县属"小三场"田，原先并未纳入计税面积。但在国家发展粮食生产的政策激励下，大都种了粮食。按照农业税计税面积补贴的计算办法，这一部分农田享受不到粮食直补带来的好处，显然这是不公平的。河南对农户的补贴资金是根据 2002 年农村税费改革时核定的农业税计税面积和县级政府确定的补贴标准确定的。这样就出现了种植果树、蔬菜、中药材等不种粮食的地，以及高效农业开发和畜牧养殖等地也得到了补贴的现象。各地在展开直补过程中出现这样的例子屡见不鲜。究其原因，不能科学合理地界定种粮面积，粮食直补的计算依据不够严谨和规范，以至于各地落实时没有一个刚性标准，不能严格统一计算口径。

第三节　个案分析：对粮食主产区湖南省的专项调查与分析

粮食直补政策实施的效果究竟如何？粮补政策在多大程度上能刺激农民多种粮食？粮食直补政策在实施过程中出现了哪些新情况和新问题？基于以上问题，湖南省社会科学院新农村建设"五乡十村"调研组深入在全省的湘东、湘南、湘西、湘北和湘中地区设立的五个调研基地（常德市桃源县、澧县，衡阳市衡山县，湘西土家族苗族自治州凤凰县，娄底市双峰县）进行了实地调研。调查结果分析如下。

一　粮食直补政策的实际效果

实施粮食直补政策的原目标主要有三个，即提高农民种粮积极性、增加农民收入和确保国家粮食安全。但我们的调查显示，粮食直补政策在这三个方面发挥作用的程度都很有限，效果并不明显，而且随着形势的发展，效果逐渐衰减。

1. 粮农对粮食直补政策的激励引导效应评价较低

从时间上来看，随着粮食直补政策的实施，湖南省自2004年起，粮食播种面积增加，粮食产量迅速回升，扭转了近几年粮食播种面积和粮食产量下降的趋势，并保持在一个较合理和稳定的水平。据统计，2003年湖南省粮食总产量仅为2442.73万吨，从2004年起，粮食产量出现恢复性增长，全年粮食种植面积为5069.4千公顷，比2003年增长11.9%，粮食总产量2810.26万吨，比2003年增长15%；2005年，全省粮食总产量2856.55万吨，较2004年增长1.7%，比实行粮食补贴前的2003年增产了82.76亿斤，增长了16.9%。2006年，粮食播种面积为5295.42千公顷，增长1.5%，粮食总产量为2901.18万吨，增长1.6%；2007年，粮食播种面积将突破8000万亩，比2006年扩大50万亩以上，粮食总产量达到2925万吨，比上年再增25万吨。一些新闻媒体、政府官员和学者认为，这种局面的出现是粮补政策实施的结果，但据此次调查发现，有超过98%的基层干部群众否认了这个看法。认为湖南省2004年以来粮食产量出现的恢复性增长和较高生产水平的维持是在国家政策（包括取消农业税、粮食保护价收购、粮食四补贴）、粮食市场（即2003年年底以来粮食价格大幅度上涨及粮食加工企业数量、规模等进一步壮大）、气候环境（天帮忙，未发生大的自然灾害）诸方面均有利的条件下，国家法律（法律禁止土地抛荒，抛荒要罚款）、外出打工条件（受年龄、文化、家庭劳动力、技能等因素限制）及传统心理（抛荒田土受到社会舆论和内心道德惩罚）等因素共同作用的结果，直补政策只是众多有利因素之一。在这些因素中又以取消农业税的政策、粮价上涨及外出打工受限的作用力度最大。问卷调查的统计结果也回应了以上观点。在问及"您认为目前的粮食直补政策对农民粮食生产的积极性是否有激励作用"时，选择"作用很大"的只占到了调查对象的33.3%，认为"作用一般"和"作用很小"的分别占到了37.1%和29.6%，也就是说，有近七成的农户认为粮食直补政策对农民粮食生产的积极性的激励作用不明显。

2. 在粮补政策实施下的粮食生产下滑趋势

虽然湖南省的粮食直补标准年年提高，但不少粮食主产区近年来却再次出现粮食生产下滑的趋势,粮食安全形势令人担忧。据湖南省粮食局的初步统计,2007 年湖南省早稻播种面积约为 2250 万亩,比 2006 年同期减少了 130 多万亩。一些地方由于种植经济作物带来较高的效益,部分稻田被转化为经济作物地带。例如,常德市澧县的宜万乡以往以种植水稻、棉花为主,由于种植棉花的经济效益高于种植稻谷的经济效益,所以近几年宜万乡每年约有 1000 亩的稻田转化成棉花地,而且这一趋势还在进一步扩大。而在全省其他不少地方则出现了"季节性抛荒"现象,即农民将原本种植双季稻改为种植单季稻(又称"双改单"),致使许多主产粮区粮食播种面积和产量均呈现大幅下降趋势。例如,浏阳市一直是全国商品粮生产重点县(市)之一,粮食面积和产量一直在湖南省名列前茅,但是近十多年来浏阳的水稻种植面积呈下滑趋势。2006 年浏阳市农业局对全市粮食生产状况进行了一次摸底调查,调查结果显示浏阳市水稻种植面积从 1998 年的 143.9 万亩下滑到了 2006 年的 99.6 万亩。

3. 粮食直补资金的增收效应非常有限

从调查的统计数据来看,不同地区的五个县的农户通过粮补资金增收的数额均不高。例如,常德市澧县的宜万乡 2004 年向种粮农民兑现补贴资金 58 万元,受益农户 4380 户,平均每户增收 133 元;2005 年,全乡粮食直补资金 68 万元,直补农户 4470 户,户均增收 152 元;2006 年,全乡粮食直补资金增加到 106 万元,直补农户数为 4578 户,户均增收也不过 231 元。白果镇实行粮食直补政策,由县(镇)财政按照每亩 42 元的标准直接打入农户的银行账户。2004~2006 年,已累计向种粮农民兑现补贴资金 2 060 167 元,补贴农户 2385 户次,平均每户增收 86.3 元。蔡家村 2004 年国家直补金额为 48 600 元,直补农户户均享受 80 元;2005 年国家直补 74 400 元,直补农户 620 户,平均每户直补 120 元;2006 年国家直补 130 000 元,直补农户 650 户,户均直补 200 元。新华村 2004 年上级政府发放给该村的粮食直补资金有 21 657 元,直补农户 375 户,平均每户是 58 元;2005 年,政府发放粮食直补资金 78 553 元,受补农户 413 户,户均补贴 185 元;2006 年,政府发放粮食补贴 49 862 元,补贴农户 405 户,户均补贴 125 元。另据报道,2006 年,娄底市发给农民的各种粮补人均只有 24.81 元(有的乡镇人均仅 1.4 元),只能抵半个劳动工作日的工资。衡阳县是全国粮食生产百强县,2006 年,全县农民种粮补贴人均约 30 元,占 2006 年农民纯收入的 0.75%,平均到户只有 134 元。因此,户均 50~200 元的粮食补贴并没有给农民生活带来实质性的改变,增收的效应微乎其微,农民将其形象地比喻成"干旱的土地上下了一场毛毛雨"。

4. 农资价格上涨严重冲抵粮食直补的政策效应

种粮补贴确实增加了种粮农民的收入,但与我们的预期有所不同的是,农民并未表现出非常满意。个中原因，主要是因为农资价格快速上涨，农业生产资料支出逐年增加（表5-4），使耕种土地亩均支出增加较多，农资价格上涨直接侵吞了直补政策的效果，导致这些补贴对于农民来说几乎是微乎其微的。由于种子、农药、化肥等农资价格不断上涨，农村劳动力价格也在上涨，所以粮食生产成本增加，种粮效益低下，严重影响农民种粮积极性。2004年，农资价格就出现较大幅度上涨，到2005年，一些地区的化肥种子价格上涨30%以上，2005年虽然化肥价格稳中略降，农药价格大体稳定，但农资市场价格仍在高位运行。农资价格偏高，直接增加了种植业生产成本，间接地抵消了农民从政策中得到的实惠。2006年首季，湖南省农业生产资料价格指数为106.8%。从调查的十大类农业生产资料价格变动情况看，与上年相比，除机械化、半机械化农具价格基本持平外，其余八大类农业生产资料价格都有不同程度的上涨，如表5-4所示。其中：农用手工工具上涨17.8%，饲料上涨3.9%，产品畜上涨13.2%，化学肥料上涨3.1%，农药及农药械上涨3.7%，农用机油上涨13.9%，农业生产服务上涨28.7%，其他农业生产资料上涨5.9%。农资价格的上涨势必增加农业生产成本，影响农民收入的增长。

表5-4　2004～2006年农业生产资料及农机具价格每亩上涨幅度

年份	尿素/元	硫酸钾/元	二铵/元	农药/斤	农膜/斤	早稻种子/元	小型柴油机/元
2004	5	5	10	10	7	7	300
2005	10	10	15	30	10	9	300
2006	15	10	30	50	15	11	500
2007	—	—	—	—	—	—	700

许多村民对当前农用生产资料价格不满意，纷纷表示化肥、种子等价格"芝麻开花节节高"。岳北村已经退休的支部书记对我们说："中央取消农业税，实行'三补'，这是祖祖辈辈头一次遇到的大好事，农民打心眼里高兴、感激；可钱还没到手，早有人就盯上了，一个'涨价'，就'摆平'了，上面的好心打水漂了。"显然，国家虽然免除了农业税，实行粮食补贴、良种补贴、大型农机具购置补贴，但种子、化肥、农药、柴油一个劲儿地涨价，表面上农民是减负了，实际上感觉却并不那么明显。一位村民告诉我们："粮食补贴政策还是比较好，农副产品价格也有上涨，但是这些是羊毛出在羊身上，还不都是从我们身上弄去的。"

5. 政治的合法认同效应已成为最主要的效应

在此次调研中，我们有一个重要的发现就是，粮食直补政策虽然在实现其原有政策目标方面的作用不明显，但是其产生的巨大的政治效应不可忽视，而且是巨大的。调查中，几乎所有的受访者都认为，粮食直补政策是党和政府真正关心老百姓的好政策，得到了广大农民群众的拥护。认为"现在种田不交税，政府还有补贴，钱虽然不多，但体现了政府的关心"，"党和政府终于直接关心到农民身上了"等。粮食直补政策的酝酿出台正值农民负担较高、政府与农民关系紧张时期，它的实施转变了以往国家的"索取者"角色，对改善政府与农民之间的关系，提高农民对党与政府的认同，进一步增强党和国家的合法性基础，产生了积极深远的政治影响，并对未来农业政策的走向产生了难以估量的影响。它所带来的潜在效益不可估量。

二 当前粮食直补政策存在的不足

1. 粮食主产区和主销区的利益关系不协调

我国粮食主产区肩负着确保全国粮食安全的义务，其粮食生产在全国占有决定性地位。但现实中，粮食主产区的权利和义务并不对称，其种粮补贴低于粮食主销区的种粮补贴。我国粮食主产区一般都不是经济发达的省份，其农民的种粮补贴主要是靠中央财政补贴，省市县财政基本上没有补贴；而粮食主销区一般是经济比较发达的地区，其省市县三级财政比较雄厚，都能拿出一定的资金用来补贴种粮农民，因此粮食主销区的种粮补贴除了中央财政补贴以外，还可以得到省市县三级财政的补贴，因此粮食主销区种粮农民比粮食主产区种粮农民得到的补贴多，这就造成了粮食主产区的权利和义务不协调。在粮食主销区，最高补贴每亩将近百元，而在主产区，补贴多在 10 元左右，产销区补贴标准差异过大，影响了粮食主产区种粮农民的种粮积极性，加大了粮食宏观调控的成本。

2. 补贴标准过低，对农民种粮行为刺激小

各地对农民直接补贴的强度太低，远低于粮价波动对农民收益的影响。一是补贴额度较小，每亩补贴只有十几元，占粮食价格的比重极小，变为一场"下毛毛雨"和"撒胡椒面式"的补贴，农民们普遍没有因此关注粮食、重视种粮，起不到调动粮食生产积极性的作用。二是补贴不能改变主粮与其他粮食品种、粮食与经济作物之间的悬殊价格，农民不会因为粮食直补而改变种植计划，"该种什么还得种什么"。三是由于补贴资金多数不能用于粮食再生产的投入，所以粮食直补政策提高不了广大农民种粮的积极性，尤其是山区农民种粮积极性更是大打折扣，也起不到调节作用。

3. 粮补对象泛化，粮食直补政策目标存在偏差

不少地区采用"脱钩补贴"的做法，分散了粮食补贴的目标，偏离了粮食

补贴的内涵，影响了粮食补贴政策的效果。这种按"人头"、"田地"而不按"种粮"的补贴方式从形式上看是"对人对田不对粮"，实质是将粮补政策设计初衷的"粮食补贴"、"特惠"政策变为"农业补贴"、"普惠"政策，这一做法形成反向激励效应，反正是"土地报上去、见者发补贴"，结果造成对种粮有贡献者"淋点儿毛毛雨"、与粮无关者"发点儿意外财"，种粮农民的积极性受到挫伤，不利于粮田面积的稳定和粮食生产能力的提高。

4. 补贴面积难于真正核实，出现粮补"平摊"现象

目前我国对补贴面积的核实是采取对一家一户的田地进行丈量的方法。这种做法，不仅组织难度大、工作强度大，而且工作成本高、可操作性不强。同时，由于我国农户进行分散经营，农民种植的自由性很大，每户农民的田地每年、每季种植品种、面积都会有很大变动，所以要真正核实各农户的实际种植品种和面积相当困难。但是为了如期完成粮补面积的统计上报工作，只好采取"由农户、村组层层上报，由财政部门负责核实"的做法。但是这样做又会产生一种不良后果，即如果按税费改革前确定的计税面积发放补贴，那么由于多数村在税改前为了少缴税而故意少报了面积，往往造成实际需补贴的面积大于计税面积，这就意味着到相当一部分农民拿不到全额的粮食补贴。为方便操作，一些村采取按机动地承包面积与税费改革时各农户的计税面积进行"平摊"的做法，致使国家的粮补不能完全发放到位，影响粮补政策的效果。

5. 补贴数额不够均衡，苦乐不均

现行的粮食补贴政策一般以计税面积为基础来确定各农户的种植面积，计税面积是在实施农村税费改革时，各地在尊重历史、不重新丈量土地的原则指导下，按农民的习惯亩进行确定的。但由于种种历史因素，各村的土地面积计量标准不同，有的村采用标准亩，有的村采用习惯亩。例如，计算 1 亩地，有的村采用的是标准亩 667 平方米，即每亩地 60 平方丈；有的村采用的是习惯亩 889 平方米，将耕地面积按产量打折，即每亩地 80 平方丈；甚至还有的村采用的是习惯亩 1110 平方米，即每亩地 100 平方丈。不同标准的计算方法导致习惯亩与标准亩之间实际补贴标准不平衡，影响到耕种实际面积大的农民不能领到足额的粮食补贴，补贴政策的公平性也大打折扣。

6. 土地流转造成的利益分配不均，引发新的矛盾冲突

土地流转产生矛盾的原因主要有四个方面：一是 1998 年实施土地第二轮承包后，新增人口没有土地，这部分农户要求村屯按国家新颁布的土地承包法对新增人口分配土地；二是 1998 年部分村屯中，已嫁出的女性，其户口在本村

屯、人却长期在外地打工的农户，过去村里未分给这些农户承包土地，现在他们要求重新分配耕地；三是一些长期欠村集体钱和农业税由村屯垫付的，村屯收回承包田的农户，农民后来还清债务和农业税后也没有得到土地，这些农户要求重新分配耕地；四是土地发包户与承包户，因粮食直补与良种补贴发给谁的问题发生合同纠纷。以上这些矛盾自 2006 年农业税取消后，发生的概率明显增加，加大了县乡干部化解工作的难度。

第六章 发达国家和地区粮食支持政策实践及其启示

鉴于中国粮食主产区农业增效与农民增收问题，我们必须将中国的粮食安全问题置于世界经济一体化与全球贸易自由化的宏观背景中去考察。大多数发展中国家和地区所持有的观点和立场，以及发达国家和地区粮食支持政策的具体实践，对中国具有一定的借鉴意义。进一步说，稳定和提高国内粮食生产能力及建立完善的粮食安全市场体系，依然是保证粮食安全的最重要的因素。从中国农业和农村经济发展全局来看，更新中国传统的粮食安全观，通过加强对粮食生产的支持政策，尤其是对粮食主产区的支持政策，以充分发挥中国农产品比较优势，在保证粮食综合生产能力，粮食的品种、品质不断改善的前提下，充分利用国际市场，适当实现粮食自由贸易，同时，通过优势农产品的出口，促进农村经济的全面发展，增加农民收入，从而从根本上改善粮食安全状况，特别是脆弱地区和低收入人口的粮食安全状况，是切实和可行的政策选择。

第一节　美国粮食生产支持政策的实践及中美比较

1986 年，乌拉圭回合多边贸易谈判达成了促进农产品贸易自由化的农业协议，协议表明各成员为实现农产品贸易更大的自由化，在建立一个公平与市场导向的农产品贸易体系目标上达成一致，把一切影响市场准入和出口竞争的措施置于协定规则和纪律之下。在一个共同决定的时期内，各国必须对农业支持和保护采取具体及渐进的削减方式，纠正和防止世界农产品市场所受到的限制及扭曲，减少世界农产品市场上的波动、失衡和不稳定因素。农业协议最突出的政策是农业补贴，协议将农业补贴分为"黄箱"政策、"绿箱"政策和"蓝箱"政策三类。"黄箱"政策是指将对农业生产与农产品贸易产生扭曲作用的政策措施，包括政府对农产品的直接价格干预和补贴，对农产品营销贷款补贴，对农产品种植面积补贴，对饲养牲畜数量补贴，以及对种子、化肥、灌溉等农业投入品的补贴等。"绿箱"政策是指政府执行某项农业计划时，费用由纳税人承担而不转嫁给消费者，提供没有或仅具有最微小的贸易扭曲作用的农业支持补贴，并且对生产者不具有价格支持作用的政府服务计划，成员方无须承担削减义务的补贴，可免除削减义务的一类补贴。"蓝箱"政策，是指对一些与限制生产计划相关，不计入综合支持量的补贴，成员方无须承担削减义务（世界贸易组织《农业协议》，1994 年）。其中"绿箱"与"蓝箱"政策不需纳入境内支持削减承诺中。因此各成员均调整补贴方式，对国内农业支持政策进行改革。美国构建了反周期补贴制度，欧盟建立了直接收入补贴制度，日本建立了农产品价格补贴制度，中国台湾建立了粮食保价补贴制度等，这些国家及地区在实践中积累了宝贵经验，可为中国内地粮食财政支持政策改革和调整所参考和借鉴。

一 美国粮食财政支持政策实践及中美比较

美国是世界上典型的、最发达的现代化农业大国，拥有可耕地 19 745 万公顷，是世界上耕地面积最大的国家，占世界耕地总面积的 13.15%。农业人口有 516 万人，约占美国人口的 4%。农业资源非常丰富，农业人口人均拥有 38.27 公顷（约合 574 亩）可耕地。同时，美国也是世界粮食生产与出口大国，粮食总产量年均 5 亿吨左右，多年居世界前列；粮食出口量居世界第一，在世界粮食出口总量中占主要地位。美国的农业高度发达，已实现现代化、区域化和专业化生产。然而作为最发达的现代化农业大国，其农业产值在 GDP 中所占比重还不到 2%。尽管农业产值在 GDP 中所占比重很低，但是美国政府一直非常重视国家粮食安全，为保障粮食的稳定供给，采取各种措施提高粮食的综合生产能力，构建了以国家粮食安全为主要目标的粮食财政支持政策体系。

20 世纪 30 年代美国政府为保护农业生产者的利益，充分调动农民生产粮食的积极性，制定了一系列农业支持政策，随着政策的不断完善，构建了整个粮食财政支持的政策体系，包括价格支持政策、直接支付制度、差额补贴政策、农业保险和灾害补贴等。

1. 价格支持政策

1933 年美国制定了《农业调整法》，该政策的目的是给农业生产者提供一个最低保证价格以保护农业生产者利益，执行机构是联邦政府的农产品信贷公司（commodity credit cooperation，CCC），主要工具是无追索权贷款。价格支持政策的具体做法是：农产品信贷公司首先从政府那里获得低息贷款，再向参与该计划的农场主提供担保贷款服务。以控制生产为前提，以农产品市场平均价格的一定比例为基数，事先制定出每单位农产品的支持价格，参加农产品计划的农场主根据其被核准的生产水平，可以将农产品按支持价格抵押给农产品信贷公司来获得该项贷款。如果在贷款期内农产品市场价格高于贷款率，农场主有权出售其农产品获得最高收益，然后用现金归还短期贷款本息。如果市场价格接近或低于贷款率，农场主可以不归还贷款，将相应的农产品交给农产品信贷公司，就可免除一切费用（张正河，2003）。此种有抵押过程的价差支付称为loan defficiency payment（LDP），一些大农没有经过抵押过程而直接销售产生的价差也可向农业信贷公司申请抵押性无追索权贷款，此种价差称为市场营销贷款补贴（marketing loan gain，MLG）。在通常情况下，由于政府制定的支持价格等于或略高于农产品的生产成本，而贷款利率则远低于商业贷款利率，所以，农业生产者可以从这项计划中以较低成本取得能够获取高收益的机会。农产品所获得的贷款额，实质就是政府支持的价格或最低的收购价格，这一价格能够保证农业生产者的基本收入水平。但每位农民可获补贴最高限额为 7.5 万美元。若出售价格高于贷款价格，多出的部分由农民获得，但必须偿还贷款利息，该机制形成了抵押价格，即最低保护价。稻米贷款价格固定为 6.5 美元/100 磅（约人民币1.255 元/公斤）。1999 年实际支付每公斤的价差为人民币0.2～0.58元，全年总支出折合 32.7 亿人民币，以总产量换算每公斤平均补贴人民币 0.36 元。美国 2002年 5 月出台了以扩大农业保护为核心的《2002 农业安全和农村投资法》，又称《2002 农业法》，进一步明确了贷款价格的具体标准，如表 6-1 所示。

表 6-1　《2002 农业法》确定的贷款价格

产品	单位	2002～2003 年	2004～2007 年
小麦	美元/蒲式耳	2.80	2.75
玉米	美元/蒲式耳	1.98	1.95
高粱	美元/蒲式耳	1.98	1.85
大麦	美元/蒲式耳	1.88	1.33
燕麦	美元/蒲式耳	1.35	1.35
大米	美元/100 磅	6.50	6.50
大豆	美元/蒲式耳	5.00	5.00

注：1 蒲式耳＝36.3688 升；1 磅＝0.4536 公斤
资料来源：王亮方，2006

2. 直接支付制度

1996 年，美国在农业法案中提出直接支付制度，目的是在不降低对农产品的保护程度前提下适应世界贸易组织《农业协议》中逐步削减农产品出口补贴的要求，根据这一制度，农户获得的补贴只与基期的产量和法定的补贴标准有关，而与当期实际生产品种、产量及价格无关。1996 年，政府开始实施生产灵活性合同（production flexibility contract，PFC），对只有在基期年（1991～1995 年）耕作登记在案的农户给予固定补贴。补贴额度具体计算方法是：某农场某品种补贴的额度＝补贴率×基期面积×85％×补贴单产；某农场总补贴额度＝农场所有种植品种应得的补贴额度之和。补贴额在 7 年内逐渐递减。1996年《农业法》规定，基期面积是 1991～1995 年五年的平均值，补贴单产为 1995年的平均单产。补贴率的计算是政府首先制定各年的直接支付总额，然后以支付总额为限按既定比例（1996 年规定小麦占支付总额的 26.26%，玉米为 46.22%，高粱为 5.11%，大麦为 2.16%，燕麦为 0.15%，棉花为 11.63%，水稻为 8.47%）计算出各个品种的直接支付总额，然后将各品种直接支付总额除以产量，即得到某一品种补贴率（叶惠，2010）。《2002 农业法》在 1996 年《农业法》的基础上有所调整，新增加了花生、大豆和其他油料作物为直接补贴品种，其他所有农产品的直接补贴率也有不同程度的提高，如表 6-2 所示。新法案的基期面积是 1998～2001 年四年的平均值，直接补贴率由《2002 农业法》规定，一定期限内不变。农户获得的补贴率只与法定的补贴标准和基期产量有关，与当期实际生产品种、产量和价格无关。

表 6-2   《2002 农业法》确定的直接支付率

产品	单位	直接支付率
小麦	美元/蒲式耳	0.52
玉米	美元/蒲式耳	0.28
高粱	美元/蒲式耳	0.35
大麦	美元/蒲式耳	0.24
燕麦	美元/蒲式耳	0.024
大米	美元/100 磅	2.35
大豆	美元/蒲式耳	0.44

资料来源：王亮方，2006

3. 差额补贴政策

为了弥补农业因市场风险引起的市场价格波动给农民造成的损失，1973 年美国提出差额补贴政策，保证农民得到的实际价格不低于合理价格。差额补贴政策的具体做法是：政府事先根据当年的实际经济情况制定一个能够保证农场主收入的合理价格作为目标价格，当市场价格低于目标价格时，政府就对农场主进行差额补贴。差额补贴额度为目标价格与市场价格、贷款率两者中的较高者之差。当市场价格高于贷款率时，差额补贴额度＝目标价格－市场价格；当市场价格低于贷款率时，差额补贴额度＝目标价格－贷款率。与价格支持政策相比，差额补贴政策属于收入支持政策，允许市场价格低于目标价格或贷款率，理论上不影响农产品市场价格，市场价格仍能反映市场供求关系。

为了避免农民获得直接支付和差额补贴的双重补贴，美国《2002 农业法》将差额补贴改名为"目标价格与反周期支付"，并以正式制度的形式纳入《2002 农业法》中。目标价格与反周期支付有三种具体措施。第一，当市场价格低于贷款价格时，政府给予贷款价差补贴以保护市场价格；第二，当市场价格与固定直接支付金额的总和低于目标价格时，政府给予反周期补贴弥补差额；第三，当市场价格与固定直接支付金额的总和高于目标价格水平时，余额归农民所得。计算方式为反周期支付总额＝反周期支付率×反周期支付单产×基期面积。反周期支付面积与反周期支付单产是根据基期确定的，与当期面积和产量无关，反周期支付率与当期市场价格有关。调整后的补贴方式扣除直接支付部分，避免了农民获得重复补贴，如图 6-1 所示。另外，《2002 农业法》还通过将一些粮食产品的目标价格适当调高方式的来增加对农民的补贴，如表 6-3 所示。

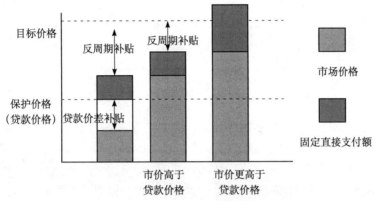

图 6-1　美国《2002 农业法》的反周期补贴

表 6-3　《2002 农业法》确定的目标价格

产品	单位	2002～2003 年	2004～2007 年
小麦	美元/蒲式耳	3.86	3.92
玉米	美元/蒲式耳	2.60	2.63
高粱	美元/蒲式耳	2.54	2.57
大麦	美元/蒲式耳	2.21	2.24
燕麦	美元/蒲式耳	1.40	1.44
大米	美元/100 磅	10.50	10.50
大豆	美元/蒲式耳	5.80	5.80

资料来源：王亮方（2006）

4. 农业保险和灾害补贴

为减少自然灾害给农民造成的损失，美国政府对农业保险机构提供大规模保险补贴，使粮农普遍能以较低的保险率参加农业保险。因此农业保险是美国对粮食产业支持的重要手段之一。联邦农作物保险公司（FCIC）是美国农业保险体系的主体，该公司为农业信贷机构提供贷款保险、为相关保险公司提供再保险、通过代理公司发放保险补贴。美国政府在充分发挥农业保险对农业生产的保护作用的同时，也十分强调国家财政对农业灾害的转移支付。通过特别灾害援助计划，对遭受自然灾害而造成的收入损失进行补贴，以帮助受灾对象恢复生产及稳定收入。美国农业保险政策规定：凡参加联邦农作物保险的农作物，在遭遇灾害时可根据农业保险的有关规定获得较高赔付，即使未参加保险的农作物，遭遇灾害时也可获得规定产量 40％的赔偿；投保者可以得到联邦政府承付保费的灾害险赔付，即向灾害损失超过平均产量50%的农场主提供当年目标价的60%（王小林，2005）。随着保险补贴的增加，以及农业保险补贴的品种和范围不断调整扩大，美国参加农作物保险的农场主也大幅度增加。

以上措施极大地保护了美国的农业资源，因而从根本上保护了美国粮食生产能力，确保了国家粮食安全。

由上可见，在美国粮食财政支持政策体系中，一直以国家粮食安全为主要目标，但是政府的支持政策逐渐发生了变化。以目标价格、保护价格、贷款差额支付为主的价格支持政策，逐渐向以直接收入支付、反周期支付等为主的收入支持政策转变。直接收入补贴和反周期支付（差额补贴）是美国财政支农中的主要部分，如表6-4所示。不仅如此，美国《2002农业法》把为农场主"提供可靠的收入安全网"作为主要目标，在农产品补贴、农业信贷、技术推广、贸易促进、资源保护和灾害救助等方面，又出台了一系列措施。在农产品补贴方面，大幅度提高补贴标准，扩大补贴范围，达到了前所未有的高度（郝冰，2005）。2000年，美国政府对农业的支持与补贴额达22 897百万美元，比1997年增加了14 827百万美元，2002年农业补贴是1997年的2.8倍。

表 6-4　美国联邦政府农业补贴　　　　　　（单位：百万美元）

项　目	1997 年	1998 年	1999 年	2000 年
收入补贴	6 120	6 001.4	5 046.1	5 048.8
价格支持	—	—	—	1 127.1
差额补贴	—	1 792.4	5 894.5	6 424.5
水土保持	1 693	1 441.4	1 493.1	1 614.7
灾害援助	—	2 841	7 804	8 492.5
其　他	257.3	137.5	256.3	189.5
合　计	8 070.3	12 213.7	20 494	22 897

资料来源：张桂林和宋宝辉（2003）

二　中国与美国粮食财政支持政策的比较

中美粮食财政支持政策的比较主要从补贴目标、补贴方式、补贴力度、补贴发展趋势上的差距等方面进行。

第一，在补贴目标选择上，中国粮食支持政策的目标是系列目标，而不是单一目标。包括国家粮食安全、农民收入稳定提高、农业生态维护等。其中，粮食安全和农民增收是基本目标。粮食安全目标，是指国内自身提供粮食需求量的90%以上，粮食平衡侧重国内充分供给，是粮食供需"紧平衡"。美国粮食支持政策的基本目标是，为全体国民生产并提供数量充足、价格合理的健康食品；为提供这些食物的商业性农场维持一个丰产、繁荣的经济环境；保护现存的约66万个家庭中小农场的生存；实现农村人口的高质量生活水准，包括良好的自然环境（王丹，2005）。因此，在基本目标上，中国和美国的目标较为相近，主要差异在于美国更强调对水土资源和自然环境等农业生态环境的维护。

第二，在补贴方式上，中国与美国在价格支持政策、收入支持政策及休耕政策等这三类政策的补贴方式上存在较大的差异。中国的补贴方式主要有最低收购价制度、直接收入补贴、生产要素补贴和生态退耕政策；美国的补贴方式主要有价格支持措施、固定直接支付制度、反周期支付措施和农地保护政策。两者具体差异表现为以下九个方面。

（1）中国的最低收购价制度限于粮食主产区，其他地区自行决定，美国的价格支持措施要求凡是享受政府财政直接补贴的农场主必须参加政府制订的休耕计划和水土保持计划，其价格支持措施适用于符合这一条件的农户。

（2）我国的最低收购价制度是无限量的，美国的价格支持措施规定了最高补贴限额。

（3）我国对种粮农户实行生产要素补贴，美国实施的是农业机械销售和使用减免税政策，并对农业柴油实行减税和补贴。

（4）我国直接补贴制度补贴的范围广，包括按地补、按商品交售量补、按计税常产和计税面积补，美国的直接补贴只与农户基期的产量挂钩，属于"绿箱"政策。

（5）我国的直接补贴制度实行"省长负责制"，各省补贴标准不一，各年份补贴的标准也不一样，美国各州补贴的标准按照农业法案的规定统一且固定。

（6）我国退耕土地主要是用来退耕还林、还草或还湖；美国的休耕土地主要采取闲置方法以恢复地力。

（7）我国的退耕补贴制度限于特定区域，具有强制性；美国各州统一推行休耕补贴，农户可自主决定是否参与。

（8）我国的生态退耕政策在实施上具有独立性，与粮食直接补贴、最低收购价政策没有任何联系，既不挂钩，也不回避；美国的休耕政策与粮食补贴政策，如无追索权贷款有一定的关联性，即部分农场参加粮食财政支持政策的前提是必须要履行休耕义务。

（9）我国的农业政策实施主要通过文件形式下发，美国则通过立法来推行。

第三，在补贴资金上，两国有很大的差异。首先是两国的资金来源不同。中国的补贴资金来自政府的专项资金，包括取消原来的粮食保护价收购的结余资金和国家及省市粮食风险基金等；美国来自国家财政收入。其次是两国的补贴力度不同。中国的补贴经费太少，补贴力度远远不及美国。从总量来看，1982～1993 年美国年均农业补贴总额 252 亿美元。2000 年为 228 亿美元（按当年人民币对美元的平均汇率来计算，约合人民币 1887.84 亿元），平均每个农场补贴 10 541 美元（约合人民币 87 279.48 元）。2002 年美国农业补贴达到每个农场 12 500 美元（约合人民币 103 500 元），大农场达到 85 000 美元（约合人民币 703 800 元）。《2002 农业法》规定此后 10 年内农业补贴将达到 1900 亿美元，平均每年 190 亿美元；而中国 2004 年"两减免、三补贴"使农民得到补贴共 451 亿元，2005 年为 700 亿元，还远不及 2000 年美国的 1887.84 亿元的一半。中国补贴的总额远远少于美国。从补贴比例来看，2000 年美国政府补贴收入占农场农业经营收入的 40％；2001 年农业补贴占农场农业净收入的 42％；而中国 2005 年补贴收入占种粮净收益的比例不到 10％。中国补贴收入占种粮净收益的比例远远低于美国。从税收来看，2006 年我国才全部取消具有 2600 多年历史的农业税，而美国对农业的支持和补贴由来已久，相比之下，中国的农民要承担各类农业税收，增加了农民的负担，降低了农民的收入。再次是两国的补贴标准不同。我国粮食产业补贴标准远不及美国，美国《2002 农业法》规定，按目标价格标准对粮农进行支持，这一目标价格标准高于我国粮食最低收购价。以大米为例，我国主产区稻谷最低收购价每公斤约 1.4 元，折合成大米约 1.75 元（假定稻谷折粮率为 0.8），而美国大米贷款价格（约合人民币）每公斤为 1.255 元，目标价格为 2.027 元，高于中国最低收购价 0.6 元多。

第四，在补贴发展趋势上两国不同。中国补贴发展的趋势是：由于前期发展基础不同，我国粮食支持政策将以直接收入补贴和最低收购价补贴并行为主，同时削减价格支持力度，加大直接收入补贴的财政投入比重。尤其是如何将生产要素补贴和直接收入补贴进行整合，以减少政策实施成本，是当前理论界和政策层讨论的补贴方式的重点所在。而美国经历了近百年的实践探索，已形成较为完备的财政支持体系，发展趋势是：延续当前以收入支持为主的粮食财政支持体系，同时也将使用价格支持工具。在粮食短缺时，加大价格支持力度，确保粮食安全；而在粮食丰收时，加大种粮固定直接支持和反周期补贴力度，确保农民稳定增收。

第二节　欧盟粮食财政支持政策实践及中欧比较

欧盟由欧共体发展而来，1993 年 11 月经欧共体所有 12 个成员国的同意，《欧洲联盟条约》（也称为《马斯特里赫特》条约）开始生效。因此，以前惯称的欧共体现被称为欧盟（后文统称欧盟）。欧盟是世界上最大的区域经济体，在世界贸易和农产品市场中起着重要作用。目前的成员国包括德国、法国、意大利、荷兰、比利时、卢森堡、奥地利、英格兰、爱尔兰、西班牙、葡萄牙、希腊、丹麦、瑞典、芬兰等 27 个国家，总面积为 324 万平方公里，总人口约 5 亿人，年人均国民收入为 2 万美元。其贸易总额占全球贸易总额的 40％，农产品贸易占世界农产品出口总值的 15％、进口总值的 20％。欧盟实行共同农业政策，其粮食财政支持政策属于共同农业政策框架，支持政策随着粮食等主要农产品由短缺转向过剩的变化而进行调整。

● 一 欧盟粮食财政支持政策的发展实践

欧盟共同农业政策（Common Agricultural Policy，CAP）始于 1962 年欧共体的共同农业政策，经过 50 年的几次大的改革，形成了《共同农业和农村发展政策》。欧盟共同农业政策从过去以价格支持为基础的机制，逐步过渡到以价格和直接补贴为主的机制。此政策强调农业多功能性和可持续性，以确保欧盟农村的可持续发展。新政策体系的形成不仅从长期保障了粮食总量与质量的安全，也保障了农民的收益。

1. 价格支持措施

为了解决粮食短缺问题，1962 年法国、德国、荷兰、比利时、意大利、卢森堡等欧共体六国通过了《建立农产品统一市场折中协议》，这个协议成为欧盟共同农业政策的最初框架。其主要宗旨是增加农产品供给，维护共同体内部价格和收入稳定。为了实现这个目标，欧盟共同农业政策主要采取了两大措施，一是实施统一的财政预算和价格支持政策。各成员国按一定比例缴纳费用，共同建立欧洲农业指导和保证基金，在成员国设置农产品干预中心，用于价格支持和对农业进行补贴。二是通过实行差价关税和出口补贴政策，保护欧共体内部市场价格和农民收入的稳定，提高欧共体农业及粮食的国际竞争力，形成以干预价格、目标价格和门槛价格为基础的政策体系。

欧盟共同农业政策的粮食干预价格即粮食保护价格，是生产者出售农产品可以得到的最低价格。理论上的干预价格根据欧盟内部最大的粮食主产区——法国奥尔姆地区的粮食生产成本来确定。但在实践中，粮食的干预价格是欧盟各成员国参考以往市场价格水平不断争论，最后形成一个妥协价格，一般比目标价格低 6%～9%。如果市场价格低于干预价格时，生产者可以从农产品干预中心领取差价补贴或以干预价将农产品卖给干预中心。通过这种价格支持措施，农民的收入得到保障，即使在粮食市场价格下跌的情况下农民也能够得到一个最低价格，农民种粮的积极性也大大提高。

粮食的目标价格即最高限价，是政府所允许的欧盟内部粮食市场价格波动的最高价格，与干预价格相反。目标价格是将欧盟内部最稀缺地区或供应不足地区的农产品所形成的市场价格供农产品生产和消费参考。该价格既是农业生产者可望得到的一种价格，还在一定程度上能保护消费者的利益。该价格由欧盟理事会每年决定一次。具体计算方法是：目标价格＝干预价格＋从法国奥尔姆地区到欧盟内部粮食最紧缺地区的运输费用＋从法国奥尔姆地区到欧盟内部粮食最紧缺地区适当的营销利润。

为防止大量价格低廉的农产品进口而引起内部市场同类产品价格下跌，欧盟设立了门槛价格，即对欧盟以外国家设立的进入欧盟市场的最低口岸价格。如果粮食的进口价格低于门槛价格，欧盟就征收差价关税，以保护其内部价格，保护本土农业生产者利益。门槛价格由欧盟委员会每年估算一次。

欧盟承诺在世界贸易组织《农业协议》生效时（1995年），将其主要农产品的价格降至国际市场价格水平。因此近年来欧盟调低了对粮食作物的支持价格水平，如图6-5所示。1992～1994年，欧盟粮食支持价格水平降低了29%，接近国际市场价格；2000～2002年，欧盟对粮食的支持价格水平降低了15%；2002年以后稻米的干预价格一直固定在298.35欧元/吨。

表6-5　欧盟的干预价格及直接补贴　　　（单位：欧元/吨）

名称	1996～1997年	1997～1998年	1998～1999年	1999～2000年
干预价格	351.00	333.45	315.90	298.35
直接补贴	0	17.55	35.10	52.65

资料来源：叶慧（2010）

总之，欧盟价格支持制度充分体现了其农业保护主义思想，但是这种对农业生产的一种"输血"，而非"造血"的价格支持制度是一把"双刃剑"。一方面欧盟的价格支持政策保护了欧盟成员国农业生产者和消费者的利益，另一方面也为今后欧盟成员国农业的发展设置了屏障，在一定程度上阻碍了农业生产力的提高，减弱了欧盟农产品参与国际竞争的能力。1996～1997年，由于欧盟的进口与生产增加，价格干预的诱导导致了大量的公共存粮，所以欧洲的米市严重失衡。2001～2002年，干预存粮中已有37.2万公吨的白米当量，相当于欧盟年生产量的25%。白米储存达3～4年，由于稻米储存时间过长，严重影响了米质，存货面临价值损失风险，所以欧盟政府公开干预价格的成本相当昂贵。高成本的干预价格加上国外压力导致价格支持政策难以持续，有可能提前终止。

2. 直接收入补贴

20世纪80年代，欧盟农产品过剩致使政府对农业的财政补贴支出大量增加。1982年欧盟一年的农业补贴支出为124亿欧元，到1988年增加到252亿欧元。迫于财政压力，为弥补政策变化造成的农民收入的损失，1992年欧盟出台了新的共同农业政策，当年开始实行直接收入补贴政策。1999年3月，欧盟在1992年政策基础上通过了《2000年议程》。2002年7月，欧盟委员会通过《欧盟东扩后的农业政策和预算标准》，进一步削减了价格支持力度。根据最新的改革方案，欧盟计划在2013年前，将价格补贴全部转变为直接补贴，并逐步实施单一农场支付补贴制度，将补贴数量与产量脱钩，将"蓝箱"政策转变为"绿箱"政策。以 2000～2002 年为基期的生产情况来确定每个农民将获得的补贴数额，与当年农作物种植种类和面积无关。欧盟制定此项政策的目的是提高市场对农民的导向作用，充分激发农民的生产潜力，增加粮食供给，保障粮食安全。但是在实际操作中，根据 2002 年通过的新预算标准，农业补贴总额仍然非常高。根据新方案规定，2006～2013 年欧盟 25 个成员国的农业每年总预算控制在 453 亿欧元左右，经换算，欧盟直接补贴标准平均在 52.65 欧元/吨。当然由于各成员国粮食单产数量不同，所以它们的单位面积直接补贴水准也不相同，如表 6-6 所示。

表 6-6　欧盟各国稻米保证面积及补贴价格

国家	面积限制/公顷	比例/%	每公顷补助金/欧元
意大利	239 259	55	318.01
西班牙	104 973	24	334.33
葡萄牙	34 000	8	318.53
法 国	30 000	7	289.05
希 腊	24 891	6	393.82
欧 盟	433 123	100	325.70

资料来源：叶慧（2010）

3. 休耕补贴

为了解决粮食过剩问题，很多国家对农田实施休耕，在休耕的情况下又要保证农民的收入，因此政府采取休耕补贴的措施。欧盟对休耕地的总体要求是：休耕地不能裸露，应当绿化或种草；休耕地不能施农药、不能施肥等。享受休耕补贴的农场分强制性休耕的农场和自愿性休耕的农场两种。强制性休耕的农场是指谷物生产总量大于 92 吨的农场，欧盟设定了这类农场休耕的下限和上限，下限为 10% 的耕地，上限为总休耕面积不得超过申请补贴面积的 33%；自愿性休耕的农场是指谷物总产量小于或等于 92 吨的农场，欧盟对这类农场休耕面积没有设下限，但是设定了 33% 的上限。当然不同的成员国和不同的生产区，其休耕补贴标准不同，休耕地的休耕补贴与当地谷物产量的面积补贴相当。

4. 环保补贴

欧盟出现粮食总量供过于求的现象之后，粮食质量安全和生存环境改善问题越来越受到欧盟及成员国的关注，环境保护工作也越来越受重视。在总体规定上，欧盟将环境问题纳入共同市场组织中加以考虑，要求各成员国根据本国耕种面积或农业生产状况，采取具体的环境保护措施，减少农业生产对自然的破坏。没有采取行动的成员国将受到相应惩罚，其资助将被减少甚至取消。在政策具体实施上，欧盟在 1992 年后采取补贴政策鼓励农民进行粗放式经营。鼓励农民在农业生产中减少化肥、除草剂、杀虫剂等化学药剂的施用量，对自愿在粮食生产中因减少化肥、除草剂、杀虫剂等化学药剂的施用量而遭受经济损失的农民，政府将给予补贴，补贴的最高额度可以达到每公顷250欧元。欧盟的环保补贴措施对保护耕地质量、确保粮食质量安全、保持粮食综合生产能力及稳定农民的收入发挥了重要作用。

5. 其他补贴

除了上述补贴措施，欧盟还通过基础设施建设补贴、农业机械补贴、税收优惠、信贷支持等各种政策，支持农业发展和促进粮食生产。基础设施建设补贴是指欧盟规定成员国进行土地改良、兴修水利等基础设施建设时，政府将给予建设总费用25%的补贴；税收优惠是指通过减少农业税种、降低税率等措施提高农民收入；信贷支持是指政府为农民提供短、中、长期低息贷款支持农业发展。

二 中国与欧盟粮食财政支持政策的比较分析

比较中国与欧盟粮食财政支持政策，主要在补贴目标、补贴方式、补贴力度、补贴发展趋势上存在较大的区别。

（1）补贴目标选择不同。中国粮食财政支持政策强调国家层面的粮食安全与粮食产量的提高，而欧盟更注重粮食供需平衡及粮食产业国际竞争力的提高。欧盟粮食支持政策的基本目标有三个：一是提高欧盟粮食产品可持续的出口竞争能力；二是改善农村环境，促进农业生产；三是通过促进农村地区经济全面发展确保农民收入与生活水平。

（2）补贴方式不同。中国与欧盟在补贴方式上在以下九个方面存在差异。①中国的最低收购价制度有地区限制，仅限于粮食主产区，其他地区自主决定，而欧盟的所有成员国均有价格支持措施。②中国的直接补贴属于"黄箱"政策，是按粮食实际种植面积或商品交售量实行；欧盟直接收入补贴属于"绿箱"政策，是以农户1989~1991年三年拥有的种植面积的平均值为核算基础。③中国粮食直接收入补贴无任何限制；欧盟的直接补贴有面积限制，且限制标准各国不一。④中国的粮食补贴标准还处于探索阶段，没有固定；欧盟有些作物的补贴率是固定的，有些作物每年的补贴都要变化。⑤中国不同省份的补贴标准与补贴方式都未统一；欧盟的粮食直接收入的补贴标准各国不同，但补贴方式一致。⑥中国的退耕还林补贴具有区域限制和强制性；欧盟各国没有区域限制，统一推行休耕补贴，依据农场规模实行强制性和自愿性休耕两类。⑦中国的退耕土地用于还林、还湖或种草，欧盟的休耕地不能裸露，应当绿化或种草。⑧中国的退耕政策与粮食财政支持政策不挂钩，欧盟休耕政策与粮食支持政策挂钩，对不同经营规模的农场休耕义务或权利进行了不同的规定，从而使休耕政策与粮食支持政策之间的不协调关系得到间接调节。⑨中国的农业政策实施主要通过文件形式下发，欧盟则通过立法来推行。

（3）补贴力度不同。欧盟粮食补贴及休耕补贴力度较大，其补贴标准均高于我国现行支持政策补贴标准。欧盟补贴标准按照每吨补贴额和平均单产来确定。以法国为例，2000 年以前粮食补贴平均每吨为 54 欧元，2000 年以后提高到 63 欧元。2000 年以前水稻、小麦的补贴标准分别为 298 欧元/公顷、378 欧元/公顷。2000 年以后均调整为 370 欧元/公顷。按照法国每公顷土地平均 6～7 吨的粮食产量计算，大致粮食补贴折合人民币 0.20 元/斤。欧盟的休耕补贴有两种情况：一是生产者在申请休耕补贴时，义务休耕的土地享受与直接补贴同等的补贴标准，2000 年以后为 370 欧元/公顷；二是多年性休耕土地的补贴标准略高一些（戚维明等，2000）。

（4）补贴发展趋势不同。中国的粮食补贴发展趋势是直接补贴与最低收购价格结合，形成两者整合的政策体系，仍属于"黄箱"政策范围。而欧盟的补贴发展趋势是逐步削减价格支持政策财政投入力度，加大直接补贴力度。用单个农场补贴替代现行的直接补贴体系。单个农场补贴的计算基础是依据生产者在 2000～2002 年的历史补贴情况来确定，而不是未来的生产情况，因此单个农场补贴与当前生产情况没有任何联系，是"脱钩补贴"。欧盟的直接收入补贴属于"绿箱"政策。

第三节　日本粮食财政支持政策实践及中日比较

20 世纪 60 年代后期，日本在战争破坏的基础上重建，一跃而为世界第二大经济强国，农业也走向了现代化，成为农业比较发达的国家之一。然而由于日本自然条件与人口条件的制约，农业发展受到诸多限制，农业不得不依靠政府的支持政策才能发展。日本地形狭小、山区较多、人口众多，人均耕地面积不足世界水平的 1/10，农户分散经营，农业生产能力和抗灾防御能力较弱，粮食自给水平较低，农产品对外依存度高。因此日本政府十分重视粮食安全问题，从农地保护制度、补贴政策、粮食流通体制等多方面入手，实施支持保护政策，提高农民种粮积极性，保障国家粮食安全。

一 日本粮食财政支持政策的发展实践

1995 年，日本颁布和实施新粮食法，提出了以保障粮食安全为核心目标的各种直接或间接支持政策。具体方式主要有稻作安定经营政策、生产调整促进政策、直接支付制度和其他补贴等。

1. 稻作安定经营政策

受进口大米冲击和降低粮食生产成本目标的影响，日本政府于 2000 年进行了粮食流通体制改革，政府对国内粮食流通实行间接管理，主要是对粮食进口与储备进行管理。国内粮食流通渠道主要有三个。第一，政府收购渠道。政府为增加储备和储备轮换而收购大米，收购价格由政府确定。第二，农协收购渠道。由政府进行指导，由农协收购和销售大米，然后在政府专门设立的"自主流通米价格形成中心"投标销售给批发商或厂商。第三，自由流通渠道。农民自由销售大米，价格根据市场行情确定。政府收购米和农协收购米统称计划流通米，简称计划米。计划米由政府首先制定计划供给量、收购量和收购价格，然后委托收购商与农民签订预购合同，收获后除去储备用粮，其余部分委托民间机构经营。

在粮食流通体制改革背景下，为了不违背世界贸易组织规则，又能保证农民收入，日本政府提出了稻作安定经营政策，这一政策是将稻作和转作视为一体的稻作经营政策，用以补偿农民因价格下跌而造成的收入损失，具有农业收入保险性质。具体做法如图 6-2 所示。根据大米不同的品种和规格，分别将过去三年自由流通米价格的平均值（三年移动平均）设定为各自的基准价格；然后以不同品种和规格的基准价格为基础，按照生产者负担基准价格的 2％、政府资助基准价格的 6％的原则，建立稻作安定经营基金。当稻米价格下降时，对100％完成生产调整目标面积的农户销售的自主流通米给予补贴，补贴额度＝（基准价格－当年销售价格）×80％。稻作补贴＝（基准价格－当年销售价格）×80％×合同销售数量。该项政策在不违背世界贸易组织规则前提下，有效地保持了农民收入的稳定，提高了农民种粮积极性，保障了日本的粮食安全。

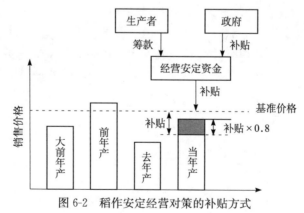

图 6-2 稻作安定经营对策的补贴方式

资料来源：鬼谷和崛田中夫（1991）

2. 生产调整促进政策

生产调整促进政策的目的在于通过转作及调整生产规模，以期早日恢复粮食供需的平衡。生产调整促进对策主要包括稻田转作与休耕政策和耕地整合补助金政策。稻田转作与休耕对策实施的对象为全国所有的生产者，按照其耕地面积公平出资并加上政府补贴。通过这样的全国性资金，对参与转作的生产者予以补贴，借以缓和生产调整实施率较高地区农民的不公平感，促进适地适作，从而保障国家粮食供需平衡。

水田经营确定耕地整合补助金政策的目的，在于简化转作补助金的种类，由 10 类简化至 5 类，并确定转作的永久性及水田经营的安定性，鼓励杂粮作物的生产组织化、规模化，以求土地合理利用。由于近年来自由流通粮食的价格高于政府价格，每单位的稻米生产调整补助金或转作休耕补贴逐渐丧失诱惑力。

3. 直接支付制度

直接支付制度的最终目标是将实施区域的生产力水平提高到邻近非补贴对象地区的平均水平。日本地形狭小、山地较多，山区耕地占日本耕地总面积的 40％，生产水平历来较低。日本政府为了促进耕地有效利用，杜绝山区耕地的抛荒现象，协调地区间的平衡发展，2000 年出台了《针对山区、半山区地区等的直接支付制度》，这一制度的宗旨是通过对耕作地自然资源较差、生产水平较低的山区或半山区的农民实行直接收入支付补贴，弥补山区或半山区与平原地区农业生产成本的差异，进而调动山区农民的生产积极性，稳定农民收入，确保粮食生产。农户可以通过以下两种形式参与该项补贴制度。一是集体参与形式。如果全体村民意见一致，可通过签订"村落协议"，集体参与；二是个别参与形式。在意见不一致的村落，愿意参与的农户可以以个人名义签订"个别协议"，个别参与。两种形式，农民可以自由选择。

从财政投入来看，直接收入支付补贴为农户补贴生产成本差异的 80％，每个农户的补贴上限为 100 万元。全国补贴规模为每年 700 亿日元，补贴土地面积大约为 90 万公顷，平均每公顷补贴为 7.8 万日元左右。补贴没有最终期限，通常第一期暂定为 5 年。

从支付对象来看，要求至少有 1 公顷以上毗邻的农田，满足下列 5 个条件之一才可接受直接支付补贴：①坡度大的农田；②因自然条件制约，地块小且形状不规整的农田；③由基层政府长官指定，坡度小，但人口老龄化比例和撂荒比例高的农田；④草地比例在 70％以上的区域；⑤有坡度的人工草地（刘光明，2001）。

4. 其他补贴政策

1995年开始，日本较大幅度地调整了对农业的财政补贴政策，主要是世界贸易组织规则允许的"绿箱"政策已占当年政府农业预算支出的80%以上，从过去补贴生产、流通环节的价格支持转向支持农业的公共性服务、农业基础设施及生产结构调整等方面。具体主要包括以下几种。

（1）基础设施补贴。农民联合建设温室和塑料大棚，建设现代化养猪场、养牛场、养鸡场等，以及农民联合栽培多年的植物，以及果园、茶园、桑园等，政府都给予补贴。补贴数量一般占到全部费用的40%左右。

（2）水利建设补贴。日本大型的水利建设工程由中央政府直接投资兴建；小型工程，由政府提供补贴，补贴占全部费用的80%～90%，政府还为农民提供低息贷款。

（3）机械设备补贴。农民联合购买拖拉机、插秧机、联合收割机、育苗设施、大型米麦加工烘干储藏设备，甚至某些灌溉、施肥设施等，政府都给予财政补贴，补贴数量占全部费用的50%左右。

（4）农贷利息补贴。日本通过低息贷款形式给予农民支持，鼓励农民增加农业生产投入，政府贷款利率比市场利率低1/3～2/3。

（5）农业保险补贴。为了鼓励农民参与农作物商业保险，降低农业风险，稳定农民收入，政府给予农业保险补贴，补贴额度为农民所缴纳的农业保险费用的50%～80%。

二 中国和日本粮食财政支持政策的比较分析

中国和日本的粮食财政支持政策，主要在补贴目标选择、补贴方式、补贴力度、补贴发展趋势等方面存在差异。

（1）补贴目标选择差异。我国受人口总量限制，仍强调粮食自给率，而日本更注重追求粮食供需平衡。根据日本1999年通过的《食物、农业、农村基本法》，其粮食支持政策以保证食品安全、农业可持续发展和振兴农村为基本目标。

（2）补贴方式差异。第一，我国的补贴方式大部分属于"黄箱"政策范围。我国是按粮食实际种植面积、计税面积或商品交售量等进行补贴。日本的补贴方式属于"蓝箱"政策范围。其稻作安定经营政策与过去三年的市场价格挂钩，补贴方式取决于农户前一年确定的合同销售数量。两国相同之处是补贴款均是由政府直接发给农户。第二，我国有一部分县市是对土地承包者进行粮食直接补贴的，日本的稻作安定经营政策是对拥有销售合同的粮食生产者实施的。第三，我国的直接收入补贴在全国范围内展开，日本的直接支付补贴主要针对抛荒率较高、生产力较低的山区。第四，我国的退耕土地用于种树、种草或还湖，而日本的休耕与转作联系密切。第五，我国的退耕还林补贴限于生态脆弱的西部等特定区域，政策推行具有强制性；日本的休耕政策适用于全国，特别是稻田转作率较高的地区，政府并不强制推行，是否参与由农民自主决定。第六，我国的退耕政策与粮食财政支持政策不挂钩，日本稻农需在稻作经营安定政策、生产调整促进对策方面进行自主选择。第七，我国的农业政策实施主要通过文件形式下发，日本则通过立法来推行。

（3）补贴力度差异。我国的粮食直接补贴资金来源中央拨款和地方政府财政收入，地方政府财政状况决定各地的补贴力度；日本的稻作安定经营资金来自农户和中央两个方面，基准价格大小与市场机制作用影响两方面决定补贴力度。由于日本稻作安定经营政策与过去三年的市场价格挂钩，补贴方式取决于农户前年确定的合同销售数量，所以基准价格受过去三年市场价格影响，市场机制也影响补贴力度。在补贴标准上，我国的补贴标准各省份不一，但同一产地的补贴标准一样。而日本的稻作经营安定政策有三种方式可供农民选择：一是农民缴纳费率为基准价的2%，政府为6%，差额补贴标准为当年度产地价格与基准价格之间价差的80%；二是农民缴纳费率为基准价的2.25%，政府为6.75%，差额补贴标准为当年度产地价格与基准价格之间价差的90%；三是计划外流通米同样也可获得安定补贴，所需缴纳费率为基准价的2%，政府为4%，差额补贴标准为当年度产地价格与基准价格之间价差的60%。市场机制和农民自身选择共同决定着日本的粮食补贴力度，这种补贴金额确定的方式对我国粮食直接补贴金额的确定具有借鉴意义。

（4）补贴发展趋势差异。我国的粮食财政支持政策将发展直接收入补贴与最低收购价整合的政策体系。日本粮食财政支持政策将可能出现一定的调整。受稻米供需平衡影响，日本的粮食财政支持政策可能在两个方面进行调整，一是在坚持稻作经营安定政策上，将改变原来全国统一补贴的方式，以求发展具有地域特色的水田农业补贴方式。政府首先根据一定基准计算补贴金额，交付给县，再由县将补贴金交付给地方，地方可自行设定补贴金的使用方法和单价；二是在生产调整促进对策上，对目前追求非粮食生产面积最大化的政策方案进行改变，发展以转作作物生产数量为补贴目标的数量调整方式，以便农民能够根据市场状况，自主决定是否生产稻米。

第四节 国外经验对完善我国粮食财政支持政策的启示

借鉴世界贸易组织主要成员方粮食财政支持政策实践的先进经验，结合我国粮食财政补贴存在的问题，我国可以得到以下几个方面的启示。

第一，AMS使用率与贸易自由化程度具有较强的关联性。从上述国家及地区的粮食财政支持政策发展实践来看，一个国家或地区的粮食支持政策与其贸易自由化程度息息相关。贸易自由化程度越高的国家及地区，"绿箱"政策的投入比例越大；贸易自由化程度较低的国家及地区，"黄箱"工具的投入力度越高。由世界贸易组织各成员方各年AMS使用率来看，主张农业自由化的美国，其1995～1997年AMS使用率在27%～29%，贸易自由化程度较低的日本，其1995～1997年AMS使用率为71%～73%。

第二，直接收入补贴代替价格支持政策成为国际发展趋势。从各国或地区实践来看，直接收入补贴代替价格支持政策已成为国际发展趋势，直接补贴方式也发生变化。例如，欧盟计划到2013年为止，直接补贴全部代替价格补贴，逐步由与产量挂钩的直接补贴向脱钩的单一农场支付补贴转变，进而将"蓝箱"政策转变为"绿箱"政策。我国是粮食生产和消费大国，政府政策被国际社会高度关注，虽然"黄箱"支持政策受AMS影响较小，但我国的粮食财政支持政策改革必须符合国际规则和环境，即削减价格支持力度，加强直接收入补贴，力求与国际接轨。

第三，种植面积和粮食数量补贴是当前国际社会主要的两种直接收入补贴方式。例如，美国的固定直接支付制度与农户基期产量挂钩，欧盟直接收入补贴以农户基期种植面积为核算基础，日本的稻作安定经营补贴额度取决于农户前年的合同销售数量。鉴于国际农业谈判和AMS限制影响，我国直接收入补贴政策应该逐渐从"黄箱"型转换到"绿箱"型，结合我国当前实施现状，以土地为核算对象的补贴方式更可取。一方面如果需要调整直接收入补贴政策，使之符合"绿箱"工具特征，就按基期面积补贴；另一方面如果需要调整为"蓝箱"政策，就按上期面积补贴。否则，就按当期种植面积补贴，此时直接补贴政策属于"黄箱"工具范围。因此，现阶段我国粮食主产区统一按实际种植面积进行直接收入补贴是符合国际发展潮流的。

第四，粮食财政支持政策与生态退耕政策需要整合。从国际经验来看，大多数国家或地区的粮食价格支持措施、直接收入补贴和休耕政策同时并存。这些国家或地区在如何整合这些理论上存在冲突的政策时，积攒了不少实践经验。例如，美国将休耕政策与粮食无追索权贷款挂钩以提高土地休耕率，规定只有履行了休耕义务的部分农场，才能参加粮食财政支持政策；欧盟根据不同经营规模的农场确定不同的休耕义务或权利，间接调节了休耕政策与粮食支持政策之间的不协调关系；日本通过市场机制让农户自由选择，从而整合农业政策。

第五，多元化的粮食支持政策目标与多样化的支持结构。从国际经验看，多元化的粮食支持政策目标使支持结构多样化。随着农业科学技术的发展与广泛使用，土地生产率显著提高，农业生产呈现多功能化的特征，具有生产充足的农产品、改善农民生活条件和维护农村生态环境等多元化目标。从当前各国或地区农业政策调整的发展趋势来看，首先各国或地区都实施了加强对乡村基础设施建设、农业资源环境保护、农业科学技术研发与推广，以及农产品市场信息等方面的支持政策。其次各国或地区都根据世界贸易组织的要求，对部分农业补贴进行了削减，但从执行情况看，虽然各国或地区对农产品价格补贴、出口补贴等"黄箱"政策进行了削减，但被削减的相当一部分又以收入补贴等形式纳入"绿箱"政策的范围。因此农业补贴削减的幅度不大，有的甚至没有实质性的削减。

第六，建立农业风险补偿机制来配合粮食支持政策改革。根据世界贸易组织的规则，要求各成员方逐步放开农产品市场并减少对农业的补贴，但对农业自然灾害的补贴则不予限制，因此目前许多发达国家不仅对农民提供粮食直接收入补贴、价格支持等，还通过建立完善的农业风险补偿机制来提高农业生产者的积极性，稳定农业生产者收入。发达国家或地区建立政策性农业保险机构，通过向农业生产者提供保险，保证尽可能减少农民在农业生产时因自然灾害的发生而蒙受的经济损失，保证农业保险经营者能正常运行。政策性农业保险是世界贸易组织成员方主要的农业风险补偿措施。我国建立农业风险补偿机制起步较晚，直到2004年才开始在黑龙江、吉林、新疆、内蒙古、上海、浙江、安徽、湖南、四川等九个省（直辖市、自治区）启动农业保险试点工作。我国农业风险补偿机制存在起步晚、机制不完善、执行不到位等一系列的问题，因此当前我国急需借鉴国外经验，建立健全的农业风险补偿机制，以配合国内粮食财政支持政策改革。

第七，法律是欧盟、美国、日本等国及地区农业保护政策演变的依据和准绳。欧盟、美国、日本等都是通过法律手段来实施其政策目标和经济措施的。例如，日本政府通过经济立法，形成保护农业的法律体系，实现了"以法保农"。日本除制定了农业根本大法《农业基本法》外，还从土地、水利、种子、肥料等方面制定了《农地法》、《水利资源开发促进法》、《主要农作物种子法》、《肥料管理法》、《农产品价格稳定法》、《饲料供应稳定法》、《农业改良促进法》、《农业改良资金资助法》、《农村地区引进工业促进法》、《农业机械化促进法》、《农药管理法》、《植物防疫法》、《农业协同组合法》等。在这些法律基础上，日本政府还制订了保护和扶植农业的各种条例、计划等，形成了保护农业的完整法律体系。而在我国，"以法保农"的力度相当弱，粮食支持政策至今仍没有长期、稳定的法律保障，从粮食最低收购价的制定到直接收入补贴政策的实施，政策的临时性和阶段性的痕迹相当明显。从长期的效果看，这样的保护很难收到成效。因此，我国应该借鉴欧盟、美国和日本等的做法，加紧制定和出台新的法规，建立既适应世界贸易组织规则又能有效保护和促进我国农业发展的法律体系。

第七章

建立以基础设施建设为主要内容的粮食主产区投入机制

第一节 粮食主产区农民增收的重要基础

农业基础设施是我国粮食主产区农民增收的重要基础。农业基础设施建设主要包括农田水利建设、商品粮棉生产基地、用材林生产基地和防护林建设、农产品流通重点设施建设，以及农业教育、科研、技术推广和气象等农业基础设施和配套设施建设。农业基础设施建设以作业运输方便、排灌自如、旱涝保收、高产稳产为目标，以农田排灌系统、交通道路、低压电网等为主，根据各功能区的需要，建设温室大棚，用滴灌、喷灌、增氧等现代装备和技术武装农业。通过建设高标准的农业基础设施，改善生产条件，推动农业规模化、集约化、机械化生产。

粮食主产区的农业增效和农民增收的实质就是农业现代化的过程，是一个农业生产力由低级到高级的发展过程。其现代化主要包括农业生产手段现代化、农业生产技术现代化和农业生产管理现代化。农业基础设施建设现代化的实质就是要实现农业生产的机械化、电气化和水利化。号称农业大省的湖南更不例外，要实现农业现代化，首先就要实现农业生产手段现代化。农业基础设施在粮食主产区的农业增效和农民增收中具有重要的战略地位。

时任湖南省委书记张春贤在湖南省第九次党代会上指出要完成大会提出的任务，必须坚持基础先行。要深刻认识和把握基础设施、基础产业和基础工作覆盖面广、关联度高、带动作用强的特点，把加强"三个基础"作为突破薄弱环节、提升发展水平、支撑发展全局的重大战略措施，发挥基础设施的支撑作用、基础产业的带动作用、基础工作的保障作用，推动全省经济社会加快发展、科学发展、和谐发展。基础不牢，地动山摇。农业是国民经济的基础，发展现代农业必须要有坚实的现代化的农业基础设施作支撑（张春贤，2006a）。

农业是国民经济的基础，但由于农业基础设施建设滞后，农业又是一个弱质产业。其弱质性主要表现在应对自然风险和市场风险两个方面。从自然风险看，由于农业产品的生产过程和结果对自然气候条件的依赖性强，所以农业处于弱势地位；从市场风险看，农产品有需求弹性小、生产周期长、产品不易储存等特点，需要相对稳定的客户需求、相对稳定的销售载体、相对通畅的信息渠道、相对可行的信息来源来应对市场变故，减少市场风险。这就决定了农业基础设施在粮食主产区的农业增效和农民增收中的基础性作用。

一 加强农业基础设施建设是全面落实科学发展观，推进农村全面、协调、可持续发展的根本要求

加强农业基础设施和农田水利建设，是推进我国农村全面、协调、可持续发展的根本要求，是加速全面建成小康社会进程的必然选择。这是因为：首先，加强农业基础设施建设，有利于改善农业灌溉条件，增强土地产出能力，提高农业比较效益，促进农民增收；其次，有利于提高资源的利用效率，改善农村生态环境，实现人与自然的和谐相处；再次，有利于改善农村交通、电力、通信等基础设施条件，实现城乡经济互动；最后，有利于促进农村基础设施建设步伐的进一步加快，构筑城市与农村相互配套的基础设施平台，使工农之间、城乡之间实现供水、发电、运输、旅游、抗灾等设施资源的共享。

二 加强农业基础设施建设是提高农业综合生产能力，确保粮食安全的重要保证

农业基础设施的落后极大地阻碍了我国农业综合生产能力的提高，尤其是20世纪80年代中期以来，我国粮食生产一直停滞不前，农业基础设施的瓶颈制约是其中一个很重要的原因。由于我国农业基础设施条件落后，抗御自然灾害的能力弱，一遇洪涝或旱灾粮食种植就会受到严重影响，造成大面积减产。因此，我们要提高农业综合生产能力，增加粮食产量，实现粮食基本自给，确保国家粮食安全，就必须通过搞好农田水利基本建设来促进粮食增产，切实加强农业基础设施建设和农田水利，改善农业资源利用状况，为农作物生长提供良好的生产环境和生产条件。

三 加强农业基础设施建设是贯彻落实党的十七届三中全会会议精神，推进农业现代化的具体措施

党的十七届三中全会把加强农业作为推进科学发展、破解"三农"难题的基础性工作。体现了党中央、国务院对农业的高度重视、对农村的倾力支持、对农民的深厚感情。因此我们一定要认真践行"三个代表"重要思想和科学发展观，切实加强农业基础设施建设，努力改善农村条件，千方百计增加农民收入。

四 加强农业基础设施建设是推进农业、农村经济结构调整的重要前提

我国多年来的实践证明了加强农业基础设施建设是推进农业、农村经济结

构调整的重要前提。我国农村经济结构调整的实施必须依赖农田水利和农业基础设施建设的加强，它们能为农村经济结构调整的实施提供水利化、农机化、交通现代化条件；提供良好的防洪体系、灌溉体系和排涝体系；提供农业综合开发，对中低产田、中低产园和中低产塘进行改造而不断提高单位面积生产能力；提供劳动力转移就业机会。

第二节　湖南省农民增收的最大瓶颈

基础设施建设滞后是湖南农民增收的最大瓶颈。谈到湖南农业，人们眼前浮现的是良田万顷、稻谷飘香的田园风光。不错，湖南自古田广地足，湖南人又善于精耕细作，因此也就有了"湖广熟，天下足"的美誉。改革开放 30 多年来，湖南农业传统优势得到了进一步巩固。湖南的粮食、牲猪、苎麻、烤烟、茶叶、淡水产品、油料、甘蔗等主要农产品的产量，多年来一直位居全国前列。但是，上天赐予湖南以丰富的农业资源的同时，也以涝旱等形式给湖南农业以严峻的考验。同时，长年重用轻养的耕作，使湖南的土地正在渐渐失去肥力。毕竟自然资源不是取之不尽、用之不竭的。此外，农田高低不平、农业生产能源不足、机耕道及配套公路残缺不全等短板正在严重制约着湖南农业从小农小户的传统作业方式向规模化、机械化的现代农业作业方式的转变。由此，一个重要的话题——农业基础设施建设滞后长期地萦绕在农民和决策者的心头。

一　湖南的农业基础设施建设喜中有忧

自然灾害和困难威胁着湖南农业的可持续发展和现代化进程，以战胜天灾和困难为目标的湖南农业基础设施建设也就成为历届党委、政府的一项主要工作，成为一项长期艰巨的战略任务。

新中国成立以来，在党和政府的领导下，湖南农业基础设施建设取得了巨大成就。截至 2010 年，湖南省农田基本建设，已形成水利固定资产（不含群众投工）110 多亿元，建成大中小库 13347 座，占全国水库总数的 1/7；塘坝 205 万多处；大中小型水轮泵站 3394 处。水利工程的蓄、引、提总水量达 323 亿立方米，总灌溉面积 270.8 万公顷，旱涝保收面积 213.3 万公顷；全省建成 12 个大型灌区，有效灌溉面积达 33.5 万公顷；洞庭湖区修建一线防洪大堤 3471 公里，二线防洪大堤 1509 公里，山丘区已建成大、中、小型电站 4910 处，总装机 246 万千瓦，全省建成了 31 个农村水电电气化县。农村能源建设，农村公路与路网建设、改造取得实效。农业机械装备发展较快，主要农业机械总动力达到 38 898 640 千瓦。土地开发整理按照农田标准化、田园化改造和建设低产田。改良土壤 28.9 万公顷，新增灌溉面积 13 万公顷，改善灌溉面积 42 万公顷，新增除涝面积 10.4 万公顷，改善除涝面积 14.5 万公顷。但湖南农业与农村基础设施建设严重滞后于现代农业与农村发展的需要，在很大程度上增加了农业生产成本、减弱了农产品竞争力、制约了农村市场开拓、影响了农民增收。其主要表现在以下四个方面。

一是生产性基础设施支撑力脆弱。尽管湖南自国家实施"八七"扶贫攻坚计划以来，农村生产性基础设施条件得到了很大的改善。但是同现代农业可持续发展的要求相比，同经济发达的省份相比，存在的差距仍然较大，现有的生产性基础设施不能有效支撑农业经济的可持续发展。差距表现在：因农田水利改建扩建、农业综合开发、生态环境治理等项目难以有效展开而导致的大部分生产性基础设施普遍老化、新建和更新改造项目投资严重不足；许多农村小型基础设施建设和管理普遍存在"重建轻管"、前期工作跟不上、工程管理制度不健全及建后管护机制不完善等问题；新农村建设覆盖面小，退耕还林、还草、还湖等农业生态环境的改善依然任重道远。

二是服务性基础设施执行力减弱。自国家实行积极的财政政策以来，我国服务性基础设施有了较大的改善，农村教育、卫生、广播电视等公共服务设施建设力度加大，一批中小学危房被拆除，农村医疗卫生条件得到改善。但与现代农业可持续发展的要求相比仍然有很大的差距，科教文卫等公共服务设施的投入仍明显不足。在科技推广方面，农业科研机构、技术推广体系不健全、经费短缺的现象非常普遍。在教育方面，校舍不够、师资力量薄弱，教育资源超负荷运行，失学率依然较高。调查组的调查结果显示：从 1985 年《义务教育法》颁布以来，农村仍有一些青少年没有完成九年制义务教育。2010 年湖南省农村初中毕业生只有 40％左右能够升入高中。在医疗卫生方面，疾病预防救治体系不健全、卫生保健水平低。2005 年全省平均每个乡镇拥有 1.2 个卫生院，为全国平均水平的 32.9％，平均每 15 个村才拥有一个乡镇卫生院，每千人拥有 0.79 张病床，为全国平均水平的 36.1％。很多乡镇医院医疗设备陈旧、医疗卫生人员技术水平较低、诊治手段十分落后，即使是平常的病情都难以治疗，更不用说应对突发的公共疫情。此外农村饮水困难、安全卫生饮水问题也较为突出。

三是社会性基础设施安全力薄弱。大部分地区缺乏农产品标准化生产、无公害食品和优质专用农产品生产的各类体系的建设，包括病虫害防治体系及监测检测体系、科技推广体系、信息服务体系，导致农产品的环保、消费安全标准得不到保证，难以适应订单农业发展的需求，特别是出口创汇农业的需要。同时，由于执法体系、文化服务机构建设缺乏足够的资金保障，社会性基础设施安全力非常薄弱。

四是流通性基础设施承载力孱弱。尽管近十多年湖南基本实现了村村通公路，但通村公路质量较差，很多农村交通设施仍然落后；村内街道虽经过多次规划、整修，但路面质量不高、排水设施不健全、街道狭窄、垃圾成堆的现象普遍存在。以农产品综合市场和农产品专业市场建设为重点的农产品流通服务体系及设施建设也相当落后。这种流通性基础设施滞后状况严重阻碍了农村各项事业的发展，制约着农村流通体系的建设，进而在某种程度上抑制了乡镇企业的发展，影响了农民生活水平的提高。

基础设施建设滞后给粮食主产区的农业增效和农民增收带来的心腹之患，表现在以下几个方面。

一是北涝南旱。湖南自然灾害频繁，几乎年年都有，主要是洞庭湖区的溃垸和洪灾，山丘区的洪灾和旱灾。旱灾在农业生产上主要体现为"夏旱"、"秋旱"、"夏秋连旱"、"春旱"和"春夏连旱"。

从水灾来看，有 1949 年的水灾，湘、资、沅、澧四水上游山洪暴发，湖区溃垸 441 个；1954 年特大洪水，洞庭湖和沿湖地区 22 个县、1 个蓄洪垦区先后溃漫大小垸堤 356 个，占原有堤垸的 76.6%；1988 年洞庭湖秋汛；1994 年湘江大水；1995 年资江、沅水大洪水；1996 年资江、沅水及洞庭湖特大洪水；1998 年长江流域和洞庭湖区罕见洪灾。尤其是土壤肥沃、物产丰富的洞庭湖区更是一块险地，有着"万里长江，险在洞庭"之称。洞庭湖接纳四水，吞吐长江，来水面积达 130 万平方公里，年来水量高达 3018 亿立方米，这些入湖水量又主要集中在汛期（4～10 月），多年平均汛期入湖水量达 2366 亿立方米，占年总量的 78.3%，仅岳阳城陵矶一口下泄。洞庭湖区防洪任务十分艰巨。同时，汛期大量的洪水入湖，不仅造成了洞庭湖区频繁而严重的洪涝灾害，而且携带大量的泥沙造成河道和湖泊的严重淤积。泥沙淤积带来了严重的后果，致使天然湖泊的面积容积减少，调蓄作用显著减弱；抬高了洪枯水位，增加了防洪难度，加重了防汛修堤的负担。

从旱灾来看，有 1963 年特大干旱，主要是湘南、湘中及湘西各地（后蔓延到长沙、岳阳），出现了冬旱连春旱、春旱连夏旱、夏旱连秋旱的局面，无雨缺水 10 个多月，受旱稻田面积达 137.7 万公顷；1985 年大旱；1990 年大旱；1998 年北涝南旱；2003 年大旱；2004 年大旱。例如，2003 年，湖南连续 40 天多天气高温少雨，导致稻田干结，水稻枯萎，影响到 80 万公顷农田，占到湖南农田的1/5。2004 年 7 月下旬开始，湖南部分地区出现长时间的晴热少雨天气，益阳、娄底、长沙、岳阳等九个市州的 21 个县市，出现农田干涸、溪河断流，造成城乡民众饮水困难。旱灾造成粮食减产 28 万吨，直接经济损失高达人民币 5 亿元。

二是地力下降。过去的十几年，粮食生产提倡大力使用有机肥，在增加农田产量的同时也带来了粮田肥力下降的弊端。例如，20 世纪 90 年代初，益阳赫山区绿肥面积达 30 万亩。到 2002 年，全区绿肥面积不足 3 万亩，粮田大量施用化学肥料，致使粮田土壤有机质含量以每年 0.02％的速度下降，土壤肥力明显降低。同时，湖南大多数农田耕作重用轻养，农田一般每年两次翻耕，在传统精耕细作观念的指导下，地表打磨得既细又绵，更谈不上植被，相对土壤湿度高，容易被风蚀或雨蚀，造成地表下降。据测算，湖南农田地表的降低速度基本上平均每年在 0.3 厘米左右。在流失土壤中，绝大部分是比重较小的茸质土壤，有机质含量较高，严重损伤农田肥力。同时，中低产田比例高。湖南省高产田土在耕地中所占比例低于30％，中低产田土占到73％，高于全国平均水平。

三是能源不足。农村能源是农业和农村经济可持续发展的重要基础，也是一项社会公益性事业，需要国家和各级政府的优惠政策和资金支持。虽然国家和地方政府每年有一定的资金投入，但与农村能源建设重要的战略地位相比差距甚远。试点、示范、研究与开发经费不足，示范项目规模小、数量少，形不成辐射带动作用，新技术、新成果难以及时转化和推广，限制了农村能源建设发挥其应有的作用。目前，湖南省农村能源人均占有量只有 398 公斤标准煤，比全国平均水平低165 公斤，按每人每年实际生活用能至少 455 公斤标准煤的标准，全省农村能源供给需求平均短缺 2 个月，其中干旱半干旱及贫困地区缺能在 4～5 个月以上，缺能 6 个月以上的乡镇有 584 个，共 710 多万人。

二 湖南农业基础设施建设投入滞后的原因简析

农村基础设施是为农村经济、社会、文化发展及农民生活提供公共服务的各种要素的总和。作为农村社会生产、生活活动的"共同生产条件"的基础设施，它是农业经济发展的基础，是加快农村现代化、城镇化建设的根本，是缓解农村就业压力的保证，是增加农民收入、提高农民生活质量的关键。因此农业基础设施投入额的多少会极大地影响农业经济发展的程度和农民生活的质量高低。但是长期以来，湖南农村基础设施投入不仅总量不足，而且结构不合理，导致农村基础设施供给能力严重滞后，不能满足农业现代化、农村可持续发展的需求。造成这一现象的主要原因是公共财政框架下农村基础设施建设的有效供给不足。我们运用公共财政相关理论，在评析农村基础设施供给现状的基础上，从政策导向、体制改革、制度创新和融资方式创新等角度探寻农村基础设施供给不足的问题。投融资方式的选择是农村基础设施投资最关键的问题，它不仅关系到农村基础设施投资的资金来源，还决定了农村基础设施投资的效率。纵观世界发达国家农村基础设施的投融资方式，概括起来主要有五种方式：政府直接投资，无偿提供方式；政府直接投资，有偿提供方式；财政投融资方式；

政府直接投资，非商业性经营方式；建设—经营—转让投资方式，即 BOT 方式。当前，我国农村基础设施资金主要来自财政投资、民间投资、农民集资（包括以工代资）等渠道。

这里我们首先分析和判断作为农村基础设施资金供给主体的公共财政及其供给能力。

财政资金是农村基础设施建设资金的主要来源之一。新中国成立以后，我国实行的是"二元化"发展模式和体制，在此体制和模式长期影响下，城乡基础设施供给体制和基本制度存在很大的差异性，即"二元"城乡基础设施供给制度。这种供给制度主要表现如下：城市基础设施建设所需资金绝大部分由财政预算安排提供，农村所需的基础设施资金主要由农村基层负责提供，而政府财政预算提供较少，因此村委会肩负许多方面公共产品的供给责任。由于财政预算较少，大部分所需资金只好通过向农民或村级企业收取公积金、公益金和管理费的方式筹措，农户或村民共同所有的集体企业承担所有成本支出，加重了农户或村级企业的负担。同时各级政府应提供基础设施的责任及其界限划分不明确，从而导致了城乡基础设施供给的严重失衡，形成了很大的历史欠账。从纵向比较来看，我国农业基本建设财政投资快速增长。近十多年来，国家高度关注"三农"问题，国家财政加大了对农村建设的力度，尤其是对农村基础设施投入增加较快。"九五"以来国家实施了积极的财政政策，较大幅度地增加了农业基本建设投资。1998～2003 年，中央累计安排农业基本建设投资总量超过 3000 亿元，在中央预算内投资及国债中所占的比重均达到 30％左右。2005 年在中央预算内投资及国债中，主要用于农业和农村的基础设施建设、加强农村"六小工程"建设等大农业方面的投资所占的比重比 2004 年提高了 2.4％。2002～2011 年，农业部共安排 1398 亿元资金用于农业固定资产投资和农业综合开发；2002～2012 年农业基本建设投资 10 年连续递增，从 56.4 亿元增长到 267.86 亿元，占中央基本建设投资总规模的比重也从 3.1％上升到了 7％。但整体来看，农业基础设施的投资总量仍然明显不足，从投资的结构看，直接用于改善农业生产条件和农民生活条件的基础设施的投资比重依然偏低，更多投资用于大江大河的治理。从横向比较来看，我国政府各部门对农业的投入总量太少，不及美国联邦政府农业预算的 1/5。政府支持总量占农业总产值的比例远未达到加入世界贸易组织时承诺的 8.5％的水平，并且在世界贸易组织规则所允许使用的 12 类"绿箱"措施中，我国仅使用了 6 类。

以工代资仍是湖南省农民参与农村基础设施建设的主要形式。在相当长一段时间内，乡镇道路、农村教育、农村医疗卫生事业及农业技术服务的资金主要来自农业和农民，而财政支出力度较小，对这些农村基础设施建设没有显著贡献。近年来，农村基础设施投资增长缓慢，农民投资的积极性不高，主要有三方面的原因。第一，由于农村进行了税费改革，"两工"在三年内被逐步取消，农村基础设施建设尤其是小型基础设施建设，失去了原来的主要投入渠道。第二由于农民收入增长缓慢，没有多余的资金投资农村基础设施；第三由于农村基础设施产权不明晰，部分项目运作没有按照"谁投资、谁受益"的原则来实施，影响了农民投资基础设施建设的积极性。总之由于机构膨胀、县乡财政困难、分税制改革不彻底等，农民承担了许多本应该由政府提供的公共服务或物品的责任，因此农民的生产成本被提高了，农民的收入减少了。

中国农业发展银行（简称农发行）的资金没有成为农村基础设施建设的主要资金来源。农发行作为促进农村经济发展的政策性银行，其本应该具有的主要业务局限于粮棉油收购贷款，但是随着我国粮食流通体制改革的进一步深入，实际上农发行局限于粮棉油收购贷款的功能和业务已经淡化和萎缩。虽然农发行遵循保本微利经营方针，但由于融资成本较高、融资期限不匹配等问题，所以在农村基础设施的主要资金来源中农发行的资金仍然没有起到中流砥柱的作用，远未发挥政策性银行所应具有的政策性金融的作用。因此，我们有必要对农发行的现行业务进行彻底的重新评估，对其经营效率加以提高，并对农发行进行扩展政策性金融业务的定位构想。

农村基础设施建设项目难以有效吸纳大量的社会闲散资金。我国民间资本的蕴藏量大，很多行业和项目吸引了巨大的民间投资。尽管当前我国农村基础设施投资中也有一定数量的民间资本，但比重过小，不具有普遍性。究其原因，主要是由于农村基础设施投资具有潜在风险大、报酬率低、投资回报周期长等特点，资本的趋利性决定了民间资本不愿意将资金投向报酬率低或无赢利且风险性较大的农村基础设施，并且我国目前缺乏成熟的项目法人运行机制，所以农村基础设施建设更是难以有效吸纳大量的民间资本。

财政增收和农业基础设施建设投入不能同步增长。下面我们就 2010 年湖南全省农业基础设施为主的农村固定资产投资基本情况、投资构成、投资来源、投资方向、投资项目等进行分类分析。

第一，基本情况。2010 年湖南全省农村固定资产投资 1045.55 亿元，占全社会固定资产投资完成额的 10.65%，与 2009 年持平，低于 2008 年农村固定资产投资占全社会固定资产投资完成额比例（11.6%）。

第二，投资构成。2010 年湖南全省建筑工程投资中用于农业基础设施建设占投资总构成的 36.5%，刚刚过 1/3。全省设备和工器具购置投资达 1807.68 亿元，但用于购置农村生产设备的投资只有 179.22 亿元，仅占 2010 年农村固定资产投资完成投资总额的 20%。

第三，投资来源。2010 年度全省固定资产投资完成额 9821.06 亿元，农业固定资产投资的最大主体——国家投资、国内贷款和利用外资等资金为

1955.87 亿元,仅占总完成额的 19.92%,而自筹资金达 6637.69 亿元,占到总完成额的 67.59%。

第四,投资方向。2010 年用于与农业基础设施紧密相关的农、林、牧、渔业,水、电力及燃气的生产和供应业,水利、环境和公共管理业的投资完成仅仅只有 1779.32 亿元,占固定资产投资完成总额的 18.12%。

第五,投资项目。2010 年度用于道路、水利、桥梁三个项目的投资只有 1284.53 亿元,仅占固定资产投资完成总额的 13.08%。通过以上分析我们可以看出,尽管我国经济快速发展,财政持续增收,但是在农业基础设施建设的投入总额仍然不大,不能与财政增收同步增长,我国对农业基础设施建设的投入仍未能引起相关部门的高度重视。

第三节　构建湖南省基础设施建设投入的长效机制

一 粮食主产区农业基础设施建设的近期目标

要实现粮食主产区农业增效与农民增收,湖南在近期内要按照现代农业发展要求构建基础设施建设投入的长效机制,要明确以下目标和任务。

1. 建设安全可靠的水利设施

安全可靠的水利设施是农业的命脉,是粮食安全的重要保障。水利建设滞后是影响湖南农业增效与农民增收的最大硬伤。因此我们必须加快建设安全可靠的水利设施的步伐。在建设安全可靠的水利基础设施中我们必须坚持顺应自然规律、强化科学治理、突出防洪安全、加强水资源利用的原则,全面提升抵御自然灾害和利用雨洪资源的能力。

(1) 洞庭湖区安全可靠的水利基础设施建设。以保障湖区人民生命财产和生产生活安全为方向,以坚持兴利除害结合、防洪灌排并举,实现特大洪水有计划分洪为目标,以蓄洪区安全设施、排涝设施、重要垸堤防、河湖疏浚、水利血防工程为主要内容,对洞庭湖区进行综合治理。具体项目:优先实施钱粮湖、大通湖东、共双茶应急蓄洪区建设;加快对明山、铁山嘴、岩汪湖等大型排涝泵站更新改造;加快 21 个城市防洪利用国外贷款项目的建设;加强湖区灌溉工程建设,逐步解决湖区干旱问题。洞庭湖区的水利基础设施建设标准:粮食主产区排涝达到 5~10 年一遇的标准,湖区县城防洪达到 20 年一遇的标准,地市级城市主城区达到 50 年一遇以上的标准。

(2) 湘、资、沅、澧四水流域的水利基础设施建设。加强对湘、资、沅、澧四水流域重要堤防和防洪控制性工程建设，实现水资源合理开发、优化配置、有效利用。此区重点是对 790 公里四水重要干支流堤防工程进行建设，加快 35 个城市防洪利用亚洲开发银行贷款项目的步伐。继续建设皂市、洮水、高家坝等枢纽工程，新建涔天河、宜冲桥、雷公洞、凉水口、金塘冲、江源等水库，扩大五强溪防洪库容。力争市州主城区防洪标准达到 50 年一遇以上标准，提高重要城镇防洪能力，力争水利工程总供水能力达到 450 亿立方米。

（3）山丘区的水利基础设施建设。主要目标是缓解湘南、娄邵、湘西地区等三大片干旱问题。加快提高山丘区的抵御山洪灾害能力和抗旱能力。继续抓好大型灌区、重点中型灌区续建配套与节水改造项目，加快兴建莽山水库、一批中小型水库，以及骨干山塘、田间排灌等抗旱水源工程。对重点病险水库除险加固，加快小流域防灾减灾体系建设，加强原有小型水利设施的整修。

2. 建设四通八达的公路设施

建设四通八达的公路设施是促进农业生产发展的必要保障。我们必须按照国家公路建设规划，建设高速成网、城乡一体、内外通畅的公路运输体系。优先建设高速公路，重点是抓好二广、包茂、杭瑞、厦蓉、泉南湖南段的公路建设，完成平（江）汝（城）、岳（阳）临（武）、娄（底）怀（化）、张（家界）花（垣）、永（顺）吉（首）等 49 条高速公路。加快打通出省通道，全面打通 25 条高速省际通道。建设重要经济干线及旅游公路，加快高速公路连接线和重要旅游景区景点连接公路及国省道改造建设。加强农村公路及站场建设，继续加强农村公路通畅工程和通达工程的建设。同时加快县际公路建设的快速发展，促进农产品流通，方便人民群众的出行，促进农村经济的发展。强化公路养护，实现公路交通可持续发展。争取到 2015 年，新增高速公路通车里程 4887 公里，形成以"六纵七横"为骨架的高速公路网。

3. 建设稳定高效的能源设施

建设稳定高效的能源设施是农业持续稳定发展的重要条件。因此在电力能源建设中要调整电源结构、优化电源布局及减少污染排放。对性能好的水电要优先开发，重点抓好资江、沅江等水电梯级开发，加快东江扩机、托口等水电项目建设，推进黑麋峰抽水蓄能电站建设。对大容量、高参数火电要有序建设，以大型高参数机组为重点，抓紧开工建设金竹山电厂扩建、岳阳华能二期、湘潭电厂二期、长沙电厂、鲤鱼江 B 厂、石门电厂二期、益阳电厂二期等火电项目。鼓励开发、利用新能源发电，支持太阳能、生物质、农村沼气等新型能源开发利用，积极推进核电、天然气开采等前期工作。加快提高能源综合利用，加快推进怀化电厂、常德电厂、株洲 B 厂、衡阳电厂、郴州嘉禾电厂、永州电厂、慈利电厂、汨罗电厂、宝庆电厂、新化电厂等现有电厂的扩建和风能发电前期工作。积极引入外区电能，提高湖南省的电力供应能力。

加强坚强电网建设，重点推进交直流特高压输变电工程建设，构筑完善的"西电东送"500千伏输电通道、长株潭500千伏环网和湘南500千伏主网框架。优化电网结构，启动新一轮城网和农网改造，进一步完善城乡电网。提高电网输送能力，开工建设±800千伏换流站等特高压工程，建设投产一批500千伏变电站。提高吞吐能力和供电可靠性。争取到2015年，基本形成500千伏主干网和220千伏清晰分区网。

4. 建设互联互通的信息设施

（1）建设互联互通的信息设施是湖南省农业现代化的重要保障。随着我国社会经济的不断发展、农业现代化程度的不断提高、农民收入的不断增长，农村对通信的需求也在进一步增长。我们要按照统筹规划、统一标准、互联互通、资源共享的原则推进农村信息网络化发展。①进一步加强光缆传输网络建设，加快数字电视网、宽带通信网和下一代互联网等信息基础设施建设，抓好3G移动通信网建设、GSM900扩容和GSM1800优化；推进农村信息宽带化发展。②提高宽带网络通达深度，完善"最后一公里"建设，扩大宽带覆盖范围，加快向农村延伸；推进农村信息智能化发展。③推进有线电视数字化改造，推进电信、广电、计算机"三网融合"和有序竞争。争取到2015年，家庭互联网普及率达45%以上，县级以上城市城区数字电视普及率超过98%。

（2）加快信息资源在农村的开发和利用。①重点加强电子政务平台建设，实施金保、金盾、金税、金土等"金"字工程在农村的推广，构筑"数字湖南"基本框架。②推进社会保障、科技教育、就业服务、医疗卫生、文化体育、国土资源、专利技术等领域信息化建设，建立涵盖城乡、自然资源、基础地理和宏观经济等全方位的电子政务基础信息库。③推进企业信息化，加快运用先进信息技术改造传统产业，装备新兴产业，提高制造业自动化、智能化、柔性化水平。④推动商务信息化，加快发展电子采购、电子货币、网上支付等电子商务。⑤加快农业与农村信息化进程，大力普及计算机和网络。⑥加强信息安全建设，规范网络行为，维护网络秩序。争取到2015年，各级政务部门电子政务覆盖率达100%，行政许可在线办理率达80%。

二 粮食主产区农业基础设施建设投入长效机制的构建

湖南农业与农村基础设施建设何以投入不足？湖南省公共财力不足固然是一重要原因。但是，国家层面农业发展战略的失误是湖南省农业与农村基础设施建设投入不足的另一重要原因。触摸历史脉搏，我们还得从整个中国农业发展的大背景来看待这个问题。由于深受苏联"优化发展重工业"的影响，我国选择了"以农哺工"的发展战略。以牺牲农业、农民为代价来支持工业的发展，围绕这一发展战略所进行的土地制度改革、农业机械化的推行、生物技术的推广、农业劳动力素质的培训及农业劳动生产率的提高等一系列举措，都只有一个目的，即支持工业的发展。在"以农哺工"的发展战略实施过程中，一个配之实施的粮食政策，即农产品低价收购政策，导致农业部门的资金、劳动力流向工业部门，使得农业人均粮食生产率和农业生产率低下，严重影响了农业的资本积累。从表面上看，这造成了农业发展的缓慢甚至停滞。工业部门安置农业中产生的大量剩余劳动力的能力有限，从而造成大量的失业，实际上减缓了工业发展的速度。我国"以农哺工"发展战略的实施不但没有提高农业的劳动生产率，甚至连其支持工业发展的初衷也未实现。因此湖南省乃至全国农业基本建设投入不足的根本原因在于国家农业发展战略的失误。今天，我国工业较这以前有了长足的发展，而农业在农业辅助型发展战略的冲击下仍然裹足不前。无论是决策者还是普通百姓，都已意识到"以工哺农"的重要性。因此，在"以工哺农"的战略中，加强农业基础设施建设，夯实农业发展基础，应是首要选择。

1. 拓宽农业基础设施建设的投融资渠道

目前我国政府投入农业基础设施建设的财力非常有限，有限的财力势必造成农业基本建设的投入不足，这就要求我们必须拓宽农业基本建设融资渠道，建立多层次、多渠道、多方位、网络化的投资体系。按照中央、地方、农户等投资主体不同地位和投资目的，界定各投资主体的投资范围，使各投资主体之间相互衔接、相互补充、相互促进。要遵循"农民自我投入为主体，国家和地方政府支援为导向"的原则，形成和完善"以财政预算资金为导向，以信贷资金为支柱，以农户和集体资金为基础，以利用外资和横向吸收资金为补充，以劳动积累为资金投入"的投入格局，建立起主辅交融、完整的资金供给运用体系，形成总体高效的农业基础设施多渠道投融资机制（赵维清，2002）。

（1）形成以国家、地方投入为导向，以农户、集体投入为主体的投资格局。在市场经济条件下，明确农户和农村集体组织的投资主体地位，积极保持农业基础设施多渠道投入的投融资机制活力。充分利用农民自有资金和农村集体组织的公共积累基金来加强农业基础设施建设，强化国家及地方各级政府投入的导向作用，从资金投入导向和政策制定上引导农民和集体组织的投入，吸引更多的资金参与到农业基础设施建设上来，改善农业生产条件。

（2）形成以信贷（有偿）投入为主、财政（无偿）投入为辅的投资结构。

我国国民经济发展的重要任务是保证农业生产稳定增长，促进农业经济全面发展，这需要加大对农业基础设施建设的资金投入力度。目前，我国国家财政还没有这个投入力量。因此，充分发挥农村金融部门筹集和融通资金的作用，显得极为重要。实行以信贷投入为主、财政投入为辅的投资政策，可以通过扩大对农业基础设施的信贷投入，吸引农民的资金投入，这样可以保证农业发展的资金需要，从而改变农业基础设施投入不足的局面。

(3) 形成农民投入与社会资金相结合的多渠道投资形式。通过产权明晰、权责明确的股份合作制形式，按照谁投资、谁受益的原则，使得各投资主体利益均沾、风险共担，适应了市场经济规律的资本运营机制和经营管理机制，就可以充分调动农民投入的积极性。利用股份合作形式，可带动更多资金流向农业，加大农业基础设施建设力度。

(4) 形成劳动积累与资金投入相结合的投入结构。资金投入将会随着我国市场经济的发展占有越来越重要的地位。而农村最大的特点是资金缺乏、劳动力过剩，因此农村只有将劳动积累与资金投入紧密结合，才能提高资金的使用效率。尤其是农田水利建设和乡村道路建设，劳动积累工程量大，更加适宜于劳动积累与资金投入相结合的投入结构。

按照上面构思的投融资机制的基本框架，即农业基础设施多渠道投入，我们可以建立一个多层次、多渠道、多方位的有主有从、各司其职、相互协调、相互补充和相互促进的多元化、充满生机活力的投融资机制。

2. 增加财政对农业基础设施的投资

(1) 加强财政对农业基础设施投资的先导作用和凝聚作用。新的投资机制，加重了财政对农业基础设施投资的责任，它一方面需要承担起农业基础设施投资宏观投资需求的资金供给，另一方面必须对农户、集体经济组织和社会各方面的投资行为进行引导、调节，使之与整个农业基础设施建设发展的格局相符合，相比资金供给，这一作用更为重要。因此全省各级政府要加强对农业基础设施投资的宏观调控，以财政的农业基础设施投资为先导，积极引导农户增加对农业基础设施的投资。

(2) 明晰中央和地方各级政府在农业基础设施发展及投资上各自的事权和财权，形成稳定而可靠的农业基础设施资金来源。

(3) 强化政府财政对农业基础设施投资的支出。实行资金分配向农业基础设施建设倾斜的政策，高度重视农业基础设施建设，对农业基础设施投资占政府财政支出的比重进行优化调整，影响和调控各投资主体的经济利益，以保持适度的投资规模，优化投资结构，对投资进一步合理布局，不断提高投资效益。

(4) 逐步提高并相对稳定政府财政对农业基础设施支出的数额及其相应的

比例。按照我国《农业法》的要求，一要确保财政每年对农业总投入的增长幅度高于财政经常性收入的增长幅度，二要确保农业基础设施的投资稳定增长。使政府财政对农业基础设施投资在稳定的前提下逐步提高。

（5）建立有效的投资管理体制，提高资金使用效率。加大资金使用方式的灵活性、高效性，在高效的原则下对不同的项目采取不同的资金使用方式。例如，对社会效益大、本身直接经济效益小的项目，采取财政直接拨款方式；对赢利性项目，可以根据赢利率大小，分别采用不同的利率，采取"有放有收、周转使用"的方式；还可通过财政对农业基础设施贷款的贴息、投资补助等方式，加大财政对农业基础设施建设资金的投入力度。

3. 积极引导集体和农民增加农业基础设施投入

对于农业基础设施建设来说，农民和农村集体经济组织是农业基础设施投入的主体，特别是农村集体经济组织有着不可替代的组织协调作用。因此，必须加强政策引导，调动农民和农村集体经济组织这两个投资主体的积极性。

（1）优化农户投资机制。要正确引导农民积极妥善处理消费与投资的关系，在逐步改善生活的基础上，注重把资金投入在生产上。进一步完善政策环境，通过政策的法律性来保护和鼓励农民增加对农业基础设施建设的投入。第一，稳定土地承包政策，制定能够保护农民的利益、鼓励农民长期经营行为的政策；第二，制定合理的农产品收购价格来保护农民的利益，通过利益驱动来引导农户增加对农业基础设施建设的投资；第三，制定资金扶持政策，制定保护农民固定资产的法规；第四，制定切实可行的奖励政策，从资金、物资等方面奖励对农业基础设施建设增加投入的农民。总之，要采取多种优惠政策措施，鼓励农民增加投入，为农民发展生产创造更好的投资环境。

（2）完善农村集体经济组织的投资机制。目前，我国农村集体经济组织的资金在农村建设方面还占有重要的地位，其公共积累资金适用于集体内部农业基础设施的建设与开发，而"以工补农"是农村集体经济组织增加农业投入的一种普遍形式。因此我们要进一步发挥农村集体经济组织的作用，建立健全完善的农村集体经济组织的积累机制，提高对农业基础设施的投入能力。在完善农村集体经济组织的投资机制过程中，我们要坚持以统分结合、双层经营的合作经济为基础，以集体公有制经济为主体，以乡镇企业的经济为支柱，建立发展农业基础设施的集体投资机制。这种投资机制的根本目的是保障企业、家庭和个人三方面的收益，其中集体利益是这种投资机制的基本动力，并且由集体组织作为投资的整体代表，行使筹集分配资金的主要部分职能。因此农村集体经济组织必须设立农业基础设施建设基金，集体基金有权组织协调区域内的基础设施建设，有权组织劳动积累，有权合理分配和使用政府投入的资金。

4. 建立健全农业基金与信贷体系

基金与信贷是加大农业基础设施建设投入的重要渠道，因此健全的农业基金机构及体系必不可少。我们必须坚持在中央银行的宏观调控下，建立政策性银行、商业银行、农业合作金融机构及其他非银行涉农金融机构等各类金融机构并存的农业金融体系，并且明晰各机构之间的责任，使各金融机构之间形成分工合理、协作有序的紧密关系。

（1）充分发挥农业政策性信贷投入对农民的引导作用。目前，我国农业资金非常短缺，远远不够农业发展的资金需求，在此情况下，我们必须充分发挥农业政策性信贷投入对农民的引导作用，发挥有限资金的最大效能。第一，牢牢把握政策性贷款的投向与投量，为农民投入起引路和示范作用；第二，调整政策性贷款政策、范围、利率及管理方式，增强政策性信贷投入方向对农民投入方向的引导，加大农民投入方向对政策性信贷投入方的趋附性；第三，拓宽农业政策性资金渠道，促进农业基础设施建设多元化投资格局的形成和发展。当前中国农业发展银行湖南省分行资金来源渠道比较单一，多渠道筹资还比较困难，多元化的投资格局还未形成，因此我们要特别注意协调好社会各渠道对农业基础设施投入资金的关系。

（2）调整信贷结构，提高农业信贷比重。信贷结构的合理性与农业信贷比重的高低是农业基础设施信贷投入能否增长的关键，因此政府在国民经济计划中，应当认真落实农业信贷的总额度，落实农业信贷占全省信贷总规模的合理比重，重点落实农业基础设施信贷规模，确保农业基础设施信贷投入的必要增长。

（3）进一步完善农业基础设施投入信贷方式。一方面我们可以采取存款、股票、债券及政府支持等灵活多样的方式筹集资金，保障农业金融机构的资金来源。另一方面可以根据农业基础设施建设及其资金运作的特点，采取信用贷款、抵押贷款和担保贷款等多种贷款方式为农户提供贷款，在担保贷款时，可采用集体组织担保或几户一组连环保等形式，对农户发放贷款。

5. 积极吸引国内外工商企业与金融机构对农业的投资

近十多年来，中国及国外一些有长远眼光和实力的工商企业与金融机构，开始以不同方式向农业投资。我们必须要抓住这一机遇，从长远利益出发，本着互惠互利的原则，引导它们向农业基础设施建设方面投资。

（1）为保持省外和国外的工商企业和金融机构对农业基础设施投资应有的连续性和稳定性，湖南省要制定吸引省外和国外资金投资农业基础设施的优惠政策。考虑到农业在我国的特殊地位，以及根据农业基础设施利用农外、省外和国外工商企业和金融机构投资的特点，湖南省政府必须采取必要的税收优惠政策，鼓励、吸引它们的投资。由于农业基础设施项目投资具有回收期长、不可预测因素多、投资风险大等特征，必须在税收上加大优惠力度，否则难以吸引投资者。

（2）优先保证农业基础设施项目的配套资金。在安排基建投资和银行信贷时，要把农外、省外和国外投资农业基础设施重点项目的国内配套资金列入计划，以保证国内配套资金的落实，确保建设项目的顺利实施。对重点大型农业基础设施项目的人民币贷款，银行实行低利率贷款，政府财政补贴差额部分。对一般项目，政府和银行在安排投资或贷款时也应优先考虑。积极推行股份制和"返租倒包"方式，吸引资金投入，建立经济共同体。鼓励农户和其他单位以土地、劳动力、技术和资金向企业参股，构建新的资产关系，在解决了资金问题的同时，又以经济纽带密切了企业与农户之间的关系。企业运用股份合作吸收农户投资入股，使企业与农户以股份为纽带，结成经济共同体，互利互惠，配套联动（汪金敖，2004）。

6. 改善和优化农业基础设施建设投资环境

（1）制定利于农业发展的产业政策，大力支持农业基础设施建设，吸引社会各类资金参与农业基础设施建设，形成农业基础设施建设多渠道、多层次投入的合力。

（2）完善投资决策的科学体系，合理确定资金分配和使用方式，提高资金的使用效率。

（3）完善土地承包政策，进一步保持土地政策的稳定性和连续性，并建立土地有偿转让和流转机制，合理有效地使用土地资源，增加农业基础设施建设的资金投入。

（4）建立健全各项规章制度，进一步完善股份合作制，使之朝制度化、规范化的方向发展。同时，进一步完善监督机制，加强对股份合作制的监督和经营管理，明确各股东的责任和义务，充分维护各股东的权利和利益。

（5）建立和健全农业投资的法律、法规体系，创造加强农业基础设施投资良好的法律环境。

（6）积极开展农业保险，减少农业基础设施投资风险。

第八章

建立以保障粮农土地经营权和支配权为突破口的改革机制

从 2006 年起，中国全面取消了农业税，这标志着"以农养政"时代的终结，中国正式步入了"工业反哺农业，城市支持农村"的后农业税时代。中国下一步应按照完善社会主义市场经济体制和建设现代国家政权双重构建的整体思路，全面深化农村经济体制、政治体制、文化体制和社会管理体制的综合性改革，重点推进农地产权制度、民间融资机制、乡镇政府机构、农民义务教育体制、县乡财政体制、农村公共产品供给体制、农业科技推广体制，以及国民收入分配制度、财政制度、户籍制度、就业制度、社会保障制度等一系列配套改革（张新光，2007）。

第一节　农村综合改革历程与内涵演变

2009 年，温家宝总理在全国新型农村社会养老保险试点工作会议上的讲话，将中国改革开放 30 多年来的农村改革发展历程总体概括为迈出了"三大步"，即"第一步，实行以家庭承包经营为核心的农村经营体制改革，使农民获得了生产经营自主权；第二步，实行以农村税费改革为核心的国民收入分配关系改革，主要是减免并最终取消农业税，使农民负担大为减轻；第三步，实行以促进农村上层建筑变革为核心的农村综合改革，主要是改革乡镇机构、转变政府职能、加强基层政府对农村的社会管理和公共服务，推进农村义务教育和县乡财政管理体制改革"（温家宝，2009）。这"三大步"就是我国改革开放 30 多年来取得明显成效的三步改革，三步改革始终贯穿着"保障农民的物质利益、维护农民的民主权利、发展社会生产力"这样一条红线。通过第一步改革建立了我国农村基本经济制度和市场机制，保障农民生产经营自主权；通过第二步改革调整了国民收入分配关系，统筹了城乡发展；通过第三步改革推进了农村综合改革，解决了农村上层建筑不适应经济基础的某些深层次问题。实际上中国近 30 多年来的农村改革发展过程非常复杂、曲折、多变，其大体上可划分为以下三个不同的时期。

一　中国农村改革与发展的"黄金时期"：1978～1988 年

取得举世瞩目的伟大成就的中国改革率先从农村开始突破，然后以磅礴之势迅速向全国推进。中国农村改革以"必须在经济上充分关心农民的物质利益，必须在政治上切实保障农民的民主权利"为根本出发点，通过实行家庭联产承包责任制来合理调整国家、集体和农民个人三者之间的分配关系，使亿万农户成为独立的市场主体，重造农村市场经济的微观基础；通过实行政社分开、建立乡政府和"村民自治"制度，使广大农民群众当家做主，重造基层社会的民主权威。这一具有整体性、综合性、协调性、联动性等明显特点的改革是把农村经济体制改革与政治体制改革有机结合起来而进行的一次伟大的尝试，获得了巨大成功。《中国统计年鉴》统计，中国粮食总产量迅速增加，由 1978 年的3000 亿公斤上升到 1984 年的 4000 亿公斤，1978～1984 年，全国农业总产值增长 68%，全国农民人均纯收入增长 166%。同时，"乡镇企业在短短几年时间里，产值已达两千亿元以上，吸收劳力六千万人，为我国农村克服耕地有限、劳力过多、资金短缺的困难，为建立新的城乡关系，找到了一条有效的途径"（中共中央国务院，1986）。邓小平在武昌、深圳、珠海、上海等地的谈话中说："我们真正干起来是一九八〇年。一九八一、一九八二、一九八三这三年，改革主要在农村进行。一九八四年重点转入城市改革。经济发展比较快的是一九八四年至一九八八年。这五年，首先是农村改革带来许多新的变化，农作物大幅度增产，农民收入大幅度增加，乡镇企业异军突起。……农副产品的增加，农村市场的扩大，农村剩余劳动力的转移，强有力地推动了工业的发展。农业和工业，农村和城市，就是这样相互影响、相互促进。这是一个非常生动、非常有说服力的发展过程。这五年，共创造工业总产值六万多亿元，平均每年增长百分之二十一点七。吃、穿、住、行、用等各方面的工业品，包括彩电、冰箱、洗衣机，都大幅度增长。"（邓小平，1993）

尽管 20 世纪 70 年代末至 80 年代初中国农村实行家庭联产承包责任制拉开了中国改革的序幕，中国农村改革与发展进入"黄金时期"，但此时实行的家庭联产承包责任制并既没有承认也没有恢复中国农民在新中国成立初期"土改"后所得到"完整的土地产权"，包括土地所有权、使用权、经营权、处置权、收益权及继承权等，只是"半截子的土地产权改革"。中国这种"摸着石头过河"、"走一步看一步"的渐进式改革，始终难以达到"求变、求全、求活"的改革根本目标。因此，改革开放以来，各级地方政府和农村集体组织长期把持土地的支配权，造成了国家非农建设用地"低门槛、低成本"和向农民收取各种税费"软指标、软约束"（所谓"交够国家的，留足集体的，剩下都是农民的"）（张新光，2007）。此外，在农村集体所有制的长期影响下，中国的制度还存在严重的漏洞，如"成员权平等"和"退出机制缺失"等，致使几亿农民无休止地要求平分土地，最终导致出现了在高密度和高劳动强度种植模式下的土地报酬递减、边际效益不断下降趋近于零甚至为负数的现象。目前，中国耕地总面积有18亿亩，但是人均占有耕地仅为1.4亩，还不到世界人均占有耕地水平3.75亩的40%。此外，中国人均耕地面积低于1亩的省份有7个，其中低于联合国粮农组织确定的土地承载力"警戒线"（即人均占有耕地最低不能少于0.8亩）的县有660多个（全国有2800多个县级行政单位），人均耕地已不到0.5亩的县有460多个。可见，这种带有"农民福利性"的农地产权制度设计阻碍了中国农村生产社会化、专业化和商品化的发展。特别是20世纪90年代以来，农民受到来自政府无数双"看得见的手"与市场"看不见的手"，以及乡村基层干部"第三只手"的要、拿、征，他们或者向农民征收农业税费——"要钱、要粮"，或者向农民征用农业耕地——"要地"，或者向农民征缴计划生育罚款——"要命"。这种长期向农民"要得多、给得少、管得死"的基层管理体制，严重地削弱了农民自我发展和自我积累的能力与活力，增加了农民的负担，打击了农民生产的积极性，最终导致"有些地区的农村人口境况，就像一个人长久地站在齐脖深的河水中，只要涌来一阵细浪，就会陷入灭顶之灾"（詹姆斯·C.斯科特，2001）。

同时，由于新旧体制转换过程中通常存在"制度惯性"和"路径依赖"，中国在农村改革初期的许多改革措施都是极为不彻底和不完善的，所以人民公社体制解体后遗留的大量历史问题并没有得到根本解决，如中国长期以来形成的"国家行政权"与"农民自治权"互相渗透，"政党政治"与"政府政治"互相交叉，乡镇"事权"与"财权"互相脱节，"条条"垂直管理与"块块"统一领导互相分割等制度弊端依然存在。造成了乡镇一级政府盲目"对上负责"，对上级组织交办的事情，哪怕人力、财力缺乏也要勉为其难；难以做到"对下负责"，农村公共产品供给依靠农民自己解决的体制使得乡镇一级政府根本无法履行其公共服务职能；而村一级的自治组织既不是行政主体，又缺乏财力保障，长期处于行政与财政双重压力下的"紧约束"运行状态，最终导致村级自治组织在维护国家利益与行使农民自治权利两方面的功能都不断被弱化、虚化甚至异化。虽然中国在1987年对农村改革进一步深化，其主要围绕确立农户自主权、发育市场体系及继续展开优化产业结构等三项指标进行，而这三项指标实现的程度被视为衡量农村发展成功与否的标志。但是当时中国农业的进一步改革受制于中国城市国有经济改革和政治体制改革，因此，对中国农村改革，一切浅层次的项目已经出台，不触动深层结构，再也不能前进一步了。

二 中国农村改革的"徘徊时期"：1988～1998 年

1988～1998 年是中国农村改革与发展的"徘徊时期"。这一时期的一个突出特征是：中国整个改革的重心已由农村经济体制改革和政治体制改革转向城市经济体制改革和国务院机构改革。农村经济体制改革和政治体制改革的步子明显放慢，尤其是 1988 年中国经济出现"过热现象"后，一些地方政府和乡村基层组织不顾农民群众的利益，搞"一平二调"盲目上项目，非但没有巩固和发展壮大农村集体经济，还造成了劳民伤财、得不偿失的资源浪费现象。这造成了中国农民群众对实行家庭承包制的政策担忧与恐慌，农村不少地方曾一度出现了"回头看"和"归大堆"的苗头，盲目上马的"遍地开花"的所谓"富民工程项目"，没过多久就偃旗息鼓了。当时，中国江苏、浙江等省的乡镇企业起步较早、发展较快，形成了经济发展的"苏南模式"和"温州模式"，人们围绕这两种模式是"姓社"还是"姓资"的问题，展开了一场全国性的大讨论，严重影响了不少地方个体私营企业的发展与壮大，中国农村改革也处于"徘徊阶段"。面对农村改革脚步的缓慢、徘徊不前，中共中央、国务院制定出台了一系列的政策措施来发展生产要素市场、搞活农村金融、增加农业投入、加强农村社会化服务体系建设、实施科教兴农战略等，但是由于整个国家宏观体制环境的制约，中央制定的一系列利于农村经济发展的政策措施几乎没有取得实质性的进展，如延长土地承包期、改革粮食流通体制、减轻农民负担等措施并没有达到预期效果。特别是在减轻农民负担方面，尽管中共中央、国务院再三强调要求切实减轻农民负担，但是大部分地方农民负担不但没有减轻反而不断加重。1985～2000 年，国家财政支农资金的比例呈下降趋势，由 13％下降到 8％左右，15 年间国家财政向农村基础设施建设投资累计为 1704 亿元，仅占同期国民经济基建建设投资总额的 2％。显然，这与农业人口占中国人口 70％的比重这一基本国情是不相符合的。"到了 90 年代，农业三要素不是留在农村内部使用——城市扩张，大规模占用农村土地；劳动力大量流出农村，企业得以雇佣最廉价的劳动力，几乎什么社保都没有；农村资金大量外流，每年各个银行抽走农村大量资金。而当农村发展必需的生产三要素都被抽走的时候，就算农民有志气、有天大本事也没用"（张新光，2007）。由于上述因素的影响，1997～2000 年，全国农民人均纯收入增长率分别为 4.6％、4.3％、3.8％、2.1％，呈现连续四年下滑趋势。而中国城乡居民收入之比也由 1985 年的 1∶1.9 变为 2002 年的 1∶3.1,中国贫富差距进一步拉大，成为当今世界贫富差距最大的少数几个国家之一。在此情况下，2006 年，中国政府不得不作出了一项具有重大历史意义的政治决策——彻底废除 1958 年以来实行的农业税。

　　这一时期中国的农村政治体制改革有三件大事最值得关注。其一，1987年11月~1998年11月，从由第六届全国人大常委会第二十三次会议通过的《中华人民共和国村民委员会组织法（试行）》到由第九届全国人大常委会第五次会议通过的修订后的《中华人民共和国村民委员会组织法》，这10年"亿万农民实行自治，直接行使当家做主的民主权利，这是一项前所未有的伟大事业，其规模之大，范围之广，涉及人数之多，在我国历史上乃至世界历史上都是从来没有过的"（《21世纪乡镇工作全书》编委会，1999）。其二，1986~1992年，全国共有山东莱芜、山西隰县、河南新郑、湖南华容、广东顺德、福建石狮、四川邛崃、内蒙古卓资、甘肃定西等23个省（自治区）的290个县级单位进行了县乡机构综合改革试点工作，这些县（市）初步摸索出了一套"小机构、大服务"的宝贵经验，随着这些经验不断向全国推广，时任国务院总理的李鹏表态："在适当的时候，中央编制委员会将根据中央和国务院批准的机构改革方案，对县级机构改革做出全面的部署。"这是一场自下而上发起的县乡机构综合改革试点工作，但是没过多久这场轰轰烈烈的改革试点工作就销声匿迹了。其三，1986~1996年，一股"撤乡并镇、并村"的基层社会管理体制改革风暴席卷全国各地农村，中国的乡镇建制迅速缩减，一下子由1986年的91 138个减少到1996年的43 112个；十年间行政村数量也由94万多个迅速减少到74万个，减少了20万个；村干部总人数则由455.9万人减少到259.2万人，人数精简近200万人。"如此大规模的乡镇精简并没有产生激烈的社会震荡，乡镇改革可与包产到户、乡镇企业一起并称为农村改革的三大奇迹。"（张新光，2005）尽管乡镇、村级数量减少，人员机构精简，但乡镇建制的规模却日趋扩大，基层社会管理成本仍然居高不下，乡镇、村级债务不断上升，农民负担不断加重。农业部1999年的调查数据显示，全国乡镇一级负债总额达1776亿元，每个乡镇平均负债达408万元；全国村一级负债总额达1483亿元，每个村平均负债达21万元；全国9亿农民人均背负乡镇、村集体债务达374元。从上面的分析可以看出，中国在这一时期推行的"村民自治"制度是成功的，但农村进行的乡镇和村级等基层行政管理体制改革试点是失败的。

三 中国农村改革的"快车道时期"：1998年10月至今

　　从1998年开始，全党和中央各级政府对中国农业和农村工作的重视程度不断提高，农村经济政策开始出现了明显的调整，中国农村改革与发展进入"快车道时期"。1998年10月，中共第十五届三中全会通过了《中共中央关于农业和农村工作若干重大问题的决定》，该决定首次提出了"建设有中国特色社会主义新农村的奋斗目标"，这标志着全党对中国农业和农村工作的重视程度提高了。该决定还制定了农村产业结构调整、加快以水利为中心的基础设施建设、转变乡镇企业的经营机制、改革粮食棉花流通体制、大力发展小城镇、改革农村信用社管理体制、清理和整顿农民合作基金会及保护农业生态环境等一系列政策措施，这标志着农村经济政策开始出现了明显的调整。但是由于中国未能制订出全面深化农村改革的一个"总体规划"，也没有从城乡关系和工农关系的全局通盘考虑如何解决"三农"问题，因此一直到 2002 年 10 月中共十六大召开前，中国农业、农村发展形势和农民增收仍然处于一种"走下坡路"的被动状态。要解决这一问题，我们绝不能就农业谈农业，要从建立社会主义市场经济体制的角度，重新认识"三农"问题，必须考虑整个农村的产业结构、就业结构，必须从统筹的角度考虑城乡关系、城乡一体化的问题。

从 2002 年 10 月中共十六大的召开到 2006 年 10 月中共第十六届六中全会的召开，农村改革和发展快速推进；2004～2012 年，中央连续 9 年发布以"三农"为主题的中央"一号文件"，将解决"三农"问题上升到战略高度。中国农村改革与发展进入"快车道时期"。2002～2006 年，这四年农村改革最大的成就，就是推进了我国以农村税费改革为核心的国民收入分配关系的重大调整。从 2003 年开始到 2006 年年初，在全国范围内逐步取消了"三提五统"和农业税，仅这一改革每年可为农民减轻负担 1200 多亿元；从 2004 年开始，国家实施一系列惠农政策，中央财政对 9 亿农民进行直接有效支持，包括对农民实行种粮直接补贴、良种补贴、农资综合补贴、农机具购置补贴和退耕还林补贴等；此外，中央财政和省级地方财政对农村义务教育、发展乡村基层组织承担全部经费支出，对发展农村新型合作医疗、进行乡村道路改造、进行农业基础设施建设等提供资金支持。所以，"近两年农村形势比较好，主要标志是粮食增产、农民增收、群众高兴"（温家宝，2006）。当然，就整个的农村改革和发展而言，"目前我国尚未建立起一套民主化、法治化的现代农村政治制度，开放、公平的现代农村市场经济制度，科学、文明的现代农村文化制度，赋予农民各种权利的规范的现代农村社会制度"（曾业松，2003）。在近几年的农村税费改革过程中，不少乡村基层组织陷入了收支平衡难、工资兑现难、债务消化难、工作运转难、经济发展难的"五难困境"，究其原因是中国对如何化解乡村"历史旧账"的问题没有制订出一个具体可操作的解决方案，至今甚至对历史债务没有一个全面准确的统计数据。据国家统计局农调队粗略估计，目前中国乡村两级负债总额可能已增至 6000 亿～8000 亿元。根据他们的测算，在农村税费改革前，全国所有乡镇一级每年维持其合法生存大约需要 3700 亿元，而资金来源只有 750 亿元，收支相抵后每年相差 2950 亿元，资金缺口巨大。即便在整个农村"费改税"过程中，中央财政转移支付的专项资金累计有 1643 亿元，但仍然远远不能弥补取消农业税给基层组织留下的巨大资金缺口。

　　无论是从解决当务之急来看，还是着眼长远，从解决农村发展的深层次矛盾和体制性障碍来看，中国下一步的农村综合改革是非常必要的，其任务仍然是极其复杂和相当艰巨的。

　　《全国农村经济发展"十二五"规划》提出"在搞好县域村镇体系规划和村镇建设规划的同时，统筹安排农村基础设施建设和社会事业发展，建设农民幸福生活的美好家园。……深化农村其他改革。深入推进乡镇机构、农村义务教育、县乡财政管理体制等农村综合改革。……有序推进农村改革试验区工作。认真总结统筹城乡综合配套改革试点经验，积极探索解决农业、农村、农民问题新途径"（中华人民共和国国家发展和改革委员会，2012）。按照该规划中的这种提法，下一步深化农村改革的核心是涉及上层建筑领域的重大变革：一是农村公共产品供给体制改革，二是基层行政管理体制改革。

第二节　粮食主产区的土地制度创新

　　耕地是粮食生产最根本最重要的物质基础，是确保粮食安全的基石，粮食主产区的土地制度创新是维持粮食生产可持续发展的关键。目前我国农村集体土地所有权主体模糊不清，必然导致我国农村集体土地所有权虚置，农户土地产权权能残缺。在集体所有制框架中往往出现农户土地的使用权和收益权被多个上级以所有者的名义来侵蚀，使得农民缺乏农作生产的积极性，消极对待土地；土地产权期限不足，使得农户生产经营行为短期化，抑制了农户对土地进行长期投资行为；土地集体所有制是按人口平均分配土地，导致了农业分散、超小规模经营，严重制约了农业技术的进步与推广。以上阐述充分表明我国现行的土地制度已经成为阻碍我国农业发展的重要因素，因此中国农业要想走出困境，尽早将传统农业转变为现代农业，必须对现行土地制度进行变革与创新。

一　农村土地产权制度变革与创新的路径依赖

　　我国农村土地产权制度的变革与创新在我国特定的历史和现实国情的双重影响下，必定存在土地制度变迁的路径依赖问题。第一，决策者和制定者传统理念。我国是有着60多年历史的社会主义国家，公平、均等、共享、共有等理念根深蒂固，深刻影响着我国土地制度的决策者和制定者的行为；第二，社会主义基本制度。我国农村土地产权制度是我国社会主义整个经济制度结构中的一个重要组成部分，其性质、特征、形成与进一步发展必然受到整个社会经济制度基本格局的制约，制度模式的选择必须与基本制度体系相适应，不能背离基本制度的整体框架。农村土地产权制度变革与创新必须遵循社会主义公有制这样一个基本原则；第三，现实的人地关系特点。我国农村土地产权制度的形成与发展与我国现实的人地关系的特点紧密相关，我国人地关系的显著特征是土地资源稀缺、人多地少、人地关系紧张，农村社会保障制度的不完善使得我国农民的社会保障功能主要依赖于土地，因此在短期内农村土地对农民的社会保障功能不可替代；第四，中国农民历史文化传统特征。我国农民具有生产的分散性、群体的宗族性、文化思想的封闭性等特征，必然导致其行为目标多元化、生产行为短期化、决策过程随意化及开拓创新惰性化。因此，对农村土地产权制度的改革，既要充分考虑农民文化传统的影响及其农民经济行为的特点，同时还要充分估计农民对制度创新的社会心理承受能力及其接受程度。因此，我国基本国情和农村现实共同决定了我国农村土地产权制度创新要走强制性制度变迁与诱致性制度变迁相结合的渐进式、差异化发展道路（罗夫永等，2006）。强制性制度变迁是由政府凭借其强制力资源组织实施的制度变迁，通过政府命令、法律、法规来实现，其具有强制性和激进性特点，他的主体是国家或政府；诱致性制度变迁是由个体或群体在寻求自我利益时自我倡导、组织和实施的制度变动，其具有自发性、赢利性和渐进性的特点，其主体是个体或特定的组织。两者各有千秋，我国在农村土地产权制度创新时要汲取两方面的优点，摒弃它们的不足之处。第五，地区巨大差异的依赖。我国疆域辽阔，各地实际情况差异巨大，农村土地产权制度的创新要因地制宜，分类指导，扎实推进，走灵活多样、切实有效的差异化发展道路。

二 农村土地产权制度变革与创新的原则

我国农村土地产权制度的变革与创新要遵循以下五条原则，循序渐进。

第一，提高土地资源利用效率的原则。提高土地资源利用效率是我国农村土地产权制度变革与创新必须遵循的根本原则。多年来在政府对社会稳定与政治稳定偏好的驱动下，我国农村土地制度的政治功能与社会功能远远超过了经济功能。在改革之初，农村家庭责任承包制下的土地平均分配制度顺应了当时解决温饱问题的改革思路，解放了生产力，提高了农民的积极性，使整个农村焕发出极大的活力，取得了良好的绩效。但随着温饱问题的解决，农民的要求进一步提高，改革取向也发生了变化，特别是 1990 年以后，增加农民收入、加速实现农业现代化成为农村改革进一步深化的主要取向，改革之初的土地制度所赋予的政治稳定职能和社会保障功能与农民新的要求产生了比较大的矛盾。当初土地制度赋予的社会保障功能在农村许多地方已大大弱化，现行土地制度虽然解决了农民的温饱问题，但是不能解决农民的富裕问题。因此，在我国进行农村土地制度变革与创新过程中，要弱化土地的政治功能和社会功能，必须提高土地资源的利用效率。

第二，有利于土地规模经营的原则。有利于土地规模经营是我国农村土地产权制度变革与创新必须遵循的基本原则。我国一家一户的土地经营模式及细碎的土地分割，既不能实现生产要素的有效配置，也不利于农业科学技术的推广，更无法获得农业规模经济效益。随着我国加入世界贸易组织和全球经济一体化进程的加快，我国传统的、分散狭小的经营模式根本无力与发达国家社会化大生产的现代农业竞争。因此，我国在进行农村土地产权制度变革与创新时，必须考虑有利于土地规模经营、产生规模效益，有利于提高农业的国际竞争力等原则。

第三，产权制度变迁利益制度层面和形式技术层面分开的原则。产权制度变迁制度层面和技术层面分开是我国农村土地产权制度变革与创新必须遵循的一大原则。土地产权制度变迁分为利益制度和形式技术两个层面。一是利益和基本制度层面。这是一个错综复杂的利益博弈过程，如土地的所有权制度、使用权制度。由于各国的产权根基、法律制度和文化传统不同，所以利益和基本制度这一层面的制度变迁中国无法照搬外国经验，应当在尊重中国历史和现实国情的前提下，进行利益和制度层面的产权制度变迁的自我设计。二是形式技术层面。国外的产权制度相当完善与成熟，因此技术这个层面的制度变迁中国要大胆借鉴国外股份制、股份合作制的技术和操作程序的经验。我国农村土地产权制度变革与创新必须坚持把制度层面和技术层面分开的原则。

第四，各权能主体权利和义务对等的原则。权利和义务对等是我国农村土地产权制度变革与创新必须遵循的又一原则。从产权理论来说，不同的产权权能类型对应着不同的权利和义务。在落实和保障有关产权主体权利的同时，各产权主体也应承担相应的义务，这有利于保证农村土地产权制度的正常运转（杨遂，2005）。但事实上我国农村土地产权各主体的权利和义务在很大程度上是不对称的。例如，我国农村土地产权主体之一的农民权利贫困，却要承担赋税、教育附加等种种义务，权利和义务严重不对等。因此，必须明确界定国家、集体与农户三者的权利与义务。国家是农村土地的宏观管理者，我国法律明确规定其行使的权利是：拥有对农村土地的管理权和最终处分权，有行使对农村土地规划、管理、发展和最终处分的权利。同时法律也明确了其承担的义务是：必须切实保护农村集体土地所有者和承包者的合法权益不受侵犯。农村集体是农村土地的所有权主体，它具有使用、处置其所属集体范围内的土地的权利，同时也要承担与其权利对等的对农民生产服务的责任和义务。农户是土地的经营者，其通过法律和合同契约的规定，从土地所有者处获得一定期限的土地承包经营权后，从法律上说应当与所有者一样，应当赋予其更多的权利，但现实中农户对承包土地的使用、处分等多项权利被弱化，土地承包经营权权能残缺。

第五，从起点模式到目标模式渐进式完成的原则。从起点模式到目标模式渐进式完成是我国农村土地产权制度变革与创新必须遵循的另一原则。从制度经济学的角度看任何制度都有其产生、发展、完善及不断被替代的过程。这一替代、转换过程是原有的制度被一种效益更高的制度替代，是制度变革与创新，换言之，是一种更有效益的制度的产生过程。而这个替代过程的实现不是一蹴而就的，它是一个时间长、影响大的变化。特别是中国疆域广、农民多、传统文化影响大，土地产权制度的形成和发展牵动着九亿中国农民的切身利益，因此更需要在制度设计、制度实施过程中采取审慎的态度和方式。通过渐进的认识、接受及措施，最终形成明确的制度，完成制度的创新和发展（罗夫永等，2006）。

三　土地股份合作制与现代农业的发展

土地股份合作制又称农村土地股份合作制，是股份制重要的形式之一。它是在家庭承包责任制所有权与使用权"两权分离"的基础上将承包经营权再次分离，从而形成所有权、承包经营权和使用权的"三权分离"。农民以土地承包经营权量化入股到土地股份合作社或农民专业合作社，土地由乡村集体或股份合作制经济组织负责统一经营或流转给其他经济主体经营，农民依股权从经营收益中按比例获得分配的一种土地经营权流转制度创新。这种"土地变股权、农户当股东、收益靠分红"的土地经营新机制是中国在现有条件下具有突破意义的土地经营方式的探索和农村土地制度的变革。其目的在于使土地所有权、承包经营权、使用权三权分离，解决我国农村土地均分细小零碎、农户经营规模狭小、生产力落后及国际竞争力低下等问题，实现我国农业规模经营和集约经营，并通过土地的市场化、商品化和资本化，使土地这种稀缺资源在更大范围内优化组合，从而促进农业高效化、农村工业化、城乡一体化，最终实现农业现代化（白跃世，2003）。

我国农村土地股份合作制最早发源于20世纪80年代中后期的广东珠江三角洲，随后在江苏、浙江等长江三角洲发达地区，以及辽宁、河南、湖南、四川等地区有所扩展。农村土地股份合作制的代表模式是南海模式和上海模式。南海模式是珠江三角洲地区的代表模式。南海地处珠江三角洲，人多地少，非农产业相当发达，工业化和城镇化程度较高，农业农村人口大量转移，有2/3以上的农业劳动力转移到了非农产业。但土地的社会保障功能使得大部分农户即使有相对稳定的非农就业机会和非农经营收入，也不愿放弃自己对土地的承包权和使用权。一方面，农村土地长期抛荒撂耕、无人耕种，但农户又不愿意放弃使用权和承包权；另外，愿意从事农业生产的农民无地或少地，加剧了人地矛盾。在此客观情况下，这在客观上要求进行土地产权制度创新，解决一部分人不愿意耕种土地又不愿意放弃土地的忧虑，促进农村集体土地使用权流转和集中，满足那些想获得土地进行规模经营的农民的要求。在这一背景下，南海从 1992 年开始试点农村土地股份合作制。其做法如下：在不同地区采取不同的作价形式，对土地和集体所有的固定资产净值评估作价；按照每个劳动力的贡献、劳动年限和原承包地的质量，把土地和固定资产折股量化给农民，实行农民股权"生不增，死不减"制度；建立股东大会、董事会和监事会；把土地重新拿来招标发包，促使农业劳动力向非农产业转移，按股分红（杜伟，2006）。

南海的农村土地股份合作制的实践，很快在顺德、中山等珠江三角洲的其他县（市）产生制度示范效应。顺德的主要做法如下：撤队建区、投标经营自负盈亏、作价入股按股分红等。该市的做法不同于南海的做法，两市最大的区别在于计算股权的标准不一样，南海的耕地计入股本，而顺德是按人口计算股权的，耕地不计入股本。中山的做法则是将原来农户实物占有耕地的行为变为拥有资产的价值形态，将过去的农民直接经营土地改为土地作价入股、委托经营、按股分红，将过去的平均分包改为竞投租赁。在此之后，珠江三角洲的农村土地股份合作制开始了在全国其他地区的扩张效应，如北京顺义、山东寿光等地也开始了农村土地股份合作制改革的探索与实践。

制度经济学家普遍认为，创新是有成本的，人们往往根据收益-成本分析权衡选择，只有当预期收益大于成本时，才会出现制度的创新。从制度创新的收益-成本分析，我国农村土地产权制度的改革是朝着更低成本、更有效率的方向迈进的最经济的路径，是在进一步完善土地承包制的基础上所进行的农村土地产权制度创新。不论从产权理论还是从我国实践来看，农村土地股份合作制是一项有效的农地产权制度创新，因此积极探索发展农村土地股份合作制，是完善农村土地流转方式的一种机制创新。发展农村土地股份合作制有利于土地资源的优化组合和发展我国农业产业化，有利于加快农村劳动力向城市的转移和农村城镇化进程，也有利于保障农民长期而稳定的收益，具体表现在以下五个方面。

第一，土地股份合作制是实现土地规模经营的前提。一方面人均耕地面积少。目前制约中国现代农业发展和农民增收的主要瓶颈是人多地少、日益尖锐的人地矛盾。20 世纪 90 年代中期，中国农村居民家庭人均耕地面积仅为0.29 公顷，从纵向比较来看，仅为1952 年的42%，人均耕地面积在减少；从横向比较来看，远远不及同期美国（人均 52 公顷）与加拿大的水平（人均 84 公顷）。当然拿我们与美国、加拿大相比似乎有失公允，因为它们属于欧洲掠夺美洲"土著"而建立起来的国家，情况比较特殊，与我国国情不同，可比性并不很强。但是与历史上也是以农业立国的法国相比，中国人均耕地面积仅为法国的 1.7％，远远低于法国的水平。与日本相比，日本的人均耕地面积是中国的 3～4 倍，而日本是耕地资源严重短缺的岛国国家，但是由于其工业化与城市化同步，农村劳动力已大部分非农化，它的人均耕地面积也远远高于中国。另外，日本地块细碎，分散经营。2011 年，我国农村居民人均耕地面积 1.38 亩，户均耕地面积在 5～7 亩，分散为 4～6 块，平均每块仅为 1.2 亩左右。在这样细碎的地块上分散经营，阻碍了我国农业规模经营，难以获得农业规模效益。而土地股份合作制的实施是目前解决这两个瓶颈问题较好的途径。土地股份合作制最具突破意义的是实现土地的"三权分离"，即土地所有权、使用权、承包经营权三权分离。通过三权分离，土地这一稀缺要素就可以自由流转、合理利用和适当集中，使土地、劳动力、资金等生产要素进行优化组合，实现土地规模经营，提高农业劳动生产率和土地生产率，农业获得规模效益。

　　第二，土地股份合作制是农业生产结构的调整和优化的要求。农业生产结构和品种结构单一老化、品质差、技术含量低是当前中国农业发展的突出问题，这不仅与国内居民消费需求结构的变化有很大差距，更不能适应全球经济一体化形势下农产品的国际市场竞争。以稻谷、小麦、玉米 3 个最主要的粮食品种为例，我国农业结构和品种结构存在的问题如下。我国稻谷的生产能力超过 2 亿吨，从总量看，供需基本保持平衡，略有节余。从品质看，南方 14 省、自治区所生产的早籼稻口味和营养欠佳，销路不畅，20％～30％销售受阻，造成严重积压；小麦年生产能力大约在 1.5 亿吨，从总量看略有不足，但品种结构矛盾更加突出。由于气候等因素的影响，东北三省和内蒙古的春小麦和江南一部分冬小麦，品质较差，约占全国总产量的 12％。面包粉等专用优质小麦几乎全靠进口；玉米正常年份产量可达 1.2 亿吨以上，从量上看基本保持平衡，从品质看籽粒水分高、品质差，由于东北三省和内蒙古的玉米是"种在火上、收在冰上"，影响玉米的品质，约占玉米总量的 1/3。总体来说，中国农业生产结构和品种结构单一老化、品质差、技术含量低，其影响因素较多，但最主要是土地细碎、超小型农户分散经营造成的。一方面地块细碎、分散经营，使得农民信息渠道不畅，来源狭小，只能进行单一品种的耕种；另一方面土地细碎、分散经营，导致农户投资成本高、风险大，难以进行品种的更新，只能进行老品种的耕种。而土地股份合作制是调整和优化农业生产结构的一种较好的路径，土地股份合作制是集产供销为一体的公司化运作，公司追求的是利润最大化运作，这就使得农业生产必须以市场为导向，以市场需求来调整和优化农业生产结构和品种结构。实行土地股份合作制，能够调动农民生产的积极性。农民以土地经营权入股，能够保持土地承包经营权的长期稳定，这就使得经营者产生投资的激情和冲动。同时较大面积土地的集中，有利于经营者统一整理、规划、经营；有利于选择种养项目，采用农业机械化大生产，降低生产成本，提高劳动效率；有利于取得农业规模经济效益；也有利于经营者积极引进新品种、淘汰旧品种，改进技术，不断提高农产品的科技含量，从而加速调整和优化农业生产结构和品种结构。

第三，土地股份合作制是推动农业科学技术进步的动力。高科技的运用是现代农业的重要标志和手段，也是现代农业的重要内容，只有依靠高科技，农业才能实现高产、优质、高效，只有依靠高科技，农业才能提高市场竞争力。改革开放以来，我国实行的土地集体所有家庭承包经营制在改革初期取得了巨大的成效。但随着经济全球化与现代农业的发展，目前我国传统的"一家一户"的土地经营模式及细碎的土地分割，严重阻碍了社会化大生产的发展，阻碍了传统农业向现代农业的转变。在"一家一户"分散经营形式下，农民获得市场需求信息的渠道少、速度慢、信息量少，使用新型技术的成本高、风险大，各方面都要弱于规模化集中经营。因此，长期以来，许多农民为规避风险，不愿轻易生产新品种、尝试使用新技术。于是就只能生产一些品种老化、技术简单的农产品。这样既影响到产品的销售量与销售价格，也无法获得农业生产的规模化和产业化效益，更不利于农业科技进步。土地股份合作制的实行，一方面可以通过规模化和产业化经营来降低生产、交易成本，获得市场信息的成本，单位产出的边际成本，从而提高经营者的经济收益；另一方面，当生产规模扩大到一定程度，便于聘请专业技术人员、生产新品种、采用新技术，从而提高了农产品的科技含量和国际竞争力。

第四，土地股份合作制是农业经营模式创新的保障。土地股份合作制是土地产权制度的一大创新，具有较大的优越性。首先，从土地股份制的组织形式上看，原来村干部决策制度被股东代表大会集体制度取代，使得决策更民主化、科学化；从管理模式上看，土地股份合作制引入企业章程、流转合同及股东监督等措施，使得原来村干部利用行政机构赋予土地权力来约束农民行为的模式被规范经营者和股民行为模式取代，使得管理更规范化、有效化；从利益分配方式上看，原来的绝对平均主义的分配方式被按土地承包经营权参与土地经营分配取代，较好地兼顾了农民的土地权益和集体经济收益的二次分配，使得利益的分配更公平化、更合理化。农民以土地股份合作制方式组织起来，使自己的权益能够较好地表达出来并受到法律的保障，能够平等分享改革发展的成果。

第五，土地股份合作制是农业富余劳动力转移的关键。中国农业和农村经济的发展面临着农地资源短缺与农业劳动力富余这两个十分严峻的问题。实行土地家庭承包经营制后，极大地解放了农村劳动生产力，充分调动了农民的生产积极性。由于农地经营和非农经营收益存在比较效益，在比较效益的影响下，为获得更高的经济收益，农民通常根据自身的健康状况、基本技能、成员结构，以及家庭的生产、生活条件等因素，选择从业方式。这使大量农业富余劳动力有可能部分或全部脱离农地，寻找其他就业机会。最初，农民多采取"离土不离乡"、"进厂不进城"的兼业方式，也称为"就地转移模式"。之后一些农民向城镇转移，逐步发展为较大规模跨区域流动就业，即异地转移模式。但由于农民守土为安的观念、均分土地的思想、土地过强的社会保障功能、土地承包经营权的刚性及农地流转机制缺陷等影响，即观念性、功能性、效率性和市场性的制约，部分农户即使多年在城市就业，土地早已抛耕撂荒，非农产业收入已成为其主要收入，但是他们也不愿意轻易放弃土地经营权，而一些在家的农民想耕种又没有土地。这些矛盾既制约了农地规模经营，又必然阻碍了农业富余劳动力彻底充分地从农业内部转移出去。土地股份合作制的实行，就是要在以集体土地所有权、农户承包权与农地经营权"三权分离"的农村土地产权制度框架下，建立以农村土地经营权流转为主的市场运行机制。因此土地股份合作制可以通过市场对农地资源的合理配置，有效地解决农地与劳动力这两大生产要素之间的矛盾。从各地的实践看，土地股份合作制是农地规模经营和农业富余劳动力向非农产业有效转移的前提和基础。

第三节　粮食主产区的经营方式创新

一 粮食主产区产业化经营的主要方式与特征

对农业产业化的内涵，目前学术界还没有形成比较规范、统一的认识，有的称之为"农业一体化"，有的称之为"产加销一体化"，有的称之为"农工综合体"，还有的称之为"贸工农一体化"及"供销一条龙"等。农业产业化的表现有如下五种主要方式。

一是种养加、供销一体化经营方式。这一方式是以市场为导向，以广大农户为基础，以加工企业为依托，以科技为手段，将农业再生产过程的产前、产中、产后各个环节联结为一个完整的产业系统，从而实现种养加、产供销一体化经营。这种组织形式引导分散的农户小生产转变为社会化大生产，是系统内的"非市场安排"与系统外的市场机制相结合的资源配置方式，是商品性农业自我积累、自我调节、自我发展的基本经营方式和建立在各方参与主体共同利益基础上的运转机制（吴巧鹏，1997）。

二是种养加、产供销、贸工农一体化的生产经营方式。在市场经济条件下，通过将农业生产的产前、产中、产后诸环节联结为一个完整的产业系统，实现种养加、产供销、贸工农一体化经营，提高农业的增值能力和比较效益，形成自我积累、自我发展、良性循环的发展机制（艾丰，1995）。"根据资源条件和国内外市场的需要，择优确定农业的主导产业，实现生产专业化、规模化、经营一体化，形成具有较强市场竞争力的龙头企业带基地，基地连农户种养加、产供销、贸工农一条龙的生产经营体系。"（李立志，1998）

三是产加销一体化形成新产业体系方式。这一方式是"围绕一个或多个相关的农副产品项目，组织众多主体参与，进行生产、加工、销售一体化的活动，并在发展过程中逐渐形成一个新的产业体系的过程"（王改弟，1998）。

四是种养加、产供销、农工商、内外贸、农科教一体化生产经营方式。这一方式是"以国内外市场为导向，以经济效益为中心，围绕区域性支柱产业或产品优化组织各种生产要素，实行区域化布局、一体化经营、社会化服务、企业化管理；通过市场龙头、龙头带基地、基地连农户的形式，逐步形成种养加、产供销、农工商、内外贸、农科教一体化生产经营体系，使农业走上自我发展、自我积累、自我约束、自我调节的良性发展轨道的多种生产经营方式"（艾丰，1995）。

五是农业关联产业群经营方式。这一方式是"农业与相关的产业部门通过经济上、组织上的结合和稳定的业务联系，形成一体化经营形式和经营系统。这种农、工、商各行业，或者供、产、运、销售各环节联成一体的大农业就是一体化农业"（江春泽，1996）。

尽管以上五种关于农业产业化内涵的表述在形式上各不相同，但是其理论基础与分析工具却是基本相同的。农业产业化的理论基本是建立在社会分工与协作理论、合作制理论、比较利益理论、平均利润理论和交易费用理论的技术上的。

对农业产业化的内涵可以从农业产业化的微观主体和农业相关部门之间的关系两个方面去理解。基于农业产业化的微观主体（农户和企业）视角来理解，农业产业化是指农产品的生产、加工、运输、销售等各个环节的微观主体在经济上和组织上结为一体、利益共享的一种经营方式；基于农业相关部门之间关系的视角来理解，农业产业化经营是将农业的农用生产资料生产与供应部门、为农业生产提供技术和劳动服务的部门等产前部门，农产品加工、储藏、运输、销售部门等产后部门与农业生产部门相结合的一种相对独立的综合经济体系。

从实践来看，粮食主产区农业产业化主要表现出 5 个基本特征，即生产专业化、经营一体化、布局区域化、管理企业化、服务社会化。

（1）生产专业化。生产专业化既是社会劳动分工的必然结果，也是农业产业化经营的主要特征。生产专业化是指农业和与农业相关的各个部门根据自身优势与特征，分别承担产业链中的种养、加工、运输、销售、管理及服务中的某个环节，通过提高各个环节的专业化水平和生产效率，实现农业产业化经营，进而提高整个产业链条的经济效益。

（2）经营一体化。农业中生产、加工、运输、销售、管理各个环节联结成"龙"形产业链，实行"农贸工农一体化、产加销一条龙"综合经营，致使外部经济内部化，通过内部化后交易成本的降低，提高农业比较效益，进而提高农业部门的整体效益，小农户在参与农业产业化经营过程中也会获得相应的交易利益。

（3）布局区域化。受自然条件制约性大、地域性强是农业生产部门与工业生产部门存在的最大不同之处，农业生产及其相关部门按照市场要求进行资源优化配置是农业产业化的根本要求。因此，我们必须按照区域比较优势的原则，划分生产优势区域，对不同区域进行资源要素的优化配置，安排农业商品生产基地布局，充分发挥各地区之间的优势，形成各地区之间优劣互补的局面，促进农业产业链条的形成。

（4）服务社会化。农业产业化经营不仅可以使企业在资金、技术、管理和市场信息等方面充分发挥其优势，还可以充分调动政府、社会等有关农技推广部门和科研机构的力量，进行服务的社会化，为农民提供市场信息，以及农业产前产中产后各个环节的资金、技术、经营、管理等全方位的技术服务。

（5）管理企业化。在农业产业化过程中，企业是农业产业化的依托和直接推动者，它们通过与农民签订收购协议、指导农民按照标准进行生产、引导农民加强营销等方式，按照现代企业管理方式将农民组织起来参与社会化大生产的分工与协作，使农业产业化的各个环节都能够按照现代企业制度进行自主经营、独立核算、自负盈亏、科学管理。

综上所述，我们可以将农业产业化的内涵概括如下：农业产业化就是以市场为导向、以农户为基础、以企业为依托、以科技为手段，通过中介组织的纽带作用，把分散的农户经营组织起来，形成农业产前、产中、产后诸环节完整的产业链条，降低成本，加强市场竞争力，获得更多的产业利润，提高农业整体效益。农业产业化的本质与目的是使农业生产、加工、流通等各个环节共享产业利润。农业产业化的关键是必须建立一个良好的利益协调机制，使农产品产前、产中、产后各环节获得合理利润，保证农产品从生产、加工到流通的顺利进行。

二　规范和培育粮食主产区产业化经营的经济主体

第一，扶持和规范龙头企业的发展。龙头企业具有开拓市场、引导生产、创新科技、深化加工、配套服务等综合功能，其经济实力和牵动能力，决定着订单农业的规模与成效，是订单农业发展的关键。因此，发展契约农业，首先应采取各种措施积极扶持龙头企业的发展。中央多次出台政策、颁发文件强调对龙头企业发展的扶持与规范。例如，2004～2012 年，中央在连续 9 年的"一号文件"中，多次强调扶持龙头企业的发展，尤其是 2012 年 3 月国务院为支持农业产业化和龙头企业发展，专门出台第一个政策性文件《关于支持农业产业化龙头企业发展的意见》，提出支持龙头企业生产基地和基础设施建设、扶持龙头企业发展壮大、加大金融支持龙头企业力度、支持龙头企业建立风险基金等十条政策。这些政策措施包括了生产基地建设、农产品加工和流通、利益联结机制、技术创新、开拓国际市场等关键环节，涵盖了财政、税收、金融、贸易等领域。

此外，由于我国的历史因素，现在掌握农产品加工、流通的企业，绝大多数仍是国有企业。这些龙头企业机制不活、体制不顺、处境困难，即使把它们组成大集团，也无市场竞争力，只会加剧垄断行为。在近几年的实践中，能够在合同农业领域独领风骚的，都是一些民营企业和改制好的企业集团。例如，广东省的温氏集团、河南省的科迪集团、江苏省的如意集团等。因此，在进行企业制度改革的同时，还应放宽政策，大力鼓励民营企业进入农业领域。例如，内蒙古蒙牛集团，既有外资又有民营资本，还有农民自我成长的一部分资本。

首先，应逐步建立严格的龙头企业准入制度。合理设置龙头企业进入门槛，建立相应的资格审查和资信调查制度，杜绝再出现坑农、害农的所谓"骗子公司"、"皮包公司"；其次，完善龙头企业的评定原则。严格规范对龙头企业的认定程序，严防一些企业打着产业化的旗号，借"龙头"的名义，享受龙头企业的优惠政策，可实际上并不履行龙头企业的带动功能。同时，在龙头企业评定中要充分考虑产业布局，努力争取地区和行业间相对平衡发展，采取向经济欠发达地区适度倾斜的原则。再次是实施年度检评政策。每年对龙头企业都应该进行检测与评比，采取"优上、劣下"机制，符合标准的继续享受龙头企业的优惠政策，而不符合标准的，将不再享受龙头企业的优惠政策。合理构建指标评价体系，可以将龙头企业技术创新作为年检中的一个评价指标，促进龙头企业重视并加快技术创新。

第二，推动中介组织的健康发展。中介组织是契约农业中不可或缺的组织机构，其能够帮助农户降低履约风险、减少交易费用、提高农户的谈判地位，在实现农户与企业潜在利益等方面具有积极的作用。而中介组织的发育程度、发展数量和规模都会直接影响到农户参与中介组织的信心和积极性。因此，推动契约农业发展应大力发展和培育农村经纪人、农产品运销专业户等各类农村中介组织，创造有利于中介组织发展的外部环境，制定推动中介组织发展的各类有关实施细则，以及有利于中介组织发展的税收和金融政策。其中，尤其要鼓励农民自己的合作经济组织的发展。从国内外农业产业化发展的实践来看，"合作社＋农户"都是一种很有发展前景的组织形式。这是因为合作社是农民自己的组织，它完全代表农民利益进入市场。通过这种组织形式，能确保农民取得经营利益。还可以通过合作社和龙头企业签订合同，这样既减少了交易费用，也提高了农户讨价还价的地位，使其在利益分配上得到更大的份额。

第三，培养农户为现代农业经营者。农户的类型、文化水平、对契约农业的了解等都会影响其在契约农业中的交易行为。因此，将农户培育为现代农业经营的主体将对契约农业的发展产生积极的影响。具体地说就是：应普遍开展农业生产技能培训，进一步实施科普惠农兴村计划，扩大新型农民科技培训工程规模。组织实施新农村实用人才培训工程，努力把广大农户培养成现代农业经营者，使其有较强市场意识、有较高生产技能及一定管理能力；积极发展种养专业大户，在完善农地流转机制的基础上，促使农地及其他生产要素向生产经营能手集中，发展一批现代化的农场、畜牧场和水产养殖场，逐步创建优势农户；让小农户自我演变，逐渐发展，涌现能人，带动农业专业化；提高农户的专业化、商品化水平及文化素质等。

三 完善粮食主产区产业化经营的利益分配机制与监督约束机制

第一，要完善粮食主产区产业化经营的利益分配机制。利益分配的基本原则是各经济主体获得平均利润。各参与主体在契约安排内的收益率总是高于市场安排情况下的收益率时，产业化组织经营才是具有效率和可行的。各参与主体在契约中还需要保持平等的谈判地位，这是保证利益分配合理的先决条件。目前，我国的农户过于分散，在谈判中相对处于不利的地位，所得利润与企业和中介相比亦相差甚远。因此，使各经济主体获得平均利润，提高农户的谈判地位和谈判能力是当前建立合理分配机制急需解决的问题。企业应本着利益共享、风险共担、互惠互利的原则协调利益关系，与农户结成紧密的利益共同体，坚持利益均沾、风险共担的原则签订订单，双方都要把自己摆在平等参与、共求发展的位置上，建立相对稳定和长期的伙伴关系。另外，分配要趋于合理，特别要逐步改变农民作为单纯原料供应者的地位，改变收购方与农民之间的简单买卖关系，加工、销售环节的利润应返还农民一部分，使农民获得社会平均利润。分配形式也要实现多样化。例如，可以实行"二次分配"，收购方将加工、销售农产品产生的利润按利益共享原则通过货币或实物形式直接向农民返还，或者在农民自愿的前提下，将"二次分配"利润折股投入龙头企业（公司）或各专业组织。

第二，要完善产业化经营的监督约束机制。一种契约关系是否稳定与这种契约安排是否对产业化经营的"委托-代理"关系具有激励效果和约束力直接相关。因此，契约农业发展过程中，在处理企业与农户之间利益分配关系时，应建立必要的约束机制，使之纳入法制化管理轨道，这是保持契约关系稳定的主要保障。契约设计可以从三个层次来增加契约的约束力。

首先，依靠法律的强制监督机制予以约束。在大多数情况下，不论是企业还是农户在对方违约的情况下一般不愿意通过法律的途径解决。一是企业很少对违背合同的小农采取法律行动。因为企业起诉小农需要的费用要远远超过企业索回的款项，甚至还有可能伤害企业与所有农户之间的关系。因为这种由"官司"而引起的"伤害"不仅仅涉及被诉讼方，更会"伤害"其他合作农户，这种起诉的"伤害"可能会导致企业与合作农户集体关系的紧张。二是农户起诉企业的可能性更小，因为在我国目前司法过程中，农户无论是在资金上还是专业上都处于弱势，他们不愿意起诉企业。虽然对不合乎个人理性的合同规定了处罚条款和法律约束，但极有可能因缺乏约束力或执行成本太高而失效，这样的契约实际上是不完全的。尽管如此，不完全契约的存在并不能说明我们可以视法律制度的存在为"虚无"。虽然存在合同或协议的这种不诉诸法律的情况，但并不意味着合同或正式的协议就是无用的，契约的双方依然可以通过明晰双方的法律责任关系而互相受益。

其次，依靠信誉机制来约束各方。龙头企业与农户的关系，归根到底，还是人与人之间的关系。处理龙头企业与农户的关系，需要用法律手段，同时也离不开道德手段。法律和信誉是维持市场有序运行的两个基本机制。在现实生活中，市场有序运行信誉机制比法律机制更具有普适性，大多数契约是依靠习惯、诚信、声誉等方式完成的，诉诸法律解决往往是对方破坏了信誉机制后不得已而为之的事情。与法律机制相比，信誉机制维持交易秩序的成本更低、效率更高、适用性更广。在许多情况下，法律是无能为力的，只有信誉能起作用。进一步，法律的判决和执行依赖于当事人对信誉的重视程度。当人们没有积极性讲信誉的时候，法律就失去了信誉基础。法律制度的运行也离不开执法者的信誉。在一个人们普遍不讲信誉的社会里，法律能起的作用是非常有限的。人应以信为本，企业更应如此。在商业社会中，企业是信誉的重要载体。良好的信誉能让人口口相传，具有广告效应，能低成本增强企业的知名度。重合同、守信用是企业必须做到的起码的行为规范，也是企业的道德责任。一家企业尤其是龙头企业要想在激烈的市场竞争中立于不败之地，除了必须充分利用经济手段、法律手段外，还必须注重良好习惯的形成、诚信的培养及声誉的树立，打造良好的企业形象。

最后，依靠契约设计予以约束。通过契约设计明确规定契约缔结各方的责权利，设定可行的监督，安排合理的仲裁机构，增加违约成本，促使契约的自动履行。克莱因认为，签约双方可以通过规定一种自动履约的范围，通过签约双方的履行资本，而是契约自动履行（科斯哈特，等，2003）。如果一方违约，另一方可通过实施个人惩罚而使对方损失比不履行时更大。而如果市场条件发生了不可预见的变化，那就由双方在订立契约时，就规定一个不确定的契约条款，当遇到这种情况时，由双方谈判协商解决。一个自动履约的契约可以利用交易者的性质和专用关系将个人惩罚条款加在违约者的身上。这个惩罚条款包括两方面的内容：一方面的内容是终止与交易对手的关系，在给定交易者——专用性投资无法收回的情况下，终止交易关系的威胁意味着一种潜在的资本损失，给对方造成经济损失（如龙头企业为农户提供资金扶持、赊销生产资料、低偿或无偿服务等在其现行违约的情况下可能会面临无法收回的境地）；另一方面是使交易对手的市场声誉贬值，使与其交易的未来伙伴知道其违约前科，以至于不相信该交易者的承诺。这种市场声誉效应导致了该交易者在未来做生意时增加了成本。

四　政府在粮食主产区农业产业化发展过程中角色与定位

制度经济学家认为制度变迁分为强制性变迁和诱致性变迁。强制性变迁是指在国家追求利益与产出最大化目标下，由政府政策法令引致的变迁。诱致性变迁是指一群人在响应由制度不均衡引致的获利机会时，所进行的自发性变迁，它能满足一个社会制度安排的最优供给。国家干预可以补救制度供给的不足，但国家的干预不当或干预过多也可能出现政策失误。农业产业化发展过程中政府起着重要的补充作用。国内许多学者对农业产业化中的政府行为也进行了分析研究，认为政府应通过政策行为、市场行为、手段行为、技术行为、服务行为等制定政策，培育和规范市场，正确运用宏观调控手段，促进科技进步，加强社会化服务体系建设等为农业产业化创造良好的外部环境，推动其健康稳定发展。政府部门本身就是农业产业组织体系的一个重要组成部分，对农业产业化起着重要的推动作用。在对如粮食和棉花这样特别重要的农产品进行管理和调控方面，政府部门一直充当产业组织的角色。在目前情况下，政府部门在农业投入品，如农药、种子、化肥、科技、资金的供应等社会化服务领域还发挥着极其重要的作用。在目前我国农业产业组织还不健全、农民还相当弱势的情况下，靠农民自己的组织是无法解决这些问题的。即使将来农民自己的组织发展了，政府部门在社会化服务方面的作用也仍将是农民组织无法替代的。

美国、欧盟、日本等国家和地区在农业一体化发展过程中，政府采取的一系列政策措施有力地推动了农业产业化的发展。这些政策措施主要包括制定法律法规、农产品价格支持政策、农业信贷政策，大力发展农业科研等。因此，在推动农业产业化发展过程中我们要充分认识政府的重要作用，借鉴欧美及农业发达国家政府支持农业产业化的经验，并积极转变政府职能，使其适应农业产业化的发展需要。主要做法如下。

第一，按照市场经济规律，引导农业产业化经营的发展方向。市场经济规律在农业产业化过程中起着基础性作用，因此我们在制订农业产业化发展规划、确定主导产业、建立农业基地及培育龙头企业时，必须遵循现代市场经济规律和农业产业化经营运行规律，充分考虑不同利益主体的利益要求。要遵循从农业产业化经营主体的角度出发的原则，来检验规划和调节手段的科学性、可行性及可操作性。

第二，加快转变政府职能，为农业产业化发展提供宽松的环境。为充分发挥政府部门在社会化服务领域中的重要推动作用，必须积极推动行政部门改革，打破目前我国条块分割、部门分割、资源分割的现状，建立适应农业产业化经营的一体化管理体系。要加快政府的管理职能转变，使我国政府的管理由指挥型、审批型向指导型、服务型转变，逐步向符合市场经济要求的运行机制和管理体制转变。

第三，加大财政支持力度，积极发挥财政投资的示范、引导、带动、促进作用。众所周知，由于比较效益的存在，农民具有个人的理性选择，在任何情况下总是在寻找使自己获得好处的机会，但个人的理性有可能导致集体的非理性，影响粮食生产。由于目前我国农业特别是粮食产业所呈现的低效益、高风险、弱质性等特征，农民生产的积极性不高，农民个人理性的最佳选择就是弃农，而寻找其他获得较高效益的机会，这使得农业资源严重流失。但是如果大家都选择放弃农业，就会出现"合成谬误"，导致集体非理性，严重影响国家粮食安全。这充分说明现行的制度不能很好地满足农民的个人理性，必须设计一种新制度，在满足个人理性的前提下达到集体理性，从而解决个人理性与集体理性之间的冲突，实现个人理性与集体理性的共赢。2004 年中共中央出台了"一号文件"，为今后我国农业的发展提出了新的制度安排。这一新制度包含了强制性和诱致性两种制度变迁，体现了政府"以人为本"的原则。"一号文件"围绕增加粮食主产区种粮农民的收入这一中心，通过降低农业税、财政支持农业等措施来维护农民合法权利、给农民平等国民待遇、提高农业的比较利益、尊重农民的经济利益及尊重农民的经营自主权等。而不再仅仅把农业的发展停留在口头上，也并没有采取任何措施强制农民进行农业生产特别是粮食生产。而是通过对种粮农民的直接补贴和对涉农企业的补贴，以及加强对中小型农副产品加工企业的扶持的做法，来达到创造潜在利益、诱发农民的生产积极性的目的。其实这就是政府发起的诱致性制度变迁，降低农业税就是强制性制度变迁。从制度经济学的角度来看，调整和改革财政支农结构既是制度变迁的要求也是一个制度变迁的过程。在农业产业化的发展过程中，我们必须顺应制度变迁的要求去改革。目前中国各级政府最迫切需要解决的，就是要将农业产业化工作的重点落实到"示范、引导、带动、促进"上，积极发挥各级政府的作用。通过建立引导企业和农户参与产业化的激励机制，在确保企业增收的情况下，带动提高农民的收入，促进农业产业化的发展。通过政府的大力支持，也就是说通过强制性制度创新来实现激励机制的创新。

第四，制定优惠投融资政策，构建多元化投融资体系。资金支持是农业产业化实现的重要支撑。首先要明确界定政府投资与政策扶持的范围，避免政府资金使用的不合理性与低效性，也避免企业间不平等的竞争。充分发挥国家三大政策性银行，即国家开发银行、中国进出口银行、中国农业发展银行的政策性贷款作用，鼓励支持龙头企业积极承担农业建设项目，充分发挥其比较优势，参与省际竞争与国际竞争。通过向主导产业贷款倾斜，优化贷款投向，调整贷款结构，逐步把贷款运用到高产、高质、高效的龙头企业上来。利用税收、土地的优惠政策，积极引导民间资本参与农业产业化建设，构建多元化投融资体系，形成农业产业化发展的资金合力。

第五，培育健全科技成果市场，积极促进科技成果向农业产业化经营的转化。现代科技成果的广泛运用是现代农业的重要标志和内容，是农业产业化发展的必要条件。因此各级政府要通过发育和完善科技成果市场，为农业产业化各经营主体与广大的科技工作者提供进行科学技术成果交易和转化的场所和条件，从而提高农业产业化经营的科技含量，推动农业产业化发展。

第六，营造发展环境，积极培育粮食主产区的龙头企业。培育龙头企业是推进我国农业产业化、建设农业产业组织的重要环节。尽管我国在培育和发展粮食主产区农业产业化龙头企业上取得了一定的成就，但是同时在农业产业化龙头企业发展过程中也存在着诸多问题：高科技企业不多，加工企业不多，农产品加工转化率不高；产业链不长，产品结构单一；设备、技术落后，产品更新换代慢，经营人才，特别是外贸人才缺乏，国际市场开拓能力差；企业群体不大，竞争力不强，整体带动能力弱等。同时，政策、土地、金融、人才、文化等外部因素也制约着龙头企业的进一步发展壮大。因此，要培育、壮大龙头企业应从发展的外部环境和内部建设入手，多角度采取措施。首先政府要正确履行其职能，推动如下几个方面的工作，营造培育、壮大龙头企业良好的外部环境：一是龙头企业要进一步明确经营方针和发展方向，要立足农业求发展，做足做好农业开发的文章，要不断努力拓展农业发展的深度和广度，努力提高农产品加工的精度和深度，努力开拓国内市场与国际市场，集中人力、物力和财力发展主营业，防止盲目地"多元化经营"、上项目、铺摊子。二是政府各部门要加强对龙头企业的财税支持力度，要从涵养税源着眼，在执行税法的基础上，尽量给予优惠，以支持农业产业化发展。三是建设一支高素质的企业家队伍。企业家是发展龙头企业的重要人才支撑。龙头企业的经营者必须具备善于学习、勇于实践、严于律己、开拓进取的品质和特征，因此他们应当始终保持清醒的头脑，不断提高自身素质。各级政府和有关部门要为企业家成长提供良好的环境，积极引导企业经营者正确处理与企业职工和广大农民的关系，努力培养和造就一大批有世界眼光和战略思维、善经营、懂管理、好学习、办事公平、作风正派的企业家和企业经营管理人才。四是积极研究落实新情况下的农业产业化龙头企业扶持政策。认真贯彻执行国务院 2012 年专门出台的《关于支持农业产业化龙头企业发展的意见》，继续抓好农业部、财政部、国家发改委等八部委制定的关于扶持国家重点龙头企业政策的落实。同时，根据新形势的变化，按照世界贸易组织规则的要求，研究新情况，采取新办法，积极完善和落实扶持龙头企业的各项政策措施。

第四节　粮食主产区农村综合改革方向

农村综合改革是我国农村改革与发展的一个新战略，它涉及农村经济的方方面面。粮食主产区农村综合改革在我国市场经济逐步走向完善的条件下推进，制度性政策是最大的影响变量之一，因此，要进一步规范、推动农村综合改革，必须要有非市场的政策性安排，明确粮食主产区农村综合改革的基本方向。尤其在社会主义新农村建设全面展开的时机，粮食主产区的农村综合改革应当与之配套，配合推进，全面实现农村发展目标。

一 提高基层财政的公共保障能力

财政是国家进行宏观调控的必要手段，也是统筹城乡经济社会协调发展的重要保障。我国粮食主产区等一些原来农业税和农业特产税比重较大的地方，随着 2006 年我国农业税的全面取消，其财政收支矛盾更加突出，基层财政相当困难，要扭转这一困局，必须多管齐下、标本兼治。主要做法有以下四个方面。

第一，要建立健全与事权相匹配的财政管理体制。目前我国财政管理体制不健全，政府间的事权与财权严重不相匹配，影响了基层财政的公共保障能力。因此我们必须首先科学划分政府间事权和支出责任，合理调整各级政府间的收入划分，加大对县、乡基层政府的转移支付力度，切实提高县、乡财政的自我保障能力。从根本上改变上级政府层层"蚕食"和剥夺县乡财力的状况，对上级政府出台集中财力和分享县乡税种的政策，要事随钱走，不留资金缺口，确保基层政权的正常运转和农村各项事业的健康发展。

第二，不断增加政府财政对"三农"的投入。积极完善国家农业投入法律法规体系，硬化农业投入约束，切实加大财政对农业投入总量的提高幅度。努力确保预算内支农支出按法定比例增长，使新增财力向农业倾斜。进一步加强政府相关部门对财政支农资金的管理，根据政府财政支农的目标和重点，整合各级政府的各类支农资金，捆绑使用，形成合力，集中力量解决农村最薄弱、农民最急的问题。加强政府对农村基础设施的投资力度，增加农村公共建设投资，重点解决农村水、电、路等公共设施问题。

第三，切实加强政府财政对农村卫生服务的投入。要加快缩小卫生服务的城乡差距，以农村预防保健，妇幼保健，健康教育，卫生监督、监测为支持重点。财政资金用于农村三级卫生服务网络建设的投向应以乡镇、村组两级为主。要确保乡镇卫生院的健康运营，切实加快村级卫生机构建设，加大对乡村医生承担公共卫生职能的财政支持，加大对乡村医生的技术培训，提高农民对卫生服务的可及性与可得性。要大力推进农村合作医疗，让农民充分享受医疗救助，进一步摆脱因病致贫、因病返贫。

第四，加快推进财政国库集中支付改革，实施"乡财乡用县管"。要减少资金的中间运行环节，提高资金运用的效率，对政府财政安排或直接发给农民的补助资金，全部采取直接集中支付的方式。充分发挥金融机构作为支付的桥梁作用，形成财政、金融、农民的"一条线"资金运行轨迹。

第五，加快农村社会保障体系的建立，从制度上彻底解决所有农村人口的基本生存权问题。极大地减少和避免因温饱问题解决不当引起的社会问题，加快缩小城乡差别，为实现全面建设小康社会的目标创造有利的条件。

二 以增加农民收入为基本出发点继续实行并增加惠农政策

新农村建设以来农民生活环境和生活条件得到前所未有的改观，但是，相对于整个国家宏观经济运行的需要和"三农"问题的最终解决而言，对农民的政策优惠、转移支付、制度安排仍然不能满足农业经济发展的需要。因此，要着力增加农民收入，必须继续增加国家的惠农政策。

第一，继续加大对农村基础设施建设的投入，特别是农业水利设施建设。国家对乡村公路改造提出了具体的标准，而对关系基本粮食安全问题的农村水利设施建设至今没有一个统一、具体、可操作的标准。如今农村的水利设施，如水库、水坝、水塘和渠系等都已多年失修，灌溉能力弱，灌溉面窄，严重限制了农业综合生产能力。

第二，加大农业技术推广，特别是对规模经营的种植、养殖农户。没有现代科技指导的传统农业永远不能彻底解放农业的生产力，只有对规模经营农户提供产前、产中和产后的系统、同期的科技服务，才能释放农业规模经济能量，为农民收入的持续增长提供可靠保障。

第三，给长期滞留农村的弱势人群以更多关注和资助，解决弱势人群的民生问题，缩小农村居民收入差距。城乡收入扩大的同时，农民之间的收入差距也在扩大。长期滞留农村从事农业生产的劳动力大多是对自己能力缺乏信心、思想比较保守的群体。这部分人群是农民这个弱势群体中的弱势人群，他们只能依靠农业生产维持基本的温饱水平。因此，要解决民生问题必须首先解决这部分人群的民生问题。政府应该给这部分直接从事农业生产的农民以更多的优惠。

三 以建立精干高效的乡镇管理体制为目标切实转变政府职能

政府职能的转变是建立精干高效的乡镇管理体制的重要内容。要进一步深化乡镇机构改革，既要考虑基层政府服务和管理的稳定，又要对乡镇事业单位进行分类改革；既要强化对权力的制约与监督，扩大乡村民主，又要推动调整县、乡、村基层组织构架。《中国统计年鉴》统计，全国乡镇总数已从 1985 年的 9.2 万个撤并为 2004 年的 3.7 万个，乡镇总数减少近 60%。但是，这些乡镇的自然条件、资源禀赋、区位特点、经济社会发展水平、经济结构、产业优势、劳动者素质及乡镇的综合规模（包括人口、面积、GDP 和财政收入等方面）存在很大差异，乡镇机构改革涉及大量人员的分流安置，如果处理不妥，容易影响社会稳定，这是我们在调整县、乡村基层组织构架时特别要注意的问题。

因此，我们在开展乡镇改革过程中，必须因地制宜，积极稳妥，绝不能蛮干，搞强制性的"一刀切"，必须尊重客观规律、循序渐进。一是要科学、合理规划乡镇规模。根据乡镇的规模大小和经济发展水平、交通条件的改善和信息技术的发展、小城镇发展战略的实施和自身管理能力的提高，进一步撤并一些乡镇及适度拓展乡镇的管理幅度。二是要严格控制乡镇现有编制和人员，由省一级对现有编制和人员进行总量控制，把住进口，疏通出口。三是要创新政府管理模式。明确界定乡镇机构的职能，加快乡镇政府职能转变，将乡镇工作的重点转到"执行政策、发展经济、社会服务、维护稳定"上来，努力建设服务型政府、法治型政府，提高社会管理和公共服务水平。四是要创新新农村建设的事业站（所）服务模式。大力推进乡镇事业站（所）改革，提高公共服务资源的利用效率，创新适合新农村建设的事业站所服务模式。有条件的地方可以推行"养事不养人"的新机制，积极探索公益性职能的有效实现形式。五是建立健全社会保障体系。要进一步完善社会保障制度，建立社会保障体系，将富余人员逐步纳入社会保障体系。同时制定相关鼓励政策支持创业，降低创业门槛，积极培育更多的创业主体；疏通、拓展分流渠道，加快做好富余人员的分流工作，积极妥善安置分流人员。六是要加强监督机制，建设和加强基层民主建设。加强监督机制建设，继续完善党内监督、人大监督、群众监督和舆论监督机制；加强基层民主建设，规范议事规则与程序、经济责任审计、政务与村务公开、民主管理和述职述廉等一系列管理制度；改革乡镇领导体制，逐步在乡镇一级推进村级实行的直接选举制，从根本上解决乡镇政权运行中只对上级政府负责而不对下级部门负责的问题。

四 壮大集体经济，大力发展公共事业

建设社会主义新农村，发展集体经济是必由之路。第一，有规划地利用好现有的集体林地资源和土地资源，有计划地进行土地集中经营、流转和承包，有步骤地收回没有经济效益的荒地和妥善处理外出务工农民抛荒土地，使资源和土地在不破坏生态的前提下发挥最大的价值，产生规模经营效益。很多乡镇的土地资源由于大量劳动力外出务工、农业生产对农民收入贡献低，土地的抛荒和粗放经营比较严重，给农业生产造成了不良影响，所以，应该在政策许可的范围内适当收回承包责任地，以招标的形式重新落实责任制。第二，只有集体经济发展起来，才能防止农村劳动力流失，才能为新农村建设储备必要的人才和劳动力。农村剩余劳动力的根本解决必须依靠乡村经济本身的发展，必须依靠传统农业的不断改造，增强农业对农村人口的供养能力，逐渐产生农村经济内部的分工，从而推动农村的工业化和小城镇化过程。第三，只有集体经济的不断创收，才有足够的资金为新农村建设提供必要的公共设施、公共服务体系和开展农业技术推广。国家政策资金对农村的支持永远是有限的，农业的最终发展和"三农"问题的最终解决必须依赖农民自己，必须依靠农村集体经济的发展筹集更多的公用资金，来进行农业基础设施建设和开展农业科技创新。第四，集体经济的发展，培养农户把个人价值实现与集体长远利益相结合的意识，有利于各项公共事业的开展。当前新农村建设中的重要问题是在筹集资金建设家园时，农民的集体观念和集体意识不够，妨碍新农村建设工作的深入开展和不断推广。

五 均衡推进各项社会文化事业满足经济社会发展的需要

随着经济的发展，农民对健康卫生、文化服务和环境有了更高的需求，因此必须有步骤地平衡推进各项社会文化事业。

一是加强农村医疗卫生网点和预防点的建设，发展农村社会保障事业。由于经费问题，大多数农村没有预防药品的冷冻设备，并且农村卫生点卫生技术力量弱，设备落后。因此，加大对农村医疗卫生的投入，建立高标准的卫生点

和预防点，能够降低农民就医成本、控制病情和抑制一些地方病和传染病的扩散；发展农村社会保障事业，解决农村的"病、老、残、弱、灾"问题；积极探索建立农村最低生活保障制度，健全和完善农村"五保户"供养、灾民和特困户救助、农村医疗救助等社会救助制度，探索建立养老保险制度，初步建立与经济社会发展水平相适应的农村社会保障体系。

二是加强对农村社区文化生活的组织和引导。改革开放后，农民群众自发的文化投入意识差，乡镇文化事业也刚起步。当前农村最活跃的文化生活就是打麻将、看电视，远不如集体经济时代全民参与的社火和灯会等民间文化活动富有意义。因此，农村文化事业必须依靠集体或上级政府统一规划，给农民的文化生活以更多的关怀和资助。

三是重视农村生活垃圾处理，建设"环境友好"的新农村。据调查，只有极少数的农村进行了生活垃圾的统一处理，而现代生活垃圾不可回收成分越来越多，对环境和人们身心健康的不利影响越来越严重。所以，政府和社区集体应该设立恰当的机制、提供技术处理农村生活垃圾，维持一个有益于社区居民健康生活的田园环境。

六 运用典型示范引导，全面推进粮食主产区的新农村建设

第一，加强新农村建设试点地区的示范引导作用。有必要在我国粮食主产区同类地区开展新农村试点建设工作，以便及时探讨发展模式和总结发展规律，更好更快地在我国粮食主产区开展新农村建设工作。首先通过试点建设及时发现问题、调整思路、总结经验，然后通过成功的新农村建设试点的扩张影响，示范和引导同类地区的新农村建设工作，最后在全省范围内推广。区域差异较小的市、县、乡（镇），有必要在近期内积极开展新农村试点工作，同时利用广播、电视、报纸、杂志和网络等各种媒体广泛宣传试点地区的成功经验和做法。与此同时，试点工作需要在不同层次村庄开展，不仅要探索基础条件较好的村庄的新农村建设经验，同样要重视基础条件较差的村庄试点工作的开展，推动新农村建设在各生产力水平不同的地区全面展开。

第二，要加强综合规划和建设区域性公共服务设施，统筹城乡发展。城乡一体化、城乡融合发展模式是我国经济社会发展的总体趋势，新农村建设也是推进城乡统筹发展的重要举措之一。因此，城乡一体化发展需要的道路、电力、电信、供水、排水等基础设施建设，必须考虑城乡之间的联动和未来发展需要，需要各地政府统一协调和规划实施。市、县一级政府要加强本地城乡一体化的基础设施建设，将其作为推动新农村建设的基本支撑工作开展。城乡一体化除了基础设施的支撑外，还需要公共服务设施在城乡区域之间综合规划。例如，

大型的具有城乡区域共享特征的医疗、教育、文化、体育和休闲等服务设施，需要城乡各部门综合规划和布局。

第三，大力开展新农村建设过程中的教育和培训工作。由于一些农村基层干部和农技人员的学识水平有限、专业素质不高，影响了他们在新农村建设过程中的工作。因此要设立专项资金对基层农村干部、农业技术人员进行管理，加强农业技术和乡风文明等方面的教育和培训。充分利用教育培训机构和农村文化阵地，对各方面的人才和知识实行全面、系统的教育，有条件的地方可以成立新农村建设培训学校。通过社会公德、职业道德、家庭美德、个人品德教育及现代农业技术教育，熏陶和改变农民落后的思想观念和不良的日常生活习惯，倡导健康、文明、科学的生活方式，逐步把农民培养成拥有现代知识技能、具备良好的综合素质新时代农村的主人。

第九章 / 建立以提高粮食品质和创造品牌
为目标的科技创新机制

美国著名经济学家、诺贝尔经济学奖得主舒尔茨指出，改造传统农业的根本出路，在于引进先进技术、人力资本等新的生产要素，以提高投资收益率，给沉寂的传统农业注入活水，让它顺畅地流动起来（舒尔茨，1999）。世界发达国家现代农业发展的实践已经充分证明，技术进步是农业发展的不竭动力。农业的发展过程，实质上就是技术革命和技术革新的成果，不断把高技术、新知识推广应用到农业生产实践中，用现代科技及装备改造传统农业，用现代科技知识培养造就新型农民，促进农业结构调整，提高农业生产率，增加农业效益，加速农业现代化的过程。因此，科技创新是构建现代农业的关键因素，是促进农民持续增收的第一推动力。

第一节　科技创新在农民持续增收中的地位和作用

农业是国民经济的基础，技术进步是农业发展的不竭源泉和动力。只有依靠科技创新，才能突破资源和市场的双重制约，实现农业高产、优质、高效，最终实现农民持续增收。

一　技术进步与农业的发展

1. 经济学对技术进步作用的认识

技术进步问题，很早就受到经济学家们的关注。亚当·斯密（Adam Smith）认为，分工和专业化是劳动生产率提高的首要途径，也是国民财富增加的主要来源，专业分工的细化是对当时技术进步的一种表述。马克思则把经济过程的长期演化建立在技术创新特别是生产工具的进步上。然而，在以马歇尔（Alfred Marshall）为代表的主流微观经济学体系中，技术进步通常被假定为不变。技术状况仅仅构成经济分析的前提，而不是经济分析的对象，一般以行为方程的参数来刻画技术进步的状况。

20 世纪初，熊彼特的技术创新理论，对以亚当·斯密、卡尔多、帕西内蒂为代表的古典经济增长理论提出了挑战。熊彼特认为，经济增长模式有两类：一种是经济循环，即所谓静态的均衡；另一种是经济发展，即所谓的动态均衡。而实现这种动态发展的基本动力是技术创新，这意味着技术创新、技术变化是经济增长的源泉和决策性因素。但是，熊彼特的创新理论在相当长的一段时间内并未受到人们的关注和重视。

经济学对技术进步的重新认识是在第二次世界大战后随经济增长理论的兴起而开始的。其中索洛（S. C. Solow）的研究最为出名。索洛在《技术变化与总量生产函数》的论文中，运用 C-D 函数分析技术进步的份额。在分析中，他把人均产出增长中由技术进步引起的部分和由人均资本占有量的变化所引起的部分分开，从而得到生产力增长中技术进步要素定量化的概念。这是 20 世纪 20 年代开始引入技术进步概念以来，第一次明确地提出技术进步在国民经济增长过程中的重要作用。根据著名的索洛技术进步模型（亦称之为增长速度方程），产出增长率可以分解为资本、劳动要素增长率的加权和再加上技术进步率。这一模型至今仍是国际上最常用的用于测算技术进步对经济增长贡献率的方法之一。

索洛通过模型计算发现，美国在 1909～1949 年，非农业部门产出年增长 1.5%，人均总产值增长 1 倍，其中只有 12.5% 是资本和劳动力投入增加的结果，他把剩余的 87.5% 解释为技术进步的贡献。美国经济学家丹尼森利用统计分析方法进行"余值"的分解及因素分析，对美国、西欧、日本全要素投入的增加和全要素生产率的提高对人均国民收入增长的贡献进行估算，发现在美国、西欧、日本的经济增长中，全要素生产率的提高对经济增长的贡献分别为 63%、80% 和 67%，明显高于资本、土地和劳动力这些生产要素投入增加对经济增长的贡献率。这一时期的研究还是把技术进步作为外生的。阿罗的"干中学"开始把技术进步看成是由经济系统决定的内生变量，在他的模型中，技术进步被解释成是其他经济活动（投资）无意中造成的副作用，即投资产生溢出效应。罗默在 1986 年他写的《收益递增与长期增长》和 1990 年他写的《内生的技术变化》两篇论文中将技术进步内生化，他认为技术进步是经济增长的核心。

技术进步对经济增长的作用已得到公认，它对经济增长的贡献率已远远超过资本投入量增加和劳动投入量增加的贡献率，而且这种作用随着经济发展程度的不断提高而日益扩大。实践也证明技术进步是人类社会经济增长的主要动力和源泉。据估计，在当前西方发达国家的经济增长中，技术进步因素所占的比重由 20 世纪初的 5%～20% 增加到目前的 50%～70%，有的国家已超过 70%。同时，出现了一大批高科技产业，这些高科技产业已成为经济增长的主导产业。总之，世界经济的角逐，本质上就是技术进步的角逐和技术进步的过程，这一原理对于一个国家或地区内部特定的经济部门而言同样适用，特别是作为国民经济发展基础的农业部门。

2. 技术进步与农业的发展

舒尔茨认为，从经济分析的角度来看，"传统农业应该被作为一种特殊类型的经济均衡状况"。形成这种均衡的主要条件是技术状况长期保持不变。农民对其所使用的生产要素的了解和上几代人一样，因此农民世代使用祖先传下来的生产要素，长期的经验积累对他们没有多大改变。舒尔茨认为如果仅增加对传统农业要素的投资，或者对传统要素作出重新配置，无助于经济大的增长。要把传统农业改造成高生产率的现代产业部门，可以使其对经济增长作出重要贡献，只有用高生产率的现代生产要素去替代已耗尽有利性的传统生产要素。也就是说，引入现代农业生产要素是改造传统农业的根本出路。舒尔茨认为，现代生产要素的新特之处就是"特殊新生产要素现在是装在被称为'技术变化'的大盒子里"，"一种技术总是体现在某些特定的生产要素之中，因此，为了引进一种新技术，就必须采用一套与过去使用的生产要素有所不同的生产要素"（舒尔茨，1999），这就是许多经济学家所反复强调的促进经济增长的关键因素技术变化。

速水佑次郎和弗农·拉坦认为技术进步是决定农业发展的基本力量。"对于一个经济制度来说，技术变革的产生过程在传统上被作为是外生的，即被看做是科学技术知识自发进步的产物。诱导创新理论则试图把技术变革过程看做是经济制度的内生变量。根据这一观点，技术变革被认为是对资源禀赋变化和需求增长的一种动态反应。"（速水佑次郎等，2000）在他们确立的"诱导技术变迁模型"中，把技术变革当做决定农业发展的内生变量，而不是独立于发展过程之外起作用的外生要素。

速水佑次郎和弗农·拉坦对技术进步在农业发展中的重要性的肯定体现在四个方面。一是把技术变迁作为说明农业生产率增长的最重要变量。"成功地获得农业生产率迅速增长的共同基础是，每个国家或发展地区产生生态上适应的、经济上可行的农业技术的能力。""……有效的经济发展战略，特别是在经济发展初期，主要取决于可以引起农业生产率增长的技术迅速变革的成就。"（速水佑次郎等，2000）二是把农业技术水平作为衡量农业发展程度的基本指标。经济发展落后国家农业发展水平的落后与农业技术的落后是紧密联系的，农业发展落后无力提高农业技术，农业技术落后无法促进农业发展水平的提高，两者恶性循环影响了整个国家经济的发展。高科学技术投入是发达国家现代农业的一个重要特征。"世界农业不均衡加剧的基本原因，是欠发达国家在由自然资源型农业向科学型农业转变方面落后。发达国家的农业，在现代经济的增长中，已经由资源型产业转变为科学型产业。"（速水佑次郎等，2000）三是技术变迁可以突破瓶颈资源的约束，挖掘农业生产增长潜力。由于各类农业资源供给增长的非均衡性，发展过程中有的资源可能出现不足、枯竭，成为瓶颈性资源，突破瓶颈的约束需要依靠技术进步。"农业科学技术进步是打破由缺乏供给弹性的生产要素对农业生产的制约的必要条件。""由无弹性的土地供给给农业发展带来的制约可以通过生物技术的进步加以消除，由无弹性的劳动力供给带来的制约则可以通过机械技术的进步解决。"（速水佑次郎等，2000）四是把对农业技术研究的先进程度作为现代农业的一个重要标志。凡是完成了农业现代化转型的国家，必定建立了成熟、先进的农业科学技术的研究体制，如日本、美国等都把农业研究的"社会化"作为现代农业的一种重要标志。"两个国家的农业现代化过程都伴随着实验站的发展和工业生产能力的发展。"（速水佑次郎等，2000）

由此可知，如果没有现代农业技术的进步，就不可能打破传统的低效率均衡的农业资源配置，就不可能使传统农业向现代农业转型；如果没有现代农业技术在农业领域的广泛应用，就不会有农业的现代化。

二 科技创新对粮食主产区农民持续增收的作用

科技创新对粮食主产区农民持续增收的促进和推动作用主要体现在三个方面：提高粮食品质，创立农业品牌，实现农业高产、优质和高效。

1. 科技创新提高农业市场竞争力，为农业名牌的创立提供根本保证

目前，我国农业和农村经济已经进入一个新的历史发展阶段：一方面，农业的综合生产能力已经基本满足了现阶段人们对农产品的需求，总量矛盾基本缓解，"买方市场"基本形成；另一方面，粮棉等多数农产品出现了阶段性供过于求、品质不完全适销对路、农民增产不增收的矛盾。而且随着全球经济一体化进程的加快和我国加入 WTO，农产品市场竞争更趋激烈。市场经济是竞争经济，市场竞争在很大程度上表现为品牌的竞争，而名牌在市场竞争中往往处于有利地位。农业名牌作为高质量、高知名度、高信誉度、高文化含量的象征，它顺应消费潮流，自然成为消费者购物时的首选；拥有农业名牌的企业，由于能吸引更多的消费者，拥有较高的市场占有率，通过"卖得快"、"卖得多"、"卖得贵"、"卖得久"而获得名牌效益，从而在激烈的市场竞争中处于优势地位，立于不败之地。因此，粮食主产区唯有实施农业名牌战略，适应国内外消费潮流的变化，以农产品消费需求及其变化为主导，不断调整农业结构，着力提高农产品质量，在农业生产的各个层次和环节创立质量优异、适销对路的农业名牌，才能在激烈的市场竞争中占有一席之地。

而科技创新对创立农业名牌具有举足轻重的作用。农业名牌的重要特征之

一是高科技含量。在知识经济时代，农业名牌的高质量、高市场占有率、高经济效益要以不断采用高新科技为基础，没有科技含量的不断提高并超出竞争对手，就难以获得比竞争对手更高的产品质量和劳动生产率，难以扩大生产经营规模，难以获得比竞争对手更低的经济成本和生态成本，从而也就难以成为名牌。因此，粮食主产区创立农业名牌客观上要求不断进行农业科技创新，加大科技等现代要素在农业生产中的投入，提高农业的物质装备水平，用现代工业武装农业，用信息技术管理农业，不断提高农业的综合生产能力和市场竞争能力。也就是说，只有通过技术进步，用高新技术、先进实用技术改造传统农业，降低农业生产成本，提高农产品品质，实现农业结构优化升级，才能创立农业名牌，提高农业市场竞争力和农业比较效益，从而使农业从"弱质"产业成长为现代高效产业。

2. 科技创新提高农产品质量，为农业名牌的创立提供基础条件

当前，中国粮食主产区农业发展的突出问题是农业生产结构和品种结构单一老化、农业技术含量低、农产品品质差。比如，小麦、稻谷、玉米三个最主要的谷物品种，小麦年生产能力大约在 1.5 亿吨，总量虽略有不足，但最大的问题是品种结构矛盾突出，面包粉等专用优质小麦几乎全靠进口。东北三省及内蒙古的春小麦和江南一部分冬小麦，由于气候等原因品质较差，约占全国总产量的 12%；稻谷的生产能力超过 2 亿吨，供需基本平衡，略有节余。但南方 14 省区所生产的早籼稻口味和营养欠佳，销售受阻，造成大量积压，占总量的 20%~30%；玉米正常年份产量可达 1.2 亿吨以上，但在东北三省和内蒙古，由于是"种在火上、收在冰上"，籽粒水分高、品质差，约占玉米总量的 1/3。

农业名牌的重要特征之一是高质量，质量是名牌的核心和生命，名牌是质量的象征和升华。所谓农业名牌，首先要有较高的质量，名牌总是与"优质"密切联系在一起的。因此，创立农业名牌，客观上要求农户及企业从单纯追求农产品数量增长，转到追求农产品品种优化、质量提高上来，大力发展名、优、特、新、稀农产品，走质量农业之路。由于农产品的生产受自然条件影响大和具有遗传性的特点，农产品的品质难以控制，所以，唯有推进农业科技进步，广泛借助高新技术手段和充分利用现代农业科技成果，提高农产品优质率和优质农产品产出率，扩大名优农产品的生产，赋予农产品以较高的科技含量，提高农业效益，才能创立农业名牌。

3. 科技创新提高资源利用效率，为创立农业名牌突破瓶颈制约

当今我国农业正面临着前所未有的困难。一是人口数量的递增与耕地资源不足的矛盾日益突出。目前我国人均占有耕地、林地、草地分别为世界人均的

1/4、1/8 和 1/3，人均水资源是世界平均的 71.9%，人均石化能源是世界平均的 46.7%，人均耕地为 0.07 公顷，已接近联合国粮农组织确定的人均耕地 0.05 公顷的警戒线。随着经济建设的发展，工业化、城镇化步伐的加快，耕地等资源的数量还将不断减少。据科学测算，未来的半个世纪，我国人口仍将持续增长，到 2030 年将达到 15 亿人。因此，人均耕地资源、水资源、森林资源将更加稀少。二是各种农业自然灾害日益频繁。水灾、旱灾、雪灾、冰灾、沙尘暴等自然灾害发生频率越来越高、危害区域越来越广、危害程度越来越深，极大地阻碍我国农业生产的发展；三是农业生产生态环境日益恶化。目前我国工业发展总体上仍未摆脱高投入、高消耗、高污染、低效率的"三高一低"状况，工业经济粗放式发展仍占主导地位，冶金、化工、建材等高能耗、重污染的传统产业仍然是我国的主导产业。工业固废综合利用率低，水环境污染、大气污染严重，加剧了生态环境的污染和破坏，引起耕地质量下降。此外，化肥、农药、除草剂等农用生产资料的超量、超标使用，也加剧了土壤的面源污染，并在食物链中富集，直接威胁人类的健康。

农业名牌的显著特征之一是，具有明显的区域特色和生态优化功能，即要保证农业名牌的高质量、高产量、多品种及突出的区域特色，必须保护和优化生态环境，否则就无法创立和发展农业名牌。这一点在"绿色食品"生产经营上表现最为明显。绿色食品的发展以生物多样性、生态多样性及生态环境平衡优化为自然前提，要求生态环境相对纯净，无污染。因而，发展绿色食品客观上要求以可持续发展为目标，在农产品的生产、加工、储藏、运输、销售等环节加强环境意识，采取有效措施，改善和保护生态环境，降低有害残留物，保证农产品的生产安全、环境安全和消费安全。因此，要创立农业名牌，资源、环境是个硬约束。而技术进步可以帮助我们解决这一问题。依靠技术进步，可减少资源和能源的消耗，节约稀缺资源和提供可替代资源，降低农业对物质资源的依赖和对生态环境的污染，从而弥补我国农业生产资源不足的现状，缓解资源破坏、环境污染、自然灾害等问题，最终提高土地产出率、资源利用率，实现农业生产的良性循环和持续稳定发展。

第二节　粮食主产区农业科技创新的问题、方向和任务

一　粮食主产区农业科技创新的难点与问题分析

改革开放以来，我国农业科技事业加速发展，技术进步对农业增长的贡献率逐年提高，"十五"末已达到了 47.8%，比 20 世纪 70 年代末提高了 20 多个

百分点。粮食主产区农业科技创新主体粗具规模，农业教育、农业科研、农业技术推广三大体系初步建立与完善，农业科技研究硕果累累，农业生产科技水平不断提高。但面对世界农业科学技术的快速发展，面对加快现代农业化和建设社会主义新农村的历史任务，粮食主产区农业技术进步还存在较大差距。

1. 农业自主创新能力不强，农业生产科技水平仍然较低

目前，我国农业创新明显不够，重大原始性创新成果和产业发展关键技术成果供给明显不足，一是畜产品、园艺产品的品种和重大农业装备还主要依赖进口。二是提高劳动生产率、农业资源的产出率和农产品商品率的技术成果明显不足。三是产前、产中、产后系列技术集成、配套不够。四是拓展农业功能、延伸农业产业链的养殖业、加工业等重点领域技术成果严重缺乏。农业科技的落后大大制约了粮食主产区农业的生产效率与经济效益的提高。以湖南为例，2005 年，湖南农业的科技贡献率为 51.3%，尽管比全国平均水平高出 3.5%，但远不及发达国家 70%～80% 的水平；农业科技成果转化率仅为 30%～40%，农产品的科技贡献率只有 35%，分别不到发达国家的一半。因此，我国粮食主产区的农业生产依然在很大程度上依靠传统技术进行维持，农业生产科技水平与发达国家相比差距巨大。目前，湖南中低产田面积占全省耕地面积的比重高达 2/3；全省 60% 以上的土地仍然靠原始的手工工具耕作，距今 2000 年以前创造的三角犁仍然是主要的耕作工具，少数地方还靠人拉犁；农产品总体优势水平不到 40%，60% 的畜禽品种、5% 的农作物品种尚未实现良种化；灌溉水利用率、化肥有效利用率也仅在 40% 左右，如表 9-1 所示。

表 9-1　2005 年中国农业技术水平与发达国家比较

项目指标	发达国家	中国	湖南
农业科技贡献率	80% 以上	47.8%	51.3%
农业劳动生产率	平均每个劳动力年生产：粮食 2 万～10 万公斤，肉类 3000～4000 公斤	平均每个劳动力年生产：粮食 1614.8 公斤，肉类 258.3 公斤	平均每个劳动力年生产：粮食 1486.4 公斤，肉类 322.8 公斤
人均农业产值	2.3 万美元	6543.1 元	4855.4 元
粮食单产	5000～8000 公斤/公顷	4642 公斤/公顷	5478 公斤/公顷
作物良种覆盖率	100%	90% 左右	95%
畜禽良种覆盖率	90% 以上	50%	40%
化肥当年利用率	60%～70%，美国达 80% 以上	30%～50%	30%～50%
灌溉水利用率	50%～70%，以色列高达 90%	35%～40%	40% 左右
农业机械化程度	全面机械化	36%	36%

资料来源：《中国农村统计年鉴》(2006)、《中国统计年鉴》(2006)、《湖南统计年鉴》(2006)、湖南省科技厅有关数据

2. 农业科技投入总量偏低，且结构不合理

首先是农业科技投入总量不足，农业研发投资强度偏低。据前几年的调查，1996年，湖南省农业科学院承担国家、部、省各类课题94项，平均每项课题经费只有2.19万元，其中有70%以上的课题年经费在1万元以下，人均事业费只有5000元。而同期美国农业科研人员人均年科研经费超过10万美元。近几年情况虽有好转，但与农业科技发展要求仍相差甚远。2005年，湖南农业科研财政投入占农业GDP的比重仅为0.44%，远低于世界平均1%的水平，与发达国家的差距就更大了。20世纪90年代中期，澳大利亚政府的农业研发投入强度就达到了3.54%，法国为2.24%，美国为2.02%，日本为2.01%，低水平的农业科技投入，特别是农业科技三项费用占农业支出的比例太低，严重制约了粮食主产区农业的发展。

在农业科技投入总量偏低的同时，农业科研投入结构也不合理。一是农业基础研究的研发资金投入比重偏低，一般只有3%左右，而美国达10%以上。农业研发资金过多地配置在实验研究阶段，基础研究投资不足，不利于农业科技创新的可持续发展和自主创新能力的形成；二是农业内部各行业投入分配不均，种植业的研究比例较大。2001年，湖南种植业科研投入占农业科技总投入的比例高达62%，而畜牧业的科研投入比例却只有10%，与其产值占30%的比例严重不对等；三是农业科研投入领域狭窄。农业科研紧紧围绕如何实现农业增产而进行选题和立项，农业科研投入几乎都集中在农业产中阶段，研究的中心又集中在农林牧渔产品的生产技术方面，特别是集中在品种选育和种苗繁育环节。产前和产后的科研投入很弱，特别是农产品产后商品化处理的储藏、保鲜和加工等环节的科研投入十分薄弱。

3. 农业科技创新局限于科研单位和高等院校，农业企业尚未成为科技创新主体

目前，我国农业科研基本局限于科研单位和高等院校，农业技术创新过分依赖政府的财政投入，农业企业基本上只是作为农产品的生产和加工单位而存在，既不是研发的主体，又不是研发投资的主体。由于绝大多数农业企业尚未建立农业科技研发中心，同时创新人才缺乏，从而无法成为真正有竞争力的技术创新主体。很多企业没有合理地处理引进与消化、吸收、创新的关系，过分依赖技术引进而忽视消化吸收和自主创新。

4. 农业科技人才不足，农民科技文化素质不高

以湖南为例，2006年，湖南拥有农业技术人员40 007人，仅为全省自然科学技术人员的1%左右，农业科技人员密度（每万人从业人员科技活动人员数）

最小。而且这些农业科技人员主要集中在农业科研机构，相对聚集在大中城市。进入 21 世纪以来，乡、村两级农业技术推广组织无经费来源，已造成"线断、网破、人散"的局面，在县、乡基层的农业技术人员比例很低。同时，我国农业劳动力素质普遍较低，平均受教育程度不足 7 年。2001 年，农民小学文化程度及文盲半文盲的比例为 40.31%，高中以上仅占 11.60%，而同期日本为75%，特别是贫困地区，这一情况更为严重。根据 2003 年对湖南 38 个国家级、省级贫困县的调查统计显示，农村劳动力中大专以上文化程度的只有 0.94%，高中文化程度的仅占 8.7%，而初中以下的比例却高达 90.36%。由于农业科技人员不足，加上农民的科技、文化素质普遍偏低，对现代农业科技成果的吸收和消化能力十分有限，科学技术对农业发展的促进作用远未发挥。

5. 农业科技创新的合力和运行机制尚未形成，创新主体间的整合效率低

一是管理体制条块分割，官、产、学、研之间缺乏密切合作，没有形成合力。农业经济、科技、教育三大板块之间，农业管理部门、农业院校、科研机构与农业企业、农户之间相互分割，导致创新资源不能在全省范围内合理配置、统筹规划、协调平衡，也导致农业科技供给与农业科技需求之间，农业技术创新与推广应用之间，知识创新、发挥优势与联合协作之间联系并不紧密。这些都阻碍了农业科技创新的步伐。

二是现行农业科研体制仍然运用行政手段、行政方式组织和管理农业科研工作，政府集中了主要的科技资源，农业科技研究和成果的转化应用往往取决于政府的计划指令、投资强度和政策，研究开发的盲目性较大。在科研工作中，一方面是大面积低水平重复，另一方面片面追求以纯学术上的"高"来衡量科研成果质量的好，造成许多科技成果严重脱离农业生产实际的需要，导致农业生产上急需的科技成果有效供给不足。例如，我们通过调研湖南的农业科研机构，发现科研方向基本雷同或完全雷同的农科所超过 90%，全省绝大多数科研机构的研究方向 80% 以上都集中在农业产中阶段，而产前、产后阶段的科研力量十分薄弱，尤其是农产品加工、储运、保鲜等可以大幅度提高农业附加值的产后技术成果不足。

三是对农业技术推广体系定位模糊，农业科技推广乏力。农技服务以技术服务为主，主要是无偿或低偿的公益性服务。中央的精神是分离公益性职能和经营性服务，强化政府的公益性农技推广职能，在经营性服务领域引入市场化运作机制。然而，地方为减少财政支出，下放机构，缩减事业经费，把农技服务组织当做企业化组织对待；而根据农民的实际收入，其能力又不能承担农业技术的全部成本，限制了农业技术推广走向市场，因而造成农业推广体系逐步萎缩。目前，过去自上而下的四级农业技术推广体系受到市场经济的强烈冲击，已"网破、人散"。同时，农业科研、技术推广与农民教育培训彼此分离，三者之间没有建立起经常进行信息交流的机制，间接交流也很不通畅，使得农民不仅文化素质低下，而且难以获得新技术信息，导致农业技术创新成果扩散速度慢、传播范围小。2006年，湖南农业科技成果推广率仅为40％左右，只及发达国家的一半，且推广成果的入户率也不高，近几年推广的20项重大先进技术，除良种入户率超过60％外，其余的项目入户率一般只有30％左右，有些项目的入户率还不到10％。

二 粮食主产区农业科技创新的方向和任务

1. 世界农业科技发展的新趋势

20世纪末以来，以信息技术、生物技术、设施农业技术、农产品深加工技术、可持续农业技术等为主要内容的新的农业科技革命正在蓬勃兴起，技术开发周期越来越短，应用越来越广泛，农业发展对科技的依存度不断提高。随着生物技术和信息技术的广泛应用，其他高新技术的交叉和渗透，农业科技向着更高层次、更广泛的内容发展。

（1）农业科技不断向深度和广度发展，积极探索作物、畜禽、鱼虾等动植物和微生物生命活动奥秘，充分挖掘增产潜力，促使高产、高效、优质目标达到一个新的水平。

（2）农业科学技术的学科分化、分工与更新不断加快，并出现新的综合与联合；农业科学与其他众多门类科学不断渗透、交融，形成新的科技交叉点和生长点，将大大推动农业生产的发展。运用现代技术和装备，人工创造农作物适宜的生产条件、进行高度集约化经营的高产高效的工厂化农业日益兴起；应用各种加工技术，拉长农业产业链，进行农产品精加工、深加工与综合利用，实现农副产品多层次转化增值，成为当今世界各国农业向纵深发展的主要途径。

（3）生物技术研究的更大进展和更新、更广泛应用，不仅引发育种、生物制剂等技术上的革命，推动现代农业科学技术飞速发展，而且使农业成为生物技术最有应用价值和前景的产业；设施农业技术迅速发展，农业的装备水平、生产手段和技术水平不断改进，成为推动农业发展的重要动力；信息技术快速发展与在农业上的广泛应用，农业信息化程度不断提高成为现代农业最重要的标志和内容之一；食品制造技术迅速发展，促进农产品深加工的发展，成为农业产业化发展的重要动力；材料科学、遥感技术在农业中的广泛应用，进一步提高了农业生产效率；可持续农业技术越来越受到重视，农业资源得到较充分的合理利用，生态环境不断改善。

（4）自然科学与社会科学、经济科学与技术科学的结合更加广泛、紧密，农业发展战略问题研究的进一步深入发展，为人们更好地掌握农业自然规律和经济规律提供了可能，有力地推动了农业发展战略决策、政策、体制和机制的完善，以及农业科学技术水平的提高，有力地推动农业和农村经济全面发展。

2. 粮食主产区农业科技创新的方向与任务

中国的国情及世界农业科技革命的趋势，决定了我国粮食主产区农业科技创新将从目前主要追求数量转向更加注重质量效益；从为农业生产服务为主转向为农业生产、加工与生态协调发展服务；从以资源开发技术为主转向资源开发技术和市场开发技术相结合；从主要面向国内市场转向面向国内、国际两个市场。今后5～10年，农业科技将主要围绕十大发展方向，实现十大突破，为提高农业国际竞争力，实现农业增效、农民增收提供强有力的科技保障。

（1）在培育动植物新品种、开发生物疫苗、生长调节剂、生物肥料等农业生物技术产品方面取得重大突破。

（2）农业生物基因、生理基础等农业基础研究将取得明显进展和重大突破，主要农业生物基因图谱研究，基因标记、定位、克隆技术，生物杂种优势机制与应用，生物光合作用研究，生物固氮，高产优质的生理基础等方面的农业基础研究有重大突破，农业科技发展的后劲明显增强。

（3）在农业信息化、农业技术高新化方面取得重大突破，智能化、网络化、实用化、国际化的农业信息技术将获得发展，海洋技术、航空航天技术、卫星遥感技术、核技术等高新技术将在农业中广泛应用。

（4）农业机械化、化学化、水利化、电气化等水平将进一步提高。

（5）农业生产领域技术水平的提高进一步突破，通过先进、实用农业技术的集成、组装及大面积推广，打造综合性现代农业试验区、示范企业和示范户，促进农业生产领域技术水平的提高。

（6）农业科技产业化将使农业各个环节技术水平协调发展，加快形成在不同地区和不同行业能够成为支柱产业和龙头企业的一大批农业现代企业和企业集团。

（7）开辟新的农业和农村经济生长点，农业科技将面向整个国土资源开发、治理、保护开展工作。

（8）研究开发符合中国国情的低成本、强功能、高效益的设施农业技术和设施农业设备，促进农业的工厂化，使之逐步成为高效农业的主体。

（9）传统灌溉方式的突破，研究开发以节水灌溉为重点的节水农业技术和节水农业设备，改变灌溉管理制度，彻底改变大水灌溉的传统灌溉方式。

（10）发展节水、节肥、节饲、节地、节能为重点的可持续发展的农业技术，加速开发保护国土资源、防止污染、改变生态资源环境等重点领域的技术，尤其是要加快研究开发防止水土流失、土地沙化、退化、环境污染等技术。

第三节 粮食主产区农业科技创新战略的框架设计

一 粮食主产区农业科技创新的基本思路与原则

1. 基本思路

以邓小平理论和"三个代表"重要思想为指导，贯彻科学发展观，以服务现代农业建设为根本宗旨，落实"自主创新、重点跨越、支撑发展、引领未来"的科技工作方针，充分发挥科技对现代农业发展的支撑和引领作用；系统提升农业科技创新、转化、应用、普及能力和基层科技发展能力，以技术链延伸带动产业链、价值链延伸，依靠科技发展农业生产、提高农业效益、改善农村生态，促进农村全面、协调、可持续发展；坚持科研方向面向需求，贴近农民、贴近基层、贴近实际，从农业发展的实际需要中筛选科研课题，把握农民最关心、最急迫的问题，考虑各地的特色和差异，加强农业科技的集成创新和广泛应用，致力于促进解决制约农业发展的全方位、深层次问题，推动知识下乡、人才进村、科技入户，将科技要素植入农村，推动科技与农村经济社会发展的深入结合；着眼长远，面向持续发展的战略需要，适应新的农业科技革命的要求，突出战略性、前沿性、前瞻性，大力发展现代农业高新技术和关键技术，积极推进科技集成开发，加强科技传播和普及，提高农民技术经济协作程度，致力于用现代科技积极引领农业高产、优质、高效、可持续发展。

2. 基本原则

（1）因地制宜原则。不同地域的经济基础、生产条件、自然环境和劳动者素质不同，农业科技发展阶段不同，每一阶段都有发展的侧重点，以及相应的技术升级、制度变迁和政策调整。因此，不同地区或农业行业选择技术进步的路径不同，必须根据资源禀赋的特点和要求，采取相适宜的技术进步路径，既要适合当前农业发展阶段，又要有利于推动农业向更高阶段发展。

（2）发挥优势原则。按照比较优势理论，"两优相权取其重，两劣相权取其轻"，粮食主产区农业科技创新必须有所为、有所不为。要选择对粮食主产区农业与农村经济发展有重大带动作用的优势领域、具有国际领先水平的农业优势领域和具有市场竞争优势的农产品，集中力量，重点突破，带动农业科技的全面进步。

（3）跨越发展原则。科学技术发展及其对经济增长的推动是量与质、渐进与跨越交互作用的过程。粮食主产区农业科技创新必须紧紧抓住世界农业科技革命的机遇，利用后发优势，瞄准重点进行突破，以技术跨越推进产业快速升级换代，实现跨越式发展。

（4）"绿箱政策"原则。"绿箱政策"是世界贸易组织用来保护国内农业生产者的政策组合。要依据世界贸易组织规则和我国政府承诺，以保障国家食物安全、增加农民收入、改善生态环境为目标，以农业科技、基础设施和信息化建设为重点，以财政和政策性金融为手段，加速建立符合粮食主产区实际的"绿箱政策"体系，提升科技对农业的支撑能力。

（5）可持续发展原则。可持续发展是农业发展的基本方向。如何在农业高产、高效、优质的同时，保持自然、资源、生态平衡，实现资源、人口、生态环境良性循环、永续利用和农业可持续发展，是粮食主产区科技创新的主要内容。应把有机食品、绿色食品、无公害农产品生产技术等作为研究开发重点，重点发展生态农业、旱地农业、节水农业、设施农业等技术，以及后备资源和可替代资源技术。

二 粮食主产区农业科技创新的战略目标与重点

1. 战略目标

战略目标是粮食主产区农业科技创新战略的核心，决定着粮食主产区农业科技发展的方向和方式。近中期粮食主产区农业科技创新的总体目标应该是：以市场为先导，以经济效益为中心，以农业科技型企业为主体，以提高农产品竞争力为目标，选择优势学科和前沿领域，有重点地开展农业基础性课题研究，集中解决优质高产新品种选育及高效综合配套技术、农产品加工保鲜技术、农产品质量标准与食品安全生产技术等方面的重大关键技术，为传统农业技术改造提供技术支撑和理论储备。通过农业科技自主创新能力的提高、农业高新技术的发展、农民科技素质的提高、农业科技成果的转化和应用，大幅度提高农业的资源利用率、劳动生产率和产品商品率，优化农业结构，使农业逐步实现由粗放型向集约型转变，由传统农业向现代农业转变。力争到2015年，农业科技贡献率达到60%左右。

具体内容包括三个方面。

（1）农业科技在一些重要领域领先，如优质高产新品种选育，生物种质资源发掘、利用，动植物高产、优质、高效综合配套技术，动植物重大病虫害防治技术，农产品质量标准与食品安全生产技术，农产品加工保鲜技术等。形成一批有优势的高新技术产业，如种苗产业、高效农用化工产业、饲料资源产业、生态环境产业等。

（2）加大投入，促使科技成果推广率、科技成果转化率有较大提高，特别是要大力提高种植业、养殖业、农产品加工业、生态环境建设等农业行业的科技水平。

（3）加快经济发达地区科技进步进程，带动贫困地区农业科技进步上新的台阶。其中，城郊地区和发达地区粮食主产区要大力发展外向型农业、高科技农业和高附加值农业，积极发展适应国际市场要求的农产品生产，增强出口创汇能力；其他粮食主产区要发挥粮食生产能力，大力发展畜牧业和经济作物，加快发展食品加工业，提高粮食生产效益。在有条件的地区要利用资源优势因地制宜发展生态农业、特色农业，着力保护和建设好生态环境，不断增加农民收入。

　　2. 战略重点

总结国内外现代农业发展经验，为实现粮食主产区农业科技创新战略目标，近中期粮食主产区农业科技创新的战略重点是：突出生物和信息两大主导技术，推进农业信息化和标准化，把发展农业新兴产业摆在更重要的位置，大力培育农业科技型企业，引导企业成为技术创新和转化应用的主体。加强农业科技平台和基地、农业科技人才队伍和农业科技创新服务体系建设，加快农村基层科技发展，加速农业科技成果的推广转化，实现农业科技成果产业化。具体需要从五个方面创造条件和实现突破。

（1）用现代工业装备农业，使农业逐步实现机械化、水利化、化学化、电气化、信息化和网络化，大幅度地提高农业劳动生产率。

（2）用现代科学技术取代传统的生产技术，使农业逐步实现良种化、耕作制度与栽培技术科学化和基本农田标准化，大幅度地提高农产品品质和农业综合生产能力。

（3）用现代科学管理方法组织管理农业，在不改变家庭承包经营的前提下，由贸工农一体化的规模经营方式，取代千家万户分散的小农经营方式，使农业经营逐步实现产业化和规模化，大幅度地提高农业的总体效益和农民收入。

（4）用健全的社会化服务体系服务农业，取代"小而全"的自给自足或半自给自足的生产，使农业逐步实现科技服务和信息服务的社会化，大幅度降低单位产品成本和提高工业装备利用率。

（5）用现代科学知识武装农民，大幅度地提高农民的文化科技素质。

第四节　加速粮食主产区科技创新的对策措施

现代农业的核心是科学化，要提高粮食主产区的农业竞争力，实现农业增产、农民增收，必须以技术进步为突破口，加快农业科学技术创新，推动农业跨越式发展，使传统农业逐步向现代农业转变。

一　构建农业科技创新体系，提高农业自主创新能力

建立农业科技创新体系，完善农业科技创新机制，不断提高农业自主创新能力，是粮食主产区农业发展的首要任务。为此，必须采取以下有力措施。

1. 加快农业科技创新体系建设，完善现代农业科技创新机制

（1）打破条块分割的局面，着力整合区域农业科研资源。对目前分散分布的国家和省级农业科学院、农业大学、各地州市的农业科研所（中心）进行规划，建立以国家和省级综合性农业科学院为主体、以区域专业性农科中心（所）为补充，机构布局科学、学科设置合理、研究重点突出、研究特色鲜明、科研管理有序的新型农业科研体系，逐步形成以重点农业科研机构和涉农大学为主体的农业科技研发体系。

（2）注重科技与产业的结合，引导农业龙头企业逐步成为农业科技创新的主体。改变农业科研和科技创新基本局限于科研单位和高等院校，农业企业只是作为农产品的生产和加工单位而存在的局面，适应现代农业发展的要求，注重科技与产业的结合，大力发展产学研共同体，促进科研机构、大专院校与龙头企业、产业基地的项目合作；加强对涉农企业的政策引导与支持，制定和完善涉农企业开展科技创新的税收、投融资支持政策，鼓励企业加大投入，建立农业科技研发中心，引导农业龙头企业参与新品种、新工艺、新技术的研究和开发，逐步使农业龙头企业成为农业科技创新的主体。

2. 建立多元化农业科技投入体系，大幅度增加农业科技投入

资金短缺是农业科技创新的瓶颈，因此，充分调动全社会的积极性，形成政府投入为主导，企业投入为主体，风险投资为支撑，银行贷款、上市融资、利用外资并举的多元化投入格局，实现农业科技投入的多渠道和多层次尤为必要。

（1）强化政府财政投入，提高资金使用效益。《中华人民共和国科学技术进步法》、《中华人民共和国农业法》确立了国家对农业科技投入的主体地位，规

定国家对农业科技研究的投入增长幅度必须高于国家财政经常性收入的增长幅度。因此，要把农业科研投入放在公共财政优先支持的位置，确保财政对农业科技投入稳定增长。不断增加各级财政对农业科技发展的资金投入，提高农业科技支出占地方科技支出的比重，着力扶持对现代农业建设有重要支撑作用的技术研发；各级科技主管部门要加大科技三项费用对农业科技的支持力度，要进一步增加基础型、社会公益型农业科研机构的事业费基数，逐步提高农业科研院所的人均事业费水平。各级财政和科技主管部门的投入主要用于支持重大农业科技攻关、成果转化、生态环境保护技术研究，以及星火计划项目实施和农业科技园建设等，并严格管理、规范运作，不断壮大资金的引导作用，提高投资效率和示范效应。

（2）鼓励、引导企业、个人等社会力量增加对农业科技的投入。促进农业科技创新，政府投资虽然是不可替代的推动力量，但除政府财政投入外，企业和其他社会力量的参与也极为重要。为此，一是要实施更加便利的金融政策和更加优惠的财税政策，促使涉农企业和农业科技型企业逐步成为农业科技投入的主体。例如，降低涉农企业和农业科技型企业贷款利率，提供专项贷款、贴息贷款，为涉农企业和农业科技型企业的研究开发、产学研联合提供资金支持和信贷担保；允许涉农企业和农业科技型企业将销售收入的3％以上、农业高新技术企业将销售收入的5％以上用于科研开发；对涉农企业符合国家产业政策和有关规定引进的加工生产设备，允许免征进口关税和进口环节增值税等。二是要引导金融部门加大对农业科技的信贷支持，充分发挥农业银行的职能作用，将科技含量高的农产品加工、农业高新技术产业开发等作为信贷支持的重点，为农业科技创新提供快捷的金融服务。三是要根据成果产业化项目，采取股份制形式，组建以财政牵头，国家、法人、公众参股的农业科技企业，支持经营业绩好的农业科技企业以多种方式进入证券市场，依托资本市场筹集农业科技创新资金，并逐步使农业科技项目的市场融资功能制度化和规范化；四是要改善投资环境，创造招商引资的良好氛围，鼓励个人等社会力量捐资建立农业科技基金，支持农业科研、开发、推广；鼓励外商直接投资农业研发、成果转化、项目推广和教育培训等农业科技工作。五是要由各级政府牵头成立农业高科技风险投资公司，逐步完善农业科技风险投资机制，对农业高科技项目提供风险资金支持。同时保险机构要开辟新的农业科技险种，各级政府要建立农业灾害保险补助金，为农业科技开发提供保险补贴。

3. 加强农业关键环节和重点领域的攻关研究，提高农业自主创新能力

（1）加强农业科研设施建设。单列农业科研基础设施建设专项，重点建设以国家、省级农业科学院，农业大学为中心的农业科技创新体系，支持其装备

一批重点实验室和博士后流动站；鼓励涉农企业，特别是上市公司资助或与农业科研、教学单位合建实验室、博士后流动站，并建立和完善重点实验室、博士后流动站开放、流动、竞争、协作的运行机制，促进农业科技人员的流动，提高创新效率。

（2）大力提高农业自主创新能力。按照农业的产业特点，在基础性研究、应用研究和高新技术领域及农业管理领域不断创新，大力提高农业科技创新能力，特别是自主创新能力。重点是加大农业生物技术、信息智能化技术、食品生物工程技术等高技术的研发力度，特别要在良种繁育、先进种养技术集成配套、农产品精深加工、资源高效利用和生态保护等方面取得新的重大进展，攻克农业生产中带有方向性、综合性、关键性的重大技术问题，为粮食主产区农业发展提供技术保证。

（3）积极开展合作研究与联合攻关。采取开放式流动性的组织形式和首席专家负责制，组织国内外有关科研院所、高等院校的专家、学者进行优化组合，联合研究开发，积极主动地与国内外科研、教学单位开展农业生物技术、农业信息技术、食品加工与物流技术、动物健康养殖与疫病防控技术、农林生物质综合开发利用技术等领域的合作研究和联合攻关。通过致力于开展农业科技合作与交流，积极引进、消化和吸收国内外先进技术、科学方法与管理经验，强化自己的优势，从而提高粮食主产区农业科技的综合创新能力。

（4）充分发挥人才在农业科技创新中的核心作用。科技创新以人为本，要建立人才培养、吸引和激励机制，创造人尽其才、才尽其用的社会环境，加速培养一批有影响力的学术带头人和中青年科技骨干，充分发挥人才在农业科技创新中的核心作用。例如，对有突出贡献的农业科技人才，在收入，住房，子女上学、就业，产权持股等方面给予政策优惠；鼓励两院院士、博士生导师创办、领办农业高技术企业；推行农业科研项目招标制和课题主持人负责制，建立农业科技人员收入与业绩挂钩机制；按照"支持留学、鼓励回国、来去自由"的原则，吸引、鼓励和引导留学人员、留居海外的农业科技人员为粮食主产区农业科技创新献计献策。

二 完善农业技术推广机制，加速农业科技成果推广转化

众所周知，科学技术是第一生产力。然而，当科学技术还处于创新成果的形态，处于"知识形态的生产力"阶段时，是难以发挥其经济增长作用的。因此，要注重农业科技不断创新，加强新技术的研究和成果储备，加快农业科技成果的组装与配套，不断提高农业科技成果的转化率和普及率，以现代科学技术改造传统农业，从而使农业科技成果真正地转化为现实的生产力。

1. 建立健全以农技推广服务中心为龙头，多元化的综合农业技术推广服务体系

以产业为纽带，多专业、多学科相结合，形成以省、市两级农技推广机构为管理指导，以县农技推广中心为龙头、以乡镇农技站为骨干、以村农业服务组为基础、以民间科技组织和科技示范户为桥梁，上下贯通、左右相连的多功能、全方位、三级一户的农业科技服务推广体系。健全农业技术信息网络，完善农业技术传播网络，加速农业科研中试基地和区域性科技示范园（区）建设，走产学研、技农贸、科教推一体化的路子，以"丰收计划"为依托，以"星火计划"为龙头，以技术培训为手段，加速农业科技成果的推广转化，提高农产品技术含量和附加值。

2. 加大改革力度，形成以农户为中心"自下而上"的农业科技推广应用机制

按照强化公益性职能、放活经营性服务的要求，加大改革力度，逐步形成以农户为中心"自下而上"的农业科技推广应用机制。除基础性研究和推广体系的建设外，科技成果的转化与推广不再以政府为主，而是交予社会承担，是一种社会行为。政府则主要在建立覆盖城乡的科技情报网络方面，从机构设置、人员配备、经费到位上强化农业科技推广体系建设，发挥各级农业中介经营机构、专业技术协会的组织作用等。为此，要明确基层农业技术推广机构承担的公益性职能，合理设置县乡农业技术推广机构，理顺管理体制，加大对基层农业技术推广体系的支持力度，保证履行公益性职能所需资金的供给。重点加强县级推广部门的建设，使之成为向上连接各级科研机构，向下连接农业产业化龙头企业、农村合作组织、专业农户、示范农户、村级农民技术员及村干部的纽带（柯炳生，2007）。加快发展社会化农业技术服务组织，积极稳妥地将可交由市场来办的一般技术推广和经营性服务分离出来，鼓励其他经济实体依法进入农业技术服务行业和领域，参与基层经营性推广服务实体的基础设施投资、建设和运营，强化适用农业技术的推广应用，促进农业科技进入千家万户。

3. 加大对农民的教育培训力度，增强农民科技意识和科技应用水平

高度重视农业高等教育和职业教育，建立健全以高等院校、科研院所为龙头，农村基础教育、成人教育为基础，职业教育为重点，网络教育（远程教育）和继续教育为支柱，地（市）、县高中等职业院校及乡、村农民学校为骨干，省、地、县、乡村农业和农村教育培训体系为核心的农业、农村终身教育体系。有计划有步骤地加强对农业劳动者的培训教育，提高他们的整体科技素质，加快科技成果的转化、应用和普及。推进农业科技成果示范与产业化，提高基层

农业科技成果转化能力。加快实施"科技入户工程",着力培育科技大户,发挥他们对农民的示范带动作用。

4. 加快农业信息化建设,大幅提高农业机械化水平

用信息技术装备农业,对加速传统农业改造具有重要意义。要加强城乡一体化的信息基础设施建设和信息服务平台建设,通过互联网、信息高速公路,实现信息资源共享;要深入实施"金农"工程,建立国家、省、市、县四级农业信息网络中心;要加快农业信息化建设,逐步完善市、县、乡三级农村信息服务中心,全面建立农村信息服务点,努力打造农业信息产业;要建立健全农业信息收集和发布制度,整合各类农业信息资源,推动农业信息数据收集整理,以及发布的规范化、标准化,加快建设一批标准统一、实用性强的公用农业数据库;要改善农机装备结构,提升农机装备水平,大力推广先进适用农机具,提高农业机械装备水平,走符合各地实际的农业机械化发展道路。特别是要因地制宜地拓展农业机械化的作业和服务领域,加快粮食生产机械化进程。例如,建立农业机械化试验示范基地,大力推广土地深松、化肥深施、水稻插秧、秸秆粉碎还田等农业机械化技术;在重点农时季节组织开展跨区域的机耕、机播、机收作业服务;积极培育和发展农机大户和农机专业服务组织,鼓励农业生产经营者共同使用、合作经营农业机械,加快推进农机服务市场化、产业化。

5. 大力推广资源节约型、生态友好型的绿色农业技术

当今世界,人们已认识到过分依赖现代商品投入物的石油农业给资源、环境及人类自身造成的严重危害,走农业可持续发展之路,正成为世界各国的共同选择。作为一个资源约束型的发展中农业大国,在全球经济一体化和世界贸易组织框架下,我国农业既面临着日益严峻的资源短缺和环境脆弱的威胁,又面临着"绿色壁垒"的制约。因而走可持续发展道路,大力推广资源节约型、生态友好型的绿色农业技术,这是在最大限度地满足人们对农产品日益增长需求的同时,提高生态系统的稳定性和持续性,增强农业发展后劲的根本举措。因此,粮食主产区要积极开发运用各种节约型农业技术和环保型农业技术,提高农业资源和投入品的使用效率,最大限度地减少农业的面源污染。要大力普及节水灌溉技术,启动旱作节水农业示范工程;积极推广集约、高效及生态的畜禽水产养殖技术,努力降低饲料消耗和能源消耗;扩大测土配方施肥的实施范围,提高对测土配方施肥的补贴规模,进一步推广诊断施肥、精准施肥等先进施肥技术;改革农业耕作制度和种植方式,加快普及农作物精量半精量播种技术,开展免耕栽培技术推广补贴试点;推广生物肥料、生物农药和农作物病虫害生物防治技术等。

第十章

建立以粮食直补政策为重要支点的公共财政强农机制

公共财政是以国家或政府为主体，为市场提供公共服务的分配活动或经济活动，是与市场经济相适应的一种财政模式。

在传统的财政模式下，财政与农民增收的关系基本上是一种间接投资关系，农民的增收主要是通过投资农业、增加农产品供给来实现的。随着我国农村发展步入新的阶段，单靠农产品增产已难以成为农民增收的主要因素。尤其是近几年来，国际、国内大宗农产品价格持续上涨，带动了农业生产资料价格也大幅上涨，但是从农产品价格涨价中农民得到的利益并不多，尽管农民手中的农产品增多，但是农民从农业中获得的纯收入并没有同步增多，价格信号已经失灵。因此，财政希望通过投资于流通领域来增加农民收入的目的并没有达到，这种传统的通过价格政策来增加农民收入的作用已大大减弱。

由于我国农业自发投资能力较弱，为实现农业的可持续发展和农民收入的持续增加，需要外部力量的介入，而财政投入则是一个重要的外部因素。公共财政通过向农村提供公共产品来改善农民的生产、生活和外部环境，在新的历史条件下，农民增收离不开公共财政的支持，因此要解决农民增收问题必须建立完善的公共财政体制。

第一节　公共财政支持农民增收作用明显

公共财政通过提供农村公共产品来改善农民的生产、生活和外部环境，有利于农业产业化发展和农民收入的增加。其主要作用可以概括为以下三个方面。

一　导向作用

一是有利于支持农业基础设施建设，发展农村公益性事业，市场资金最大的特点是经济效益的最大化，哪里效益好就投向哪里。很多农业公共性投资项目尽管社会效益好，但是经济效益差，难以获得市场资金。而农村公共财政资金是国家通过税收形式无偿分配的集中性资金，它可以对这些项目给予重点支持，弥补市场失灵，为农业、农村发展提供所需的公共产品和准公共产品，有可能在农业基础设施建设，农产品加工、储藏、运输、销售，农民技术培训，农村公益性事业、提高农业竞争力等方面加大支出力度，从而有助于改善农民的生产生活条件，有助于提高农民的科技文化素质，有助于改善农民市场交易的内部和外部条件，为农民增收创造物质基础。

二是有利于推动农业产业结构的战略性调整，促进农村剩余劳动力向非农产业、城镇的转移。非营利性是公共财政的一大特征，这就使得它能够担当国家对农业实施有效的宏观调控的重任，为农村各种资源在农业内部和城乡之间合理配置提供制度保证，为持续提高农民收入水平创造条件。公共财政可以大力扶持发展农产品加工和农村服务业，大力扶持劳动密集型的中小企业，增加农民工就业；可以利用税收优惠、减免政策，以及贷款、社保补贴等政策，积极稳妥地推进农村城镇化，促进农村劳动力的转移；可以通过取消对农民进城务工、经商不合理的收费，为农民工进城就业提供方便。

三是有利于调整财政分配关系，促进农民增收目标的实现。在市场经济条件下，国民收入的初次分配侧重于效率，再分配侧重于公平。公共财政是再分配的一种重要手段。对于农民而言，农业财政支出是宏观分配中国民收入对农业的净流入，如果增加公共财政中的农业支出意味着增加了对农业和农村的投入。因此，公共财政能够使农业、农村与农民有可能分享再分配中的公平性。不同利益群体的分配关系，如农业生产者与消费者、农民与城市居民之间的利益关系，可以通过公共财政的调节，缩小或防止扩大差距，保障农民收入的稳定增长。

二 推动作用

与其他产业的经营主体相比，我国农业产业自发投资能力较弱，其原因如下。一是当前我国大多数农民仍呈现出单个的原子化状态，分散经营、资金薄弱的小农经济并没有得到较大改善；二是农村合作组织善分不善合同样使得农业发展的资金、技术处于较弱地位；三是农业本身是一个弱质性产业，自我积累能力较差；四是我国一直以来采用牺牲农业支持工业的发展模式，农业积累少；五是我国仍处于传统农业阶段，农业产业具有回报率较低、风险却相对较高的特征，对民间资本缺乏吸引力。农业自发投资能力弱造成了农业投资乏力，反过来农业投资乏力又促成了农业落后的局面，形成了恶性循环，严重阻碍了我国传统农业向现代农业的转型，阻碍了我国农业走上可持续发展道路。因此实现农业的转型发展与可持续发展需要外部力量的介入，财政投入是一个重要的外部作用因素。

三 乘数效应

财政投入属于一种基础性投入，具有乘数效应，当其投入增加时，很大程度上能够决定和吸引其他经营性投入量和效益的倍增。其乘数效应主要是通过两方面来实现的。一方面是在财政投入过程中，成倍吸引金融资金和民间资金投入；另一方面是在指财政投入项目时，可以直接或间接地带来农民收入的增加，并通过农民消费来刺激需求，从而获得良好的经济效益和社会效益。例如，政府财政支出 500 亿元，以年利 5％计算，用这笔资金作为向农村投资的贷款贴息，可带动 10 000 亿元的资金投向农村，对改变农村落后面貌起到的作用是可想而知的。又假设其中的 40％转化为农民的劳务收入，可以使 1 亿的农村劳动力一年每人增加 4000 元的货币收入。除了农村和农民可以从这 10 000 亿元的农村投资中受益，城市居民从农民消费流动中所获得的利益比农民还要大，投资乘数效应至少要达到 30 000 亿元，政府也会在整个社会财富的增长中，获得远远高于 500 亿元贴息的财政收入（徐祥临，2001）。虽然这只是一个假设模型，但财政收入的乘数效应是存在的。

第二节　公共财政支农原则

从公共财政的基本特征看，现行我国财政支农政策不能满足社会主义市场经济条件下公共财政支农政策运作的要求，难以适应不断发展变化的"三农"形势，应在支持范围、支持对象、支持力度上进行有针对性的调整。财政支农政策的运作应遵循以下六个基本原则。

一 公益支出原则

在公共财政支出框架下，财政支农政策应坚持公共支出的原则，纠正以往"越位"现象，弥补"缺位"问题。财政支农范围要严格界定在农业非竞争领域，支持的重点转到农业的基础性、公益性和服务性领域，彻底退出农业经营性、竞争性领域。

二 统筹发展原则

统筹考虑在财政支出安排上的城乡财政资源合理有效配置，统筹考虑在支持农业发展上的整个社会经济协调发展，统筹考虑财政支农政策重点与力度。

三 市场导向原则

财政支农政策的选择和实施要遵循市场经济的客观要求，充分发挥市场机制的基础性作用，科学安排财政资金的投向和规模，促进各种资源的优化配置，提高农业经济自主发展能力。

四 高效透明原则

加强财政支农部门运作的高效性，合理界定财政支农资金的支持范围，确保资金的规模效应，支农资金的及时、足额到位及合理使用；增强财政支农资金安排、使用过程的透明度，加强对支农资金使用的监管，自觉接受专业审计和群众监督，杜绝违法乱纪现象的发生。

五 财力集中原则

改变目前我国财政支农项目多、资金散、效益差的现象，集中财力保证重点项目，调整支出结构，形成支农资金合力，提高效益，充分发挥财政资金的导向作用。

六 符合世界贸易组织规则原则

我国作为世界贸易组织成员，财政支农时要充分考虑世界贸易组织的规则，充分使用"绿箱"政策，加大对农业生产技术领域与自然灾害救济的支持力度；积极调整"黄箱"政策，完善农产品流通体系。

第三节　我国公共财政支农存在的主要问题

一 投入总量不足，无法保障农业可持续发展

从支出总量上看，近年来各级政府对财政支农资金投入的增长幅度较大，呈稳步上升趋势。但与在农业我国的重要地位是不相符的，不能满足我国农业发展的要求。2002~2006 年，国家财政的支农支出总量分别为 1102.7 亿元、1134.86 亿元、1693.79 亿元、1792.4 亿元和 2161.35 亿元，分别占当年农业总

产值的 4.0%、3.8%、4.7%、4.5% 和 5.1%。2010 年，国家财政的支农支出总量达 3427.3 亿元，2011 年超过了 4000 亿元。尽管支农支出逐年上升，但与世界一些农业发展中国家、发达国家相比，支持总量仍是低水平的。按照相同的口径，法国、瑞典、美国等发达国家的支持水平为 30%～50%，巴基斯坦、印度、泰国、巴西等发展中国家为 10%～20%。五年中，尽管财政的支农支出总量增加了 96%，年均增幅也达到了 12.8%。但从总量看，对于我国这样一个农业人口占大多数的发展中国家来说，显然是远远不够的。从支出比重看，1990～2006 年，我国财政用于农业的支出总量为 20 272 亿元，仅占同期财政总支出的 8.0%。特别值得关注的是，近年来，国家财政用于农业的支出相对数呈明显的下降趋势。如果剔除水利费用、气象费用等为全社会服务的费用后，这个比重更低。较低的总量和不断下降的比重，无法保障我国农业的可持续发展。

二 投入结构不够合理，生产发展后劲不足

我国各级政府对财政支农资金投入的结构不够合理，多数投向农业的非生产性部门，很少直接投入真正生产性部门，这势必导致我国农业生产后劲不足。改革开放以来，我国有 60% 左右的财政支农资金投向大江大河的治理和气象事业的发展，仅 40% 左右的资金直接用于农业生产性支出。这种状况严重影响了我国农业生产的生态环境和对其他生产条件的调整优化：①土壤质量越来越差，综合肥力日渐下降，水土流失面积越来越大；②农田水利基础设施越来越差，排涝、浇灌能力日益减弱，旱涝灾害严重影响了农业的发展；③农业科研技术力量不足，科技成果的转化率越来越低，推广速度越来越慢。2007 年，国家统计局湖南调查总队对湖南省张家界市永定区进行了一次全面的调查，结果显示该区共有 87 座水库，其中小型水库 84 座，中型水库 3 座，调查时病险水库有 43 座。例如，该区的毛溪水库，在 20 世纪 90 年代初有效灌溉面积为 5.84 万亩，灌溉主干渠道为 45 公里，调查时能使用的渠道仅为 26 公里，有效灌溉面积减至 2.8 万亩。由于长期以来投入严重不足，目前这些水库中的大部分已进入了"老年期"。

三 投入体制不完善，资金整体效益不高

一是财政支农投入高度依赖地方政府，中央政府对农业的投入严重不足。2002～2006 年，在国家财政支农支出总量中，中央财政预算安排的资金约占整个农业财政支出的 10% 左右，而地方财政占到了 90% 左右。据我们调查，在粮食主产区和后备产区，市、县级以下的地方财政大多为"吃饭财政"，自身财力

严重不足，连吃饭都难以保证，在目前的这种管理模式下，地方财政的支农支出只能是保证农、林、水利和气象部门的人员供养及行政开支，用于农业综合开发支出的比重极低。例如，2006年，在2161.35亿元支农支出中，只有204.5亿元用于农业综合开发支出，比重仅为9.5%。在政府财政投资农业和农村经济发展中，哪些项目应该由中央政府投资，哪些项目应该由地方政府投资，对此界定不明确。这种既是中央政府的事权，也是地方政府的事权体制增加了资金安排使用过程中的随意性，降低了资金的整体效益。

二是项目管理和资金分配层次多、链条长，影响项目执行进度。2008年，据审计署审计长刘家义介绍，目前，中央支农专项资金分配方式大多采取乡镇—县—市—省—中央层层上报项目，再由中央、省相关部门选择确定，然后直接分配到具体项目的工作机制，这种多层次、长链条的项目管理和资金分配方式导致申报时间长、资金拨付迟缓。在对2007年度中央预算执行和其他财政收支的审计中，重点抽查了50个县（市、区）。50个县（市、区）申报的4万多个项目中，从项目申报到批复有39%历时6个月以上，从项目批复到资金到位有32%历时6个月以上。50个县的中央支农专项资金，有45%是第四季度收到的，还有4.5亿元当年未收到。

四 资金到位率低，挤占挪用现象仍然存在

据我们走访调查，国家财政对农业的投入有30%左右难以及时到位或根本就不能到位，被短时或长期移为它用；有的即使到位，也常常"缺斤少两"。这严重说明我国对支农资金到位状况的监督保障力度不大，基本上没有设立一定的部门进行及时的监督和检查。例如，审计署在对2006年中央转移支付支农专项资金的管理使用情况审计时发现，据不完全统计，16个省（自治区）有关部门共挤占挪用中央支农专项资金6亿多元，其中抽审的50个县当年有1.25亿元中央支农专项资金被挤占挪用于平衡预算、弥补行政经费不足和发放补贴等。

五 资金管理体制不够完善，资金使用效果不够理想

我国没有一套完善的财政支农资金管理体制，分块管理、部门分割严重，有限的资金不能形成合力，严重影响了资金的使用效果。到目前为止，中央和地方都没有一个对支农资金进行统一管理的部门。从中央到省、市、县都有20个左右部门参与资金管理，各个地方管理的部门不尽相同，每个部门负责分配的专款也不一样，少则一两项，多则十几项；而且不同部门管理的专款用途重复或交叉。例如，对改善中小学办学条件方面的专项资金管理，有3个部门

分配管理 5 项专款。中央支农专项资金多头管理和多渠道分配方式，导致了中央支农专款资金严重分散，尽管总量不少，但经多部门按项目逐级分解后，项目点多面广，效果不够理想。审计署对 50 个县 2008 年的中央投入的按项目管理的支农专项资金进行检查，支农专项资金总额为 23.87 亿元，分散投向了 4.55 万个项目。部门职能交叉、多头管理、政策不一、信息不畅，导致项目设置重复，浪费较大。例如，河北省张北县 2006 年的农村饮水及农田灌溉机井建设，由 5 个部门按 7 个项目各自独立申报和实施打井 155 眼，最少的负责打井 2 眼，最多的负责打井 55 眼。部门分割、条块管理和专款专用的制度，制约了地方在支农资金的使用上的有效整合。例如，2006 年，黑龙江省桦川县共有中央支农专项资金 1.02 亿元，其中 5045 万元是按项目管理的专项资金。该县作为水稻大县，概算总投资 8646 万元建设悦来灌区渠首项目，解决该县水利设施落后、灌溉能力不足的问题，但实际上立项后 8 年没有投入。中央支农专项资金用于该县灌溉区的只有 815 万元，分散到 2148 个具体项目，每个项目平均只有 1.97 万元，最少的只有 1200 元。

第四节　建立科学完善的粮食主产区公共财政补贴体系

一　公共财政支持粮食主产区的总政策

中央提出四个"始终重视"，即重视农业的基础地位、重视保护耕地、重视粮食的生产能力、重视将主产区农民的利益和种粮农民的收入放在突出位置，是我国在新的历史时期支持粮食主产区的总政策。

促进"三农"发展是全党工作的重中之重，粮食主产区的问题又是"三农"发展中最为紧要的问题。为了从根本上支持粮食主产区的发展，中央在"五个统筹"的基础上，又提出四个"始终重视"。在 2003 年年底召开的中央经济工作会议上强调指出，"我们必须始终重视农业的基础地位，始终重视严格保护耕地和保护、提高粮食综合生产能力，始终重视维护粮食主产区和种粮农民的利益，始终重视增加农民特别是种粮农民的收入"。随后的国务院常务会议和中央农村工作会议为落实这四个"始终重视"，作了更为全面、具体的部署。由此可以看出，在共和国历史上，这是中国政府对"三农"问题特别是粮食主产区问题真正下决心的特别关注与大力支持。其目标指向，已经不仅仅是关注粮食产量多少，更关注的是粮食综合生产能力的提高、种粮农民利益及收入的增长幅度。应该说，这是中国政府农业政策的历史性转变。

二 公共财政支持粮食主产区总政策出台背景

新中国自成立以来，非常重视农业，甚至到了"以粮为纲"的地步，然而这种高度重视的背后是中国实行的"农业支持工业"发展战略，其本意是农业为工业化提供支持。为了中国实现工业化，国家运用工农产品价格"剪刀差"，使农民负担了沉重的农业税费，用隔离城乡的户籍制度，以及诸多制约农民的社会组织制度和政策，使城乡结构二元化。总之，多方面对农业剩余价值的剥夺，严重制约了"三农"的正常发展。改革开放以来，东南沿海尤其是城市的经济发展很快，工业经济、城市经济对 GDP 增长的贡献率越来越高，城市居民生活水平大幅提高；而传统农业对 GDP 增长的贡献率逐步下降，农村越来越贫穷，农民人均纯收入多年徘徊不前。城乡差距在拉大，尤其是居民收入差距在不断扩大。课题组根据《中国统计年鉴》的相关数据计算出，1978 年城镇居民收入是农村居民的 2.57 倍，2000 年增长到 2.79 倍，2006 年达到 3.28 倍，之后6 年基本在 3.0～3.33 倍震荡，2007 年达到峰值 3.33 倍。

除了政策因素，还有国情制约。我国人口多，农民比重大，人均耕地面积少，资源相对贫乏，农业生产力落后，是"三农"发展的现实障碍，这些问题在粮食主产区表现得更为严重。

第一是从事粮食生产人口的比重太大。中国第二次农业普查资料显示，2006 年年末，在全国 88 879 万人的农村常住人口中，农业从业人员有34 246 万人，比例为 38.5%，从事农业生产的人口太多。

第二是亩产已达到极限。人多地少，人地矛盾尖锐是我国目前的基本国情。在有限的耕地制约下，我国粮农普遍选择精耕细作以替代资本的投入，按照现有农业生产力水平，亩产已达到极限，与世界农业大国的水平相近或更高。根据边际收益递减规律，假如以再增加要素投入来进一步提高产量，其成本上升的幅度必然会更高。因此想通过增加要素投入以促进粮食产量提高的可能性不大。

第三是加入世界贸易组织后外国农副产品的冲击。由于中国农副产品的国际竞争力不强，在加入世界贸易组织后受到外国农副产品的强烈冲击。2004 年中国肉类产量达 7244.8 万吨，占世界肉类总产量的 28.1%，总产量居世界第一位。但是按照出口金额计算，中国肉类产品出口额仅占整个国际市场的 2.5%，居世界第十四位。中国是肉类生产大国却不是出口大国这一现状充分说明中国肉类在出口市场上与其他主要出口国相比存在较大差距，中国肉类竞争力不强。

由于上述政策与国情的影响，粮食主产区的问题在"三农"中分外突出。据国家统计局湖南调查总队调查，2010 年湖南农民人均纯收入为 5621.96 元，比全国平均水平少了 297.1 元，比最高的上海少了 8357 元，因而，许多粮农为了生计不得不去城市打工。从发展趋势看，让城市"消化"更多的农民是缓解"三农"问题的根本出路。但是大部分进城农民自身缺乏技术、素质较为低下，加之国家政策给予他们种种不公平的待遇，因此部分进城农民成为游离于城乡之间的"边缘人"，这是城镇中最缺乏保障也是最不安分的弱势群体。这样一个庞大的弱势群体，其在乡务农或进城谋生，连基本的生活与生产都难有保障，更不用说发展了。这一群体的正常生活、生产与发展不仅关系到社会稳定和整个国民经济的协调发展，还关系到我国全面建设为小康社会这一远大目标能否实现。

所以说，中央提出四个"始终重视"，是我国在新的历史时期支持粮食主产区的总政策。

三 现阶段支持粮食主产区的公共财政补贴体系

党的十六大以来，中共中央提出了把解决好"三农"问题作为全党工作重中之重的基本要求，强调了"三农"问题在中国的社会主义现代化时期"重中之重"的地位，规划了建设社会主义新农村的基本任务，出台了一系列具有里程碑和划时代意义、"含金量"非常高的支农、惠农政策，初步形成了新时期支持和保护农业的政策体系。为解决我国"三农"问题指明了方向，为"三农"事业发展提供了重要理论支持和政策保障。2004~2012 年，中央连续 9 年发布了以"三农"为主题的中央"一号文件"，极大地促进了我国农村改革和农业发展。

（1）进一步加大对产粮大县粮食生产的扶持与转移支付力度。近年来，随着国家财政宏观调控能力的增强，中央财政不断加大对地方的转移支付力度，重点用于缓解粮食主产区财政困难矛盾。例如，2005 年中央财政对产粮大县投入的奖励资金为 55 亿元，以后历年不断增加，2006 年为 85 亿元，2007 年达到 125 亿元，2011 年达到 225 亿，2012 年安排了 277.65 亿元。按照粮食的产量与对区域内的粮食安全起着重要作用来实行奖励。对产粮大县的奖励，是保障粮食安全，保障国家社会稳定和经济运行的一个战略任务。这一奖励政策的实行，实实在在让粮食主产区感到了国家的政策倾斜与支持，极大地调动了地方政府抓粮食生产的积极性。

（2）中央农业综合开发政策向产粮大县倾斜。提高粮食综合生产能力的一项重要内容就是——加强农业基础设施建设，改善农业生产条件。而粮食综合生产能力的提高应该坚持以粮食主产区为重点，综合开发政策向产粮大县倾斜。加快对中低产田的集中连片改造，有效地改善项目区农业生产条件；加大对农副产品加工业龙头企业的扶持力度，提高农产品的附加值，推动了粮食产业做大做强。十多年来，中央财政加大了对粮食主产区的扶持力度，一方面加大对农业综合开发的资金投入，另一方面降低中央财政与地方财政在粮食主产区的配套比例，这一比例由1994年的1∶1变为目前的1∶0.5，让地方上的配套资金总体处于可承受范围之内，减少了地方财政的压力。为进一步减轻基层财政的资金配套压力，中央规定省级财政可以在确保地方财政配套资金的前提下，依据当地实际财力状况，自行确定其他产粮大县是否减少或取消配套任务，并要求省级财政承担的配套比例总体上不低于地方财政配套资金的80%，同时明确规定属于国家扶贫开发工作的重点产粮大县，不用承担农业综合开发配套任务。这表明中央加大了对粮食主产区特别是产粮大县的扶持力度。

(3) 加大农田水利等基础设施的资金投入。农业基础设施是农业的"硬件"，中央一直非常重视完善"硬件"建设，多次出台政策强调农业基础设施的建设。2008年，中央"一号文件"明确要求"以农田水利为重点，大力加强农业基础设施建设，切实加大投入力度，加快建设步伐，尽快改变农业基础设施长期薄弱的局面"。近几年来，中央持续加大资金投入力度，支持农业基础设施建设。2005年，中央财政安排了3亿元补助专项资金用于小型农田水利建设，2006年增加到6亿元，2007年继续增加到10亿元，2008年增加到20亿元，省级财政也大幅度增加投入。2007年，国家投入16亿元进行大型灌区节水改造，投入5亿元进行中部排涝泵站建设，投入16亿元进行优质粮食产业工程建设（含大型商品粮基地）。在加大资金投入的同时，中央财政将粮食主产区作为重点支持对象，进一步完善了小型农田水利建设"民办公助"机制。第一，实行差别比例补助。中央财政按照"重点支持产粮地区，适当照顾西部地区"的原则，对各省小型农田水利建设项目进行差别比例补助。重点提高粮食主产区和中西部地区的补助比例，由15%提高到30%，东部地区补助比例仅为15%。第二，整合一部分小型农田水利工程建设补助资金与其他支农专项资金。按照财政支农资金整合试点的要求，中央财政整合一部分小型农田水利工程建设补助资金与其他支农专项资金，用于13个粮食主产区26个试点县进行支持新农村建设试点。仅2006年中央财政安排了3.72亿元补助专项资金，专门用于支持13个粮食主产区小型农田水利工程建设，该资金占当年拨付总额的62%。

(4) 农业科技服务体系建设向产粮大县倾斜。国家在"九五"计划、"十五"计划和"十一五"规划中，体现了农业科技服务体系建设向产粮大县倾斜的方针政策。以粮食主产区的水稻、小麦、玉米三大粮食作物为主攻方向，实施粮食丰产科技工程、增加农民收入，以保障国家粮食安全。产粮大县可以根据项目申报的程序，积极申请国家有关农业科技服务体系建设的支持项目。"十一五"期间，在农业科技的研发和成果转化方面取得了较大的成绩，科技成果转化率明显提高，达到了 40％。建设了一批国家星火产业带、国家级星火密集区和国家农业科技园区，转化大量农村先进适用技术；建立完善了科技信息服务网络，建立了覆盖全国、互联互通、可持续发展的全国星火 110 科技信息共享和服务平台，全国 50％以上的县覆盖了农技 110 机构；强化了农民培训，建立了相对完善的星火科技培训格局，加强了一批国家级星火培训基地和星火学校能力的建设。

（5）减少或取消产粮大县农业基础设施项目资金县乡配套比例。为了增强地方政府责任、引导地方财政资金投向、提高地方财政资金使用效率、扩大特定项目的资金支持规模，中央财政在拨付地方专项转移支付时，要求地方配套部分资金，即专项转移支付配套政策。这项政策在稳定粮食生产与供应、加强农村基础设施建设等方面发挥了积极作用。但是在实际执行中，也存在一些问题，如某些专项转移支付配套政策出台不规范、地方财政配套压力较大等。为解决实际执行中存在的各种问题，贯彻落实《中共中央办公厅、国务院办公厅关于确保机关事业单位职工工资按时足额发放的通知》（中办发〔2001〕11 号）中明确的"除党中央、国务院另有规定外，各部门保留的专项拨款，一律不得要求地方予以资金配套"的规定，财政部门出台了政策规定，将地方配套的总体负担控制在可承受的范围内，对中央实施的基础设施建设项目，原则上已不再要求地方配套。

（6）大力支持农村劳动力培训。近年来，国家非常重视对农民的培训工作，为加强对务工农民的非农技能和务农农民的农业技术的培训工作，国家先后启动了"农村劳动力转移培训阳光工程"和"新型农民科技培训工程"。阳光工程培训工作以粮食主产区、劳动力主要输出地区、贫困地区和革命老区为重点开展转移培训工作，培训后要求转移就业率不低于 80％，转移就业以稳定就业为主导，同时积极引导受训农民自主创业和灵活就业。2004～2006 年，累计安排阳光工程专项资金为 12.5 亿元，2007 年为 9 亿元，2008 年突破 10 亿元。新型农民科技培训工程以提高广大农民的生产能力和经营水平为宗旨，根据全国优势农产品区域规划和各省特色农业发展要求，对从事农业生产经营的专业农民进行农业生产技能和相关知识的培训。新型农民科技培训工程的总体思路是：围绕主导产业、培训专业农民、进村办班指导、发展一村一品。产粮大县可根据以上两个培训工程的有关要求，结合本地农民培训工作的实际情况，按规定程序进行申报。从 2006 年起，中央财政设立了新型农民科技培训专项资金。

（7）提高农村职业教育和义务教育水平。中央政府历来重视职业教育发展，尤其是近十年对农村职业教育的投入不断增加。2002 年，中央财政安排了 2.1 亿元职教专款，重点用于支持示范性职业院校建设；2003 年，中央财政进一步加大了对建设部分职教实训基地和骨干专业的支持力度；2004 年，设立专项资金支持各地的职业教育实训基地建设。"十一五"期间，中央政府安排了134亿元，支持职业教育基础能力建设工程。2011年中央财政下拨了47.4亿元中等职业教育免学费补助资金，用于弥补中等职业学校因城乡家庭经济困难学生和涉农专业学生免学费而导致的运转经费缺口。同时，国家还不断加大义务教育投入。从2006年起，农村义务教育被逐步全面纳入公共财政保障范围，义务教育进行了较大改革，建立了中央和地方分项目、按比例分担的农村义务教育经费保障机制。政府对义务教育的投入不断增加，2011年中央财政累计安排农村义务教育学校公用经费补助资金471.7亿元，全国近1.3亿名农村义务教育学生全部免除了学杂费并享受免费教科书政策。

（8）支持产粮大县农业技术推广和农业科技成果转化。近年来，国家对促进农业科技进步十分重视，对农业技术推广和农业科技成果转化的资金支持也大为增加。中央财政分别设立农业科技推广和农业科技成果转化专项资金，支持各省农业科技的推广、应用和转化。2001~2008年，中央财政对农业科技成果转化资金的投入累计达22.5亿元，引导地方投入财政和社会资金140亿元。这两项专项资金均按项目进行管理。特别是产粮大县可根据专项资金的有关要求，结合当地的实际情况进行申报。

（9）全面建立农业保险制度。发展农业保险，对完善农村社会支持保护体系、分散农业风险、提高农村综合生产能力、促进农民增收有着重要的意义。近年来，中央政府对我国农业保险高度重视，促进了我国农业保险长足的发展。第一，政策性农业保险快速发展。自2007年我国实施农业保险补贴政策以来，我国政策性农业保险飞速发展，2007~2011年，我国农业保险五年累计保费收入超过600亿元，年均增速到85%。2007年我国农业保险保费收入为51.84亿元，2008年为110.7亿元，2009年为133.9亿元，2010年为135.7亿元，2011年达170亿元，分别是2006年没有实施保费补贴政策时的6.13倍、13.09倍、15.83倍、16.04倍和20倍。第二，农业保险稳定器和助推器的作用得到较好的发挥。2007~2011年，五年里农业保险赔款累计支出超400亿元，为社会主义新农村建设提供了有力的保障。第三，农业保险险种逐步丰富。目前，市场上销售的农业保险产品达160多个，保障范围涵盖了包括种养两业、农民人身意外、合作医疗、农业机械等涉及农业生产和农民生活的各个方面。据中国保监会政策研究室发布的《中国保险市场发展报告（2008）》中指出，目前我国保险业开办的各类"三农"保险险种已达160余种。

（10）扩大小额贷款覆盖面。国家有关部门非常重视小额贷款问题，制定了一系列培育扶持小额贷款发展的政策、制度，重点是解决好以下两个问题：一是要解决小额贷款机构的培育和发展问题。中国人民银行、中国银监会等有关部门根据中央关于推进社会主义新农村建设的有关要求，陆续出台了一系列相关政策，如在农村设立小额贷款机构、调整放宽农村地区银行业金融机构准入条件等，并在部分地区组织开展了试点工作，再逐步向全国各省市推开。同时，农村信用社改革工作也取得了阶段性成果，农村金融主力军作用日益显现，对扩大小额贷款覆盖面发挥了重要作用。二是要解决农户和农村中小企业贷款抵押担保难问题。为解决农户和农村中小企业贷款抵押担保难问题，各种形式的金融创新不断出现，农村信用环境得到改善，农户小额信用贷款积极开展起来。各机构提出适合农村特点的多种担保办法，涌现出农户联保贷款、动产抵押、仓单质押、权益质押等多种形式的担保。此外，国家有关部门正在研究通过组建农村担保范围及对象，积极解决农户和农村中小企业贷款抵押担保难问题。

（11）完善现有粮食储备制度并建立粮食主销区储备制度。目前我国已建立了中央、地方粮食储备体系。充足稳定的粮食储备规模，为我国粮食安全提供了强有力的保障。按照国务院要求，我国主销区储备粮规模必须达到本地区6个月的粮食销量，主产区必须达到本地区3个月销量，这既满足了各地粮食应急需求，又在一定程度上缓解了主产区的储粮压力。今后，国家将进一步加强粮食储备制度建设，更好地发挥粮食储备功能。

（12）建立和完善粮食市场价格形成机制。从2004年起，国家对重点地区、重点粮食品种实行最低收购价政策，其目的是促进粮食生产发展、保护种粮农民利益。具体做法是：当主产区稻谷、小麦、玉米市场价格低于最低收购价时，由委托收储库点按最低收购价挂牌收购，以稳定市场价格。2005年、2006年，国家分别首次在南方部分稻谷主产区、部分小麦主产区启动了稻谷、小麦最低收购价执行预案。2007年，国家在河北、河南、安徽、山东、江苏、湖北等6个小麦主产区启动了小麦最低收购价执行预案。2008年、2009年，国家继续对重点地区、重点粮食品种实行最低收购价政策。2009年，粮食最低收购价大幅增长，每50公斤统一上调了13元。2010年，国家将早籼稻、中晚籼稻、粳稻最低收购价分别提高到每50公斤93元、97元、105元，比2009年分别提高3元、5元、10元，提高幅度分别为3.3%、5.4%、10.5%。2011年，国家在主产区执行稻谷、小麦的最低收购价政策，最低收购价比2010年提高了5.6%。从近几年政策实施的情况看，效果是相当好的，促进了粮食增产和农民增收，种粮农民的利益得到了保护，农民确实得到了实惠。

（13）鼓励产粮大县发展农副产品深加工。大力发展农副产品深加工，对延长农业产业链，实现农业产业化，促进粮食增产和农民增收，具有十分重要的意义。因此国家鼓励扶持有条件的产粮大县积极发展农副产品深加工业。第一，安排专项资金扶持农业产业化。在农业综合开发资金中安排专项资金，通过补助、投资参股等方式支持农业产业化发展。第二，每年安排专项资金支持龙头企业发展壮大。通过补助或贴息等方式支持龙头企业的发展和农产品基地的建立。同时，《国家"十二五"科学和技术发展规划》也明确提出加强农副产品高值化深加工及农产品质量安全控制技术研发，促进健康食品生产。国家财政、科技等多方面的支持，有力地促进了我国农业规模化、现代化经营，推进了农业产业化发展，增强了农业主导产品或支柱产业的市场竞争力，促进了农民增收。

第五节　发达国家促进农民增收的公共财政措施

发达国家农业支持政策体系的主要目标是：稳定农产品价格、实现供需平衡、增加农民收入、缩小城乡差距、实现区域均衡发展。其核心目标之一是增加农民收入。

一　农业的收入补贴制度

（1）对农民的直接补贴。按农民的收益方式不同，农业补贴可分为直接补贴和间接补贴。对农民实施直接补贴，已经成为发达国家最重要的农业政策之一，也是其促进农民增收的公共财政主要措施之一。近年来，欧美等发达国家和地区通过制定新的农业法案，不断扩大直接补贴的范围，加大补贴力度。美国 2002 年 5 月出台了《2002 农业法》，直接补贴的范围进一步扩大，直接补贴的数量大幅度上升，大宗农产品的补贴率大为增加，农民的受益程度不断提高。按照《2002 农业法》的规定，2002～2011 年，政府补贴农业的资金为 1900 亿美元，比 1995 年农业法增加约 850 亿美元。美国直接补贴的具体操作相当简单，首先对基期产量进行核实，然后按照联邦政府确定的单位标准，直接支付给农民。欧盟对农民的直接补贴是其共同农业政策的重要内容。根据英国海外开发署的报告，2000 年，欧盟对农民的直接补贴是 255 亿欧元，约占总支出的 65％。与以往的农业补贴相比，欧盟促进农民增收的政策目标实现方式有所区别，不再通过支持价格等间接补贴方式实现，而是通过直接的收入转移机制来实现。其主要的做法是，基于耕地面积或基于牲畜头数来实施补贴。从操作上看，欧盟的直接补贴政策，目前尚未与生产完全脱钩，农民每年都要将种植情况向政府申报，政府还要核实，操作成本较高（张斌，2005）。

（2）对农业的间接补贴。对农业的间接补贴是发达国家促进农民增收的公共财政的另一主要措施。发达国家为了稳定农业生产者的收入水平，提高农业生产者的生产积极性，大都制定了农产品价格保护制度。当农产品市场价格低于政府规定的保护价格时，政府就按保护价格收购农产品或直接向农业生产者支付差价补贴。另外，发达国家普遍存在国内农产品生产过剩的问题，因此，发达国家对出口农产品给予大量的价格补贴，其补贴额度一般为出口价格与国内保护价格之间的差价。

（3）其他的收入补贴。除了上述两种补贴方式外，发达国家对农民的收入补贴措施还包括生产费用补贴、休耕补贴、信贷补贴、投资补贴及灾害补贴等。

二　农业及相关行业的税收优惠

对农业及相关行业实行的税收优惠是发达国家公共财政促进农民增收的普遍做法。发达国家涉农税制与我国农业税制比较，有两点不同。一是发达国家不对农业另设税种，而是将主体税种延伸到农业，而我国是征收农业税（直到2006年才全面取消）。二是发达国家为减轻农民负担，促进农民增收，在城乡统一税制的前提下，对农业及相关行业制定了特殊的税收优惠政策。政策主要如下：农业适用较低税率，甚至零税率；税收减免或延缓纳税；农业生产者对计税或纳税方法有更多选择权或便利。在所得税方面，发达国家对农业收入或所得作各种额外的扣除，实行优惠税率或特别结算方法及税收减免等措施。例如，美国《联邦税法》规定，农场主可以按3年净收入的平均数申报个人所得税；农业中的资本支出可在付款当年的收入中一次冲销。在财产税方面，发达国家普遍对农业用地和非农业用地进行区分，并对农业用地及其他不动产实施税收优惠。

三　农业和农村地区提供完善的基础设施和公共服务

为农业和农村地区提供完善的基础设施和公共服务是发达国家发展农业生产、提高农民收入的重要措施。发达国家采取政府直接投资的方式，提供农业和农村地区完善的基础设施和公共服务，通过农业生产生活条件的改善和农业劳动生产率的提高，增加农民收入。例如，日本在第二次世界大战后的农业开发中，采取了水改旱、土地平整、修建农村道路、水田排灌化等一系列措施来改善生产生活环境，降低农业生产成本，保障国内农业生产与农民收入的稳定增长。发达国家普遍重视农业科技研究和推广服务，都建立了完善的农业教育和信息网络。发达国家对农业科技教育投入的增加，使其农业技术进步贡献率迅速提高，由第二次世界大战后初期的20%～30%提高到当今的60%～80%。发达国家农业科技成果的大力推广极大地提高了劳动生产率，在农业种植面积逐年减少的情况下，保证了农产品产量的稳定和农民收入的增加。

四 落后地区的农业开发

发达国家采取了一系列有针对性的区域补贴政策来支持落后地区的农业开发，促进了地区间农业的均衡发展。例如，日本 2000 年出台了《针对山区、半山区等的直接支付制度》，对山区、半山区等落后地区的农户进行直接收入补贴，补贴的标准是这些地区与平原地区生产成本差别的 80％由政府直接补贴，每个农户每年可享受的补贴上限为 100 万日元；全国补贴规模为每年 700 亿日元。很多发达国家政府设立了专项财政资金，帮助落后地区调整农业结构、更新农业机械、加快农村城镇建设等。发达国家采用政府补贴等公共财政措施，使不同地区农民的收入大体持平，有效地保护了地区间农业生产的持续和均衡发展。

五 发展非农产业，增加农民收入

随着国际农产品贸易的竞争加剧，发达国家政府致力于发展非农产业，增加农民收入。例如，日本在 20 世纪 80 年代末期大力发展农产品加工和流通业，开展了"一村一品"运动，增加农村地区就业机会，增加农民收入。通过大力发展非农产业，日本农民收入大为增加。1994 年日本农户平均收入为 909.1 万日元，其中，农业收入仅占 17.5％，非农收入占 60.5％，其他占 22％。

六 促进农业保险与农村合作组织的发展

发达国家在对农业灾害进行财政补贴的同时，积极发展农业保险，以保障农民收入的稳定。例如，美国政府在 20 世纪 30 年代成立了联邦农作物保险公司，政府投入 5 亿美元股本金，并支付一切经营管理费用，对联邦农作物保险公司的资本、存款、收入和财产免征一切税收。除了对农作物保险公司的补贴与税收免征外，美国政府在 1980 年后对其他私营保险公司所经营的农作物和农场建筑、机械设备等涉农保险业务，也给予保险费补贴。目前，美国有一半以上的耕地实行了农作物灾害保险。发达国家还通过一系列措施，扶持为农民服务的各种农村合作组织的发展，如给予办社投资津贴、提供优厚的纳税待遇及信贷补贴等。这些措施促进了农业生产的发展，加速了农业现代化进程，充分保护了农民的利益。

第六节 加强粮食补贴法制建设，建立粮食主产区 可持续的财政支持体系

鉴于目前我国财力和财政支出存量结构刚性较强的现状，我们在改革和完善财政支农政策时，需要按照"明确目标、统筹兼顾、整合资金，完善机制、突出重点"的思路稳步推进。

一 明确政策目标，突出政策着力点

解决"三农"问题是一项长期的任务，不是一蹴而就的事情，我们必须从长远和眼前两个方面确定不同时期的政策目标和着力点。

从长远来看，要按照科学发展观的要求，把加快城市化，促进农村社会经济全面、协调、可持续发展和全面建设农村小康社会作为财政支农的政策着力点。通过统筹城乡协调发展和统筹社会经济协调发展，综合运用投资、补贴、贴息、税收等多种手段，实现财政资源在城乡和农业农村两个方面的综合平衡、合理配置，促进城乡融合发展和农村经济社会的全面繁荣。

从近期来说，按照中央近期解决"三农"问题的总体要求，全面综合考虑我国国情、国力和"三农"问题的现实，围绕正确处理好确保国家粮食安全和农民增收的关系，以解决农民增收问题为中心，把财政支农政策的着力点放在稳定粮食生产、促进农民增收和深化农村改革三个方面，确定财政支农政策的着力点。

二 合理确定资金分类，整合支农资金

根据财政支农目标和重点，按照建立市场经济体制和公共财政体制框架的要求，逐步改变过去财政支农资金渠道多、分类不合理的状况，合理确定资金分类，适当整合设置支农资金，突出财政支农资金的公共性。根据现有财政支农项目，可将我国财政支农资金分为六大类，即改善基本生产条件类资金、农村发展类资金、结构调整类资金、抗灾救灾类资金、生态环境建设类资金和管理服务类资金。在适当归并资金分类的基础上，对现有财政支农资金进行整合。这一整合不是单纯地将某一部分资金划归一个部门或机构管理，也不是对资金进行简单的调整和归并，而是要整合现有农业发展方面的资金，形成分类科学、分工明确、管理规范、运转有序的资金使用与管理的有效机制，提高财政支农资金使用效率，提高政府支持保护"三农"的能力。

近期重点考虑通过打造"项目"或"产业"平台实现农业资金整合。目前我国机构改革还没深入开展，政府职能转变还没完成，在机构与职能还不能作大调整的情况下，通过打造"项目"和"产业"平台来整合资金不失为一个较为有效的资金配置途径。首先，各级党政机关、部门领导要高度重视资金整合。要统一认识，认真贯彻中央政策，加强组织和领导，将资金使用统一到最终解决"三农"的目标上。其次，打造"项目"和"产业"平台，构建整合载体。要着重寻找资金整合的切入点和着力点，努力构建资金整合的载体。通过项目建设和产业发展，实现项目共建、资源共享和利益均沾。例如，将农村基础设施建设作为一个整合载体，把农业基建、水利建设、农业综合开发、农村小型公益设施、农村基础教育、医疗卫生和文化等方面的资金有机捆绑、相互衔接、匹配投入、各司其职，按照统一的规划投入重点区域，统筹安排使用。再次，在制定有关政策措施管理规定时，做到原则性与灵活性相结合。既要保证政策措施的原则性、明确性和规范性，又要适当留有余地，以便于地方政府灵活运用和自主决策。

长远打算应通过调整机构和职能实现农业资金整合。按照"减少交叉、强化协调、适应市场、增加服务"的原则，进行机构调整和职能转变。明确部门职能，减少职能交叉，建立灵活、有效宏观调控的管理体制。通过体制改革和职能转变来实现资金整合，需要循序渐进，分步实施，并应与政府机构改革和职能调整相一致，与政府工作阶段性目标和节奏相衔接。

三 调整支农方式，创新支农机制

由于目前我国经济发展水平较低、财力不足，这一状况可能还将持续很长一段时间，所以资金供求矛盾突出也将长期存在。国家财政不仅承担着支持保护"三农"的责任，而且要创造条件和环境，充分利用市场机制的基础性力量，调整支农方式，创新支农机制，调动各方面的积极性和各方面的资金投入"三农"。

第一，建立财政支农资金稳定增长机制。按照政策要求，重点放在收入增量的调整上，保证财政支持"三农"支出的增长幅度不低于财政总支出的增长幅度。不论是中央财政还是地方财政都要这样做，特别是省、市两级财政，从制度上形成财政支农资金稳定增长的机制。

第二，支持建立粮食生产的长效机制。种粮者积极性、科学技术和规模化经营是稳定发展粮食生产、确保粮食问题长治久安必须解决的三个问题。如何调动种粮农民的积极性，关键是确保种粮者要有收入。目前我国采取的一系列提高种粮者积极性与收入的措施，在短期内有效，但长期来看，种粮者的经营效益真正来自种粮的节本增效，因此主要措施就是如何提高科学技术和进行规模化经营，这才是解决粮食问题的关键所在。因此，我们需要对现行支持粮食生产的政策作适当调整，建立粮食生产的长效机制，从根本上解决我国存在的粮食问题。具体措施如下。

（1）加强农业基础设施建设。农业基础设施建设是稳定发展粮食生产、推动农村经济发展的重要措施。因此要在压缩国债项目规模和巩固大江大河治理阶段性成果基础上，调整一部分水利投资用于农田基本设施建设；重点支持大中型灌区、中小型水利设施、水库除险加固、土地治理等；加强对天然林保护、防沙治沙、退耕还林、森林生态效益补偿等工程的工作，进一步改进投入机制和资金管理办法，保障工程后续资金，逐步形成生态建设的良性循环。

（2）抓住重点产品、重点区域和重点环节。我们必须将财政与市场机制结合起来，促进建立粮食安全的长效机制。财政的重点是保障我国的粮食安全，而市场的主要任务是发展多种经营。在重点品种上，中央财政主要支持水稻、小麦、玉米等主要粮食作物的良种补贴、病虫害防治、水旱灾害救济、科技推广及粮食安全储备等。在重点区域上，中央财政主要支持粮食商品率高、外调粮食量大的粮食主产区，支持有资源、有优势、有增产潜力的粮食后备产区。在重点环节上，以粮食直补政策、提高粮食生产和储备的科技含量、实行最低收购价限制品种、坚持走粮食生产经营的市场化和规模化道路等方式，加快促进粮食安全长效机制的形成。

（3）采取不同地区不同的支持政策。依据公共财政覆盖农村方向和分类指导、支持的原则，结合东、中、西部地区不同的地区情况，采取不同的支持政策。逐步打破城乡二元结构，实现城乡协调发展。从中央财政来讲，要把公共财政覆盖农村的重点放在中西部，增加对"六小工程"的财政投资；将进城务工人员社会保障纳入当地城镇公共财政的支出范围，给予平等待遇；加大对贫困地区公共基础设施建设和教育卫生等事业发展的扶持力度；完善农村卫生防疫体系，逐步建立完善以大病统筹为主要内容的新型合作医疗制度。同时又要充分调动地方政府的积极性，允许具备条件的地方先行先试，探索建立农村最低生活保障、医疗、养老等制度，并及时总结经验向全国进行推广。

（4）着力建立财政支持"三农"政策有效引导机制。要充分发挥财政资金和政策引导、支持的作用，引导社会资金投向农业。适当调整现有财政支农资金的使用方式和政策，改变现有财政包揽过宽的局面，鼓励农民和企业充分利用市场机制进行融资发展农业。在增加中央转移支付的同时增强地方政府支持"三农"的财力和责任，将地方经济、财政"蛋糕"同时做大。

（5）创新财政支持"三农"资金的管理体制和方式，提高资金使用效益。目前发生在县乡两级支农资金被挤占挪用的现象非常普遍，资金使用效益低下。

因此必须改变过去财政支持"三农"资金的管理体制和方式，建议按照"项目确定、拨款支付、检查审计三分立"和国库集中支付的原则，建立财政支持"三农"资金的直接集中支付制度。中央一级和省一级支持"三农"的项目由部门、市县确定和申报，资金全部通过国库支付机构集中直接支付到项目或农民。

（6）划分各级财政支出事权，切实明确责任。为防止各级财政之间相互推诿，贻误农业经济健康发展，各级财政应该划分支出事权，明确各自责任。中央一级的财政支农主要用于关系到全国整体利益的事情上，省一级财政支农主要用于关系到全省利益的事情上，市、县一级财政支农主要用于关系市、县利益的事情上。严格规定省、市、县财政支农力度或比重，对以后逐年增长的百分比及收益率也要有具体的规定，并要把它作为干部政绩考核的一个重要内容。只有这样，才能切实明确责任，真正调动中央和地方的积极性。

第三，加大市场融资力度。充分利用贴息、税收等手段和投资参股方式，支持生产经营者通过市场机制进行融资。对目前用于农业结构调整、农业产业化、农产品加工、农业科技成果转化等方面的资金进行适当整合，减少直接补助的比重，逐步改为贴息的方式，支持农产品加工和农业产业化龙头企业利用市场的力量进行融资扩张（丁学东和张岩松，2005）。

第四，支持农民就业技能培训。解决"三农"问题的根本之策就是减少农民，增加农民收入。除了继续为农民就业创造良好的外部环境外，还要大力支持对农民就业进行技能培训。一是继续加大对农民就业技能培训的力度，特别是中央和省市财政要增加对粮食主产区农民就业技能的培训力度。尤其是贫困地区，财政扶贫资金要向贫困地区农民就业技能培训倾斜。二是支持农民自主创业。在目前农村消费层次还比较低的情况下，要把支持农民自主创业的着眼点放在农村消费市场上，要适当整合目前支持农业产业化等方面的资金，以投资、贴息的方式支持农民就地或进城创业。

第五，以教育和卫生为突破口，支持农村社会发展。要调整国家基本建设投资和国债使用方向，突出支持农村教育和农村卫生，加强农村基础教育和农村公共卫生建设。一是要通过检查，督促采取措施，确保真正落实"新增教育、文化、卫生支出主要用于农村"政策。二是要加大中央财政和省级财政对农村基础教育、农村公共卫生的支持力度，既要考虑"硬件"的建设，更重要的是"软件"的建设。

第六，加强统一立法，规范财政支农资金的管理。逐步统一财政支农政策、制度、管理方式，尽快改变目前各部门各自为政的做法，通过统一立法，以法律确保用途相同的各种渠道资金能够集中在解决"三农"问题的目标和重点上。

四　改变公共产品供给体制中的农村歧视，追求社会公平

公共财政制度的目标之一就是追求社会公平，而目前我国公共产品供给体制并没有体现追求社会公平的基本目标，农民及其子女没有与城镇居民享受一样的国民待遇。因此，实现公平，关键是建设农村的公共财政体系，改变公共产品供给体制中的农村歧视，使广大农民同样可以享受到与城镇居民大体相同的公共产品和公共服务。具体措施有以下两个方面。

第一，改革现行财政体制，解决农村公共产品供给制度问题。目前我国公共产品供给存在问题的根本原因是供给制度，无论是公共产品供给的不足，还是农民支付的成本过高，都与目前政府财权事权不对称有关。因此，要改变公共产品供给的农村歧视，必须改革现行的财政体制，全面建立健全公共财政体制，奠定工农协调发展的财政基础。一要完善分税制财政体制。根据中央与地方收入的变化情况，适当调整中央与地方收入范围。既要提高中央财政收入比重、增强中央财政宏观调控能力和支付能力，又要兼顾县、乡级财政收入状况；对省以下的财政体制进行改革，逐步将地方税种进行分类，合理划分地方各级财政收入的范围，保证乡镇一级有稳定的财政收入。二是建立各级政府财权与事权相互适应的机制。明晰各级政府责任，划分各级政府事权，确定各级政府财政支付范围与数额。凡属全国性的农村公共产品，由中央政府供给；凡属地方性的公共产品，由地方政府承担。要明确划分地方各级政府间的财权与事权，确保相应公共产品的经费来源。三是建立规范透明的转移支付制度。转移支付的作用在于其能使财政体制具有平衡地区间提供基础性公共服务的能力。目前我国中央对地方的转移支付存在一些问题，如分配方式的欠科学性、专项补助透明度不高等。建立在基数法分配为基础上的中央对地方的转移支付，不利于有效调节地区间财力分配不公和公共服务水平的差距。透明度不高的专项补助存在很大的随意性。我们必须在重新划分收入的基础上，建立起以因素法为基础的科学、规范、透明、以平衡各地人均财力为重点的转移支付制度。

第二，建立健全与农村经济发展水平相适应的社会保障制度。按照统筹城乡经济发展的原则，加快建立财政分配向农村适当倾斜的农村社会保障体系。由国家、单位、个人三方面共同负担城镇居民、进城打工的农民及离土不离乡在乡镇企业就业的农民的社会保障资金；纯农户的社会保障资金可以采取国家、个人共同负担的模式。考虑到农村生活水平与城市的差距，国家负担的比例应该比城市要适当高一点，对农村人口的保障的标准可以比城市低一些，但必须尽快建立农村居民最低生活保障和基本医疗保险。

第十一章

建立以延伸粮食增值链条为切入点的新型工业化推进机制

中国农耕社会历史悠久，在很长一段时间内，农业作为社会主体产业身份出现，是农民糊口的依靠，其时的农民社会化程度不高，市场尚未有效形成，商品流通极为有限，农民手上的现金货币十分缺乏。随着市场经济的不断发展，农民融入社会，粮食主产区农民状况虽得到很大程度改善，但也没有得到根本性改变。在这种状况下，粮食主产区如何走出"增产不增收，种粮不划算，不种没饭吃"的不利局面，这需要我们进一步解放思想，跳出粮食看粮食，拓展粮食产业链条，把工业化机制引入粮食产业中，实现粮食产业经营中的工业化、城乡一体化。

第一节　有效实现粮食产业化整合

传统乡村社会由单个的原子化农户组成，分散经营、自给自足特征明显。现今，农民作为劳动主体从事的种粮，不再仅仅停留在糊口生存层面，粮食产业成为现代化的组成部分，种粮成了一个系统工程，其产业一体化涉及多个领域，包括多个环节。探讨分析粮食产业一体化、粮食龙头产业存在的问题，寻查实施粮食产业一体化合理的制度安排，对促进粮食主产区农民增收意义重大。

一　推动粮食产业化进程的意义

粮食产业化是农业产业化的重要组成部分，是乡村社会经济制度改革的成果，其对改变我国传统粮食生产格局、生产方式、生产水平，提升主产区粮农、粮食加工企业及个人的种粮积极性都有着重要的作用，是农村经济和农村社会发展的导航器和推动力。具体体现在以下三个方面。

一是有利于提高粮食产品的市场竞争力。随着粮食市场的不断开放，国内外粮食市场开始对接，粮食价格的国际化进程也明显加快。随着跨国粮商和跨国公司的不断进入，我国粮食产业面临更加开放的市场环境和更加激烈的市场竞争。而目前我国农户进行的小生产难以与大市场对接。经营规模小、生产链条短、信息迟滞、销售手段落后、市场化程度低都降低了市场竞争力。普遍规模偏小的龙头企业抵御市场风险的能力较弱，难以在国际竞争中获得优势。因此，我国必须加快发展粮食产业化，将分散的农户与统一的市场连接起来，由龙头企业提供市场信息和销售服务，农户按照龙头企业的要求进行生产，其产品质量和成本效益都要远远高于传统分散生产经营的粮油产品，大大增强农户经营主体进入市场的竞争力。

二是有利于促进粮食主产区农民的增收。农业产业化链条是由粮食生产＋粮食收储＋粮食加工转化＋食品和工业产品＋消费组成。由此不难看出，农业产业化的第一个环节为粮食生产，粮食种植业自然是粮食产业化的利益产生源，可以分享加工、销售等诸环节的部分利益，在粮食产业化的加工、销售环节可吸纳农村剩余劳动力，以增加农民收入。同时，由龙头企业带动，与千家万户农民建立多种形式的联合与合作，使分散经营的小农户组合成专业化生产联合体，发展大规模的粮食生产基地，引导农民与市场对接，以市场需求确定生产，实行良种化种植、订单化生产、集约化经营，从而提高粮食的比较效益，直接增加农民收入。

三是有利于优化种植结构、推广农业科技。粮食产业化依靠一体化经营的产业协同效应，促使粮农种植品种的优质化，以实现种粮效益最大化，而反过来，其又推动了粮食种植结构调整。另外，粮食产业化加快了传统农业向现代农业转变的进程，极大地促进了粮食生产、经营、加工程序中的现代化科技的应用。

二　粮食产业化存在的问题

粮食产业是一个涉及领域广、生产链条长的大产业，整条产业链涵盖生产、储藏、加工、包装、流通、销售、科研等多个环节，需要产业链上的各个环节相互融合、有效运作才能推进整个粮食产业的一体化进程。从现状来看，我国粮食产业链主要存在以下六个脱节现象。一是粮食经营与粮食生产脱节，经营粮食的不管粮食生产；二是抓生产的部门与市场脱节，不知道根据适应市场的需求去推广品种；三是粮食收储企业与生产者脱节，收储企业有市场需求的信息无法传达到生产者那里；四是势单力薄的生产者得不到粮食经营者在科技、信息、生资、市场等方面的支持，无法顺利地完成生产过程；五是粮食科研部门与生产脱节，科研部门只管科研，不管生产，造成好的科技成果无法尽快转化成生产力；六是面粉加工企业与粮食经营的脱节，大量需要的粮食品种，在国内找不到粮源。这些存在的问题，大大降低了各个环节的效率，让粮食产业链无法形成合力，造成了整个粮食经营的低效局面。因此，只有把粮食产业的各个环节相互融合起来，才能构成一条完整、紧密的粮食产业链，促进粮食产业的良性循环。

1. 龙头企业难以提升的困局

改革开放以来，我国粮食企业逐步朝专业化、规模化、集群化和集团化方向发展，企业竞争力不断加强，龙头企业不断发展壮大，粮食产业链得到了长足发展。2011年，全国国有粮食企业中规模以上粮食产业化龙头企业达到了1012家，比2010年增加83家，粮食产业化龙头企业得到发展和壮大，涌现出一大批全国知名企业，如中粮集团有限公司、华良集团、中国储备粮管理总公司、黑龙江省金玉集团有限公司、吉林省大成集团、河北五得利面粉集团有限公司、河南郑州金苑面米有限公司、湖南金健米业股份有限公司、四川省川粮米业股份有限公司等，这些企业在生产能力、基地建设、资源整合、科技研发及品牌建设等方面，呈现出良性发展态势，对保障市场供给、满足消费者的需求产生了积极的促进作用。

但从粮食产业化的进程来看，粮食市场化的时间不长，粮食企业的发展还处于初级阶段，不可避免地存在一些问题，具体来看，体现在以下两个方面。

一是产权结构单一，企业发展后劲不足。国有粮食企业由于在产权制度改革上没有取得突破性的进展，目前从整体上来说还是独立分散经营，买原粮卖原粮，进行优势资源整合困难重重，难以形成大型龙头企业并在产业化经营上有所作为。私营独资企业带着浓厚的家族式管理色彩，没有形成法人治理机制和进行规范化公司制改造的体制性基础，也难以引入现代企业管理制度，影响了企业经营管理层次的提高和经营规模的扩大。

二是产品结构、资金来源渠道单一。目前我国粮食企业大多是以经营米、面、油等传统产品和初级产品为主，粮油产品的精加工深程度不高，加工技术的创新能力不强，经营产品的档次较低。因此缺乏深层次、高技术含量，且产品雷同，适应消费者专用化、多样化需求的产品少。另外，私营粮食企业主要依靠自身资本积累扩大再生产，向银行贷款限制性条件较多，向社会筹资又不具备上市条件，资本营运水平不高，流动资金紧缺。在经营中还常常遇到资金被拖欠、周转不灵的窘境。投融资困难限制了企业产业化经营规模的扩大和经营层次的提高。

2. 生产服务不到位

改善粮食作物品种，提高粮食的生产数量和生产质量，对于龙头企业来说是一项利好事务，企业十分乐于接受。但需要指出的是，通过种植优良品种来增加粮食企业的收入，不仅要提高优质品种的收购价格，同时还必须提高优质作物的亩产量，否则即使价格提高了，但由于产量下降幅度过大，企业就会出现增产不增收的局面。因此，引入新一代粮食作物品种，加强对优质稻生产的产前、产中服务显得至关重要。目前，鉴于相关农业部门人力、物力、财力的限制，对优质作物的生产往往以引进品种为主，而对品种引进后的生产过程中的服务关注不够，造成相当一部分优质作物的产量过低、品种退化，影响了相关粮食企业引入优良品种的信心，为粮食主产区企业的发展壮大增加了障碍。

三 稳步推进粮食产业化经营

粮食产业化的实质是以国内外市场需求为导向，以效益最大化为目的，以核心竞争力强、带动力大的龙头企业为依托，运用现代先进的科学技术，选择特色品种，如优质专用小麦、高淀粉玉米、脱毒马铃薯，并通过区域化布局、专业化生产、企业化管理、社会化服务，形成粮食经营多业联合一体化经营形式。

第一，鼓励推进粮食龙头企业进行产权制度改革与公司化改造，发展多种所有制共存的粮食产业化龙头企业。按照现代企业制度的要求，建立政企分开、产权明晰、权责明确、管理科学的现代企业制度。建立合理的龙头企业经营机制，实现企业的科学管理。做好企业内部监督管理工作，实行职业经理人等措施，逐步减少家族式管理和内部人控制的影响。加快改制步伐，实行组织形式创新，改变目前购销企业小而散的状态。

第二，鼓励购销企业和粮食加工企业进行联合，通过兼并、收购、联合等形式，整合优质资产，壮大企业规模，提高企业竞争力，逐步将传统的"产供销"产业链延伸到"研发、生产、销售、培训"产业链，利用外部资源实施经营规模扩张，不断打造产业化龙头企业。

（1）向粮食生产领域延伸，吸收农村经济合作组织和农民的土地、资金、劳动力等生产要素入股，通过股份制形式，组成紧密型利益共同体，发展产业化经营。通过产业化生产、规模化加工、市场化融资、品牌化营销，创建新的经营模式，建立新型粮食生产机制。进一步深化"公司＋合作社＋农户"、"公司＋基地＋农户"等产业化经营模式；积极探索有条件的企业到农村租赁大面积土地，兴办现代化的大农场等方式；允许农民以土地承包权入股，设立粮食生产合作社或粮食生产经营股份有限公司。在不改变土地集体所有制性质的基础上，加快农村土地流转，实行农民土地换社保。大力提高农民粮食生产组织化程度，积极推进土地集约、规模经营，促进粮食生产土地的企业化、农场化、规模化经营，加快发展现代粮食产业。

（2）加快改造企业资本结构，提高企业产业化经营层次。利用龙头企业的优势积极进行融资活动，大力招商引资、吸收资本。粮食企业集团要积极进行"上升下连"，即下连粮食生产、上连市场。积极实行产前产后一体化战略，向生产环节和加工环节延伸产业链，将生产和流通融合起来，充分发挥粮食产业链优势，积极打造中国本土大型粮商，使中国粮食企业在参与产业竞争、区域竞争及国际竞争中占有一席之地，通过优化配置世界粮食资源来保障国家粮食安全。

（3）吸引高等院校、科研机构的技术成果入股。农业产业化这一系统工程的推进，高新技术在其中的应用是一个极为重要的要素。其不仅可以参与企业的技术改造和产品开发，提高产品质量和技术含量；还可以为企业和个人带来额外利润，提升企业竞争力。

第二节　加强粮食供求市场资源整合

一 加强对粮食生产的综合研究和规划

"民以食为天，国以农为本。"农业是中国的基础产业，粮食问题是中国的根本性问题。对于我们这样一个人口众多的大国来说，粮食生产具有以下三个方面的重要意义。第一，粮食是人类生活基本必需品和重要生产资料，它与人类的密切程度是其他商品难以比拟的；第二，粮食商品的使用价值目前具有不可替代性；第三，粮食商品涉及广大生产者、消费者等多个群体，它与人类联系的广泛程度也是其他商品所不及的。

具体到中国，粮食商品的这种特殊重要性表现得更为突出。第一，中国人口众多，耕地少，人均粮食占有量低，保持中国粮食商品的总量平衡有相当难度；第二，中国粮食生产分散在2亿多农户家庭中进行，农民集中储粮、售粮对我国粮食供需波动影响非常大；第三，在粮食供给总量不宽裕的同时，粮食品种和地区之间供求矛盾也非常突出；第四，随着中国人民生活水平的提高，粮食转变为相应生活用品的速度明显加快，人均粮食总消费呈现增长趋势。第五，今年以来，国际上形成的局部粮食危机以及我国因粮食等主要农产品涨价引起的通货膨胀已经向我们发出了强烈的信号。因此，全球粮食市场如何，我国粮食的生产、加工、储备、销售、消费情况如何，今后又将如何演变，这些都需要我们进一步加强研究，进行有效的预测、规划和引导。

二 培育和发展多元化的市场流通主体

在我国，尽管进行了粮食流通体制改革，但粮食流通的主体仍然是国有粮食企业。而国有粮食企业的改革是不彻底的，本身具有双重身份、双重职能

（既是粮食需求者，又是供给者；既有部分行政职能，又有经营性职能），因此很难有效地贯彻执行中央的政策；再加上国有粮食企业本身机制僵化、运行成本高，效率相对低下，因此很难有效地发挥其市场主体的作用，甚至有时还会对市场起到"逆向调控"的作用。所以，国有粮食企业应该只是作为市场主体之一，以平等的身份参与市场竞争。要将部分国有粮食企业进行股份化改造，让民营资本参与经营，打破国有资本的垄断；要培育多元化的粮食市场主体，使其在宏观调控下进行自由竞争，活跃市场，促进流通。应当鼓励农民以土地经营权的形式入股，确保农民收入的稳定增长。

三 建立统一、开放的粮食现货市场体系

一是大力发展粮食批发市场，逐步形成以中心批发市场为龙头，以区域性批发市场为骨干，以初级批发市场为基础的粮食市场网络。在粮食主产区和主销区（如长春、郑州、长沙、南京等）建立若干个中心批发市场，在每个地级市建立一个区域性的骨干批发市场，每个县建立1~2个初级批发市场。

二是建立政府可调控并由市场形成的粮价机制。粮食购销价格要由市场竞争形成，一般情况下，政府不直接制定粮食的购销价格，而是根据市场上粮食价格的变动，以经济手段加以宏观调控。如果市场价格低于平均成本加一定的利润，政府就可以用最低保护价格进行收购，以保护粮农的利益。如果市场粮价因粮食短缺而出现暴利，政府就要以储备粮来平抑粮价。

三是要建立粮食供应的大市场观念，打破狭义的自给自足、自求平衡的粮食供求观念。搞好产销区粮食余缺调剂，充分发挥区域和资源优势，合理调整粮食生产结构和区域布局。建立产销区多种形式的合作模式，如建立大型联合企业、签订购销合同、互设购销网点、实行企业兼并、异地租赁经营（包括租地）等。

四 充分发挥粮食期货市场的特有功能和作用

粮食期货市场作为一种高级市场形式，具有套期保值和价格发现两大功能，为现货市场提供了权威的价格指导和有效的风险规避渠道。农产品期货市场所特有的价格发现功能，可以有效地引导农民根据市场需求合理安排农产品的种植结构，使农产品的产需能够基本相符。农产品期货市场的套期保值功能能够提前锁定生产者的生产成本，熨平粮食市场波动，从而降低生产者和经营者的风险，使订单农业得到更加顺利的实施，还可以降低政府对农产品市场的调控成本。我国的粮食期货市场由于成立时间短、各种制度建设不健全，除大连商

品交易所的大豆期货合约外，其他农产品远没有达到其应有的功能和作用，这与我国这样一个粮食生产、消费、贸易大国的地位是不相称的。因此，应尽快改革期货新品种上市机制和粮食期货交易机制，推出粮食期货期权，进行新品种创新，特别是推出大宗商品期货品种，扩大交易规模。要扩大参与期货市场的投资者主体和资金来源，优化投资者结构，设立专门的期货投资基金，发挥专业投资机构的优势。要鼓励农业龙头企业和农产品加工企业积极开展套期保值业务。还可通过合格的外国机构投资者制度（QFII 制度）引进外资参与期货市场。要加强政府对期货市场的调控和指导，大力发展"公司＋农户，期货＋订单"的农业生产方式，利用期货市场的套期保值机制和履约担保机制，化解由粮食市场价格波动、订单合同不履约带来的双重风险。要加强农民、农业企业有关产业政策、市场经营、期货投资等方面的知识培训。

五 制定科学的粮食进出口政策

我国粮食需求主要依靠国内生产自行供应。由于我国人口众多，人地矛盾突出，需要利用国际市场粮食资源作为我国粮食保障的补充途径。由此，要坚持有进有出的粮食进出口战略；要根据比较优势，出口具有相对比较优势的大米等粮食产品，进口相对不具有比较优势的小麦、玉米、大豆等粮食产品；用具有比较优势的非粮食类农产品换取没有优势或优势较小的粮食产品。还可以到国外建立粮食及农产品生产基地，既补充了国内粮食及其他农产品的不足，又解决了我国过剩的农村劳动力，增加收入来源。

六 建立粮食储备安全体系

一是建立中央一级的粮食储备体系。我国现行粮食储备实行的是分级储备，但由于利益驱动，地方储备难以发挥宏观调控的作用。应以中国储备粮管理总公司为基础，建立中国一级的粮食储备体系。明确中国储备粮管理总公司的职责及与地方储备库之间的关系。中国储备粮管理总公司除应在粮食主产区和主销区建立大型储备库外，还可采用租赁、委托代储等方式利用地方储备库。

二是合理确定储备规模，优化储备布局。我国人口众多，流动人口规模大，所需储备的规模也大，由于产销分布不平衡、消费习惯不一样，给确定合理的储备规模带来难度。中央粮食储备的目标决定着中央粮食储备规模，中央粮食储备的目标体系决定着中央粮食储备的合理规模也应由两部分组成：一是安全储备；二是市场调节储备。中央粮食安全储备规模是国家务必保证的，其最低标准为 500 亿公斤。中央粮食市场调节储备规模是一个动态的变量，最小时可以为零，大时则取决于中央财政的实力，它主要受国内粮食生产形势、粮食流通状况、中央粮食政策、粮改进展情况、国际粮食市场、储备本身的适度规模与经营管理中的最佳经济效益的结合等多种因素的影响，而且要随着这些相关因素的变动进行相应的调整。由于我国农民有着口粮自种及自储的习惯，因此占人口总数55％的农村常住人口的粮食安全是有保障的。因此，储备规模主要考虑城镇居民和流动人口的消费需求。这部分人的年口粮消费需求为680亿～700亿公斤。按其30％作为市场调节储备规模约为200亿公斤，能确保对粮食市场供求和价格的调节。因此，中央储备粮的总规模常年应保持在700亿公斤左右的水平。

从结构上来说，首先是品种结构，大米、小麦、玉米三大谷物是主要储备品种，要大量储存。此外，大豆和食用植物油是应急之用品种，需要适量储存。其次是布局结构，国家粮食储备应当适当向粮食主产区倾斜，粮食主销区和粮食基本自给区安排足够的国家粮食储备，以确保任何时候、任何地方、任何人口的粮食安全。从现状来看，国家应该还要适量增加稻谷的储备量，在粮食主销区应该进一步充实地方粮食储备。

三是健全储备粮运作机制，增强储备粮调控效果。中国储备粮管理总公司作为国务院直接领导的负责国家粮食安全、粮食市场供求及价格调节的大型国有企业，应赋予其进出口经营权，使其能根据国际国内粮食市场的变化，作快速反应，统筹安排中央储备粮的购销、轮换和进出口，加强国家对粮食市场的调控力度。同时，中国储备粮管理总公司还应在确保国家粮食安全的基础上，尽力降低宏观调控成本。按照粮食品种的不同和市场供求状况决定储备粮的轮换周期和轮换规模，降低储备粮的财政支出。在轮换方式上，应主要通过粮食批发市场和期货市场进行竞价收购或抛售。

第三节　加强粮食的加工增值转化，延长粮食产业链

我国传统的粮食生产方式为一家一户分散经营，规模小、抗市场风险能力差；生产的目的一是满足自己消费，二是上交国家，多余的粮食大多用于家畜家禽的喂养，粮食作为商品在市场上予以流通的意识不强。改革开放至今，也没有形成专门的商品粮生产机制，没有一支专业生产"商品粮"的队伍。一位农民曾写过一副对联——"粮食跌价我不卖，化肥涨价我不买"，横批是"够吃拉倒"。这充分反映了大部分农民对粮食生产的态度。在世界其他小麦主产国，小麦商品化率为80％，而我国只有40％多，在这种结构下，一旦全国性的粮食安全出现问题，农民考虑的只是满足自己的粮食需求。延长粮食产业链，就是要按照市场经济的要求，引入工业化生产经营理念，根据市场需求，组织粮食

专业化、规模化、特色化、商品化的生产、加工、储运、销售、服务，拓展新的市场。

一 组织农民开展粮食规模生产

根据市场需求及时调整粮食产业结构和品种结构，组织专业化、规模化的粮食生产。做好产前、产中、产后服务，包括市场调研，开展农田基本建设、农田的机械化作业，以及种子、化肥、农药等农业生产资料的储运供应，统一制种、机械抛插，统一治虫供水和田间管理、粮食抢收、风干，统一收购和储运。

二 大力发展粮食加工业

我国粮食企业一直以卖原粮为主，或者进行简单的米、面加工，转化成高附加值的精深加工不多。以河南为例，河南近年的粮食年产量稳定在 4000 万吨以上，居全国首位，其中小麦产量占全国总产量的 1/4。然而，在粮食生产辉煌的背后，农民的收入却只有沿海发达地区的 60%。近年来，河南快速发展的粮食加工业及一批靠"卖粮食"起家的农区工业强县的崛起已经给出了答案："粮袋子"可以变成"粮带子"，可以变成"钱袋子"。从纵向看，"粮带子"从田间可以延伸到餐桌，其间每一个环节都蕴藏着巨大的利润，食品加工产业有着较高的附加值。从横向看，粮食加工业是富有带动力的产业，后面紧跟着物流、储藏、包装、销售等，这些产业都属于劳动密集型产业，是连接城乡的纽带，是把农民带向工业化、城镇化的"传送带"。目前粮食加工转化能力居全国首位的是河南省，已达 2700 万吨，各类粮食加工企业达 2800 多家，面粉、方便面、挂面、速冻食品、味精等深加工产品的市场占有率均为"全国第一"。

三 提升企业新技术新产品的开发能力

高新技术就是生产力。1 公斤普通的大米按市场价就 5 元左右，而一旦变成淀粉就可以卖到 10 元多，如果再变成细滑嫩脆的营养米粉，就可以卖到 16 元，旺旺食品可以将 1 元钱的大米卖到 100 多元。1 公斤小麦目前市场价是 2.0 元，而一旦变成了面粉，就可以卖到 5 元多，变成方便面专用粉可以卖到 6 元多，而变成速冻手工面、刀削面，可以卖到 13~16 元，而进到快餐店变成热气腾腾的包子、牛肉面，小麦的身价还将翻倍。因此，要鼓励龙头企业重视新技术新产品开发，不断优化产品结构，提高产品质量。引导龙头企业增加研究开发投入，增强技术创新、技术引进和技术整合能力，通过技术转让、技术买断或技术入股等办法，加快技术成果转化。采用先进适用技术更新，改造落后的生产工艺设备，提高产品档次和质量；加快新产品延伸开发，发展方便化、专用化、功能化、绿色化等营养安全食品；开展粮油产品的精深加工和综合利用，提高产品附加值；改善产品储藏、包装、保鲜技术。

四　发展先进的现代物流业

我国粮食商品的流通费用占生产成本的 30％～35％，高流通费用提高了粮食的总成本，抬升了粮食的价格，成为妨碍我国粮食安全的一大突出问题。因此，发展现代物流业可以有效地降低粮食流通费用，保障我国粮食安全。先进的现代物流业要以"四散作业"为起点和基础。充分发挥粮食龙头企业自身的基础设施优势，整合优化现有粮食仓储运输资源，发展区域性散粮物流体系。加快龙头企业经营业态的创新和升级，引导扶持粮食龙头企业采用仓库立体化、商品配货电子化、装卸搬运机械化、物流功能条码化等先进物流配送技术。推进企业信息化和经营管理现代化，将计算机技术引入企业管理，引导鼓励企业充分利用计算机网络技术开展信息咨询和网上交易。

五　充分利用品牌效应开拓市场

粮食龙头企业实施品牌战略，一是要加强品牌开发和管理，采用先进技术、工艺和设备，进行标准化生产管理，改进品牌包装、保鲜技术，通过引进技术、创新技术等手段开发新产品和系列产品，促进产品升级换代，提高品牌的市场美誉度和综合竞争力；二是建立原粮生产基地，提供数量充足，保证质量的粮源供应；三是扩大品牌规模经营，通过专业化协作生产企业，实行品牌输出，扩大品牌市场，提高市场占有率和影响力；四是加强品牌市场营销，利用各种传媒手段加强产品宣传，发展销售代理，扩大销售网点，特别是建立城镇大型超市和连锁店销售窗口，培育、开拓城镇和农村市场。湖南金健米业股份有限公司是我国粮食行业第一家跻身资本市场的企业，是首批农业产业化国家重点龙头企业，"十五"第一批国家级科技创新型星火龙头企业，国家水稻工程优质米示范基地，湖南省"十大标志性工程企业"。公司积极探索现代农业产业化经营模式，以"中国主食营养专家"为企业追求，努力打造从田园到餐桌的大农业产业链，立足高起点、高标准走新型工业化路子，实现了从传统农业粗加工向粮油食品精深加工的根本性转变，"金健"牌精米、面条双双成为行业中综合评分第一的"中国名牌产品"，"金健"商标成为"中国驰名商标"。强大的品牌优势树立了公司高端产品的市场形象，成为面向全国中高端市场的强势品牌产品，甚至出口到欧盟、日本、韩国和中东地区，迈向了国际市场。

第四节　建立基于延伸粮食产业价值链的城乡统筹机制

一　建立对农业和农村的支持体系

一是城乡统筹要科学规划。规划是行动的纲领，是发展的指针。在推动城乡统筹的进程中，在制订国民经济发展计划、安排工业布局时，应将城乡发展纳入一个整体的体系中予以考虑，把解决"三农"问题、发展农村经济放在重要位置。

二是加快城乡经济一体化进程。按照城乡经济协调发展的思路，鼓励城市利用其工业、科技、资金、人才等优势，按照工业的理念来改造、提升和发展农业，推动整个农业产业化进程，促进农业经济的发展。

三是实现城乡资源共享。城乡资源可以也应当共享。城市可以将其拥有的信息、科技、资金、文化、人才等资源优势，通过密切城乡联系，将现代工业文明向广大农村地区辐射。农村可以为城市居民提供旅游、观光、休闲等优美的环境和优质的服务。

四是使城乡居民待遇逐步趋同。在城乡二元经济社会结构的影响下，我国城乡居民在经济待遇、公共基础设施、劳动就业、文化教育、医疗卫生、社会保障等方面差距较大。逐步实现城乡基本公共服务均等化、待遇公平化，是推进农村新型工业化的必然要求，也是缩小城乡差别的重要内容。因此必须积极推进户籍制度改革，打破农村剩余劳动力向非农产业和城镇合理转移的制度障碍，废除对农民工的歧视性规定，建立城乡统一的劳动力市场，引导非农产业和农村人口有序向中小城市转移；加大对农民进行各种职业培训，保证农民工子女同样享有受教育的权利，为农村工业化提供较高素质的人力资源；根据农村工业化、市场化的要求，逐步建立和完善农村社会保障制度。

五是多方面加大对农业的投入。粮食生产受自然条件影响很大，因此，稳定和提高粮食生产必然要加大对农业基础设施建设的投入，不断改善生产条件，增强生产能力。然现实的情况仍不容乐观，农村公共产品供给虽在逐步改善，但仍有不少乡村的基础设施远远满足不了当地农民的需求，水利设施的整体匮乏、电网改造的低质低效、村组道路的无人问津、乡村教育与医疗的亟待提高、科技服务的急需完善、生活垃圾的隐形污染等新农村建设中急需解决的种种问题成了制约乡村社会发展的瓶颈，加强基础设施建设的呼声已成为农民最为迫切的需求。同时，在加强以农田水利设施为重点的粮食生产基础建设的基础上，继续做好粮食、生猪生产的财政补贴工作。

二 建立对粮食产业化龙头企业的支撑体系

为了充分发挥粮食产业化龙头企业的产业带动作用和流通骨干作用，政府必须通过政策导向，对粮食产业化龙头企业进行重点扶持。

一是合理制定产业化龙头企业资格认定条件。资格认定条件的制定，应以现阶段当地粮食企业的发展现状，分别针对不同企业的经营类型，对企业生产能力、生产规模、年经营量、固定资产、自有流动资金、经营设施、从业人员、品牌质量、检验保管能力、企业资质等方面规定相应的条件。资格条件的制定不能脱离现阶段企业整体发展水平：定得太高了，企业难以达到；定得太低了，又太多太滥，使龙头企业有名不符实之嫌。

二是实行动态管理和监测评价制度。建立健全企业购、加、销、存等经营台账制度，由当地粮食行政主管部门按规定定期搜集整理基本数据和资料，并负责记录企业信用、活动资讯。在此基础上，实行动态监测评价制度，对合格的企业予以其继续享受相关的优惠政策；对监测不合格者，提出整改措施，整改后仍不合格的，取消其产业化龙头企业资格。

三是提供优惠扶持政策。①提供金融支持政策。农业发展银行对产业化龙头企业应按企业的风险承受能力提供信贷资金支持，有条件的地区可由地方财政提供贷款贴息或低息办法予以扶持。②提供税收支持政策。和国有粮食购销企业联营或合资经营的企业应享受粮食购销企业增值税减免待遇；从事种植业和农产品初加工取得的所得，应暂免征收企业所得税。③提供电力供应优先政策。电力紧张时应优先保证产业化龙头企业用电需要。在特殊情况下确需停电限电应实行预警预告制度。④提供科研项目申报支持政策。优先安排龙头企业申报国家和省的高新技术项目、科研成果转化项目、农业科技示范项目等各类科研开发项目。指导企业创建申报国家和省名牌产品，放心粮油产品，以及无公害产品、绿色产品、有机食品品牌。⑤提供科改资金扶持政策。每年安排一定技改扶持专项资金用于龙头企业技改及企业贷款贴息，科技部门在安排科技经费上给予适当倾斜。⑥提供物流设施投资建设鼓励政策。在粮食批发市场内投资建设粮食加工仓储、批发及其他相关物流、服务配套设施，缓征 3 年新增建设用地有偿使用费。投建永久性建筑规模达 5000 平方米以上的，由市县财政给予适当补贴。⑦为企业搭建开展粮食产销协作活动平台。组织龙头企业参加全国、全省性粮食产销协作洽谈会、粮油精品展销会，推动粮食产销衔接，宣传推介招商项目和企业品牌，提高龙头企业的知名度。

第十二章

建立以提高农业产业化水平为
主线的产业组织整合机制

"毫不放松抓好粮食生产，促进农民增收"是 2008 年 12 月召开的中央农村经济工作会议中部署的农业农村工作的重要内容。粮食增效和农民增收问题是紧密相连、互为影响的，如何能在确保国家粮食安全的前提下，有效地促进种粮农民持续增收？应积极推进农业产业化经营，发展粮食规模经济，完善我国农村双层经营体制，提高以农业产业化水平为主线的农业产业组织创新。

第一节　规模经济与农业生产绩效

我国粮食主产区农民收入主要来源于家庭经营生产，要提高他们的收入，必须提高家庭经营生产收入。对土地密集型的粮食产品的生产，土地规模就是决定生产者收入的一个关键因素。在单位土地面积的生产和收入创造能力一定的条件下，生产者的收入由其土地面积规模来决定。目前，我国粮食主产区的农户经营规模狭小，粮食的生产得不到面积规模的有效支撑，农户得不到规模效益的好处，严重制约了粮食主产区农民收入增加。因此对于以土地为主要生产资料的粮食生产来说，发展规模经济，才能提高农业生产绩效。

"规模经济是人们根据生产力因素量态组合方式发展变化规律的要求，通过选择和控制企业或其他经济实体的规模（即生产力因素的聚集程度）而获得的增产和节约"，由于微观经济活动中存在"规模报酬递增"现象，厂商在扩大生产规模的同时，获得了单位成本降低带来的经济利益（胡金华，2002）。这种以扩大规模来降低平均成本的方式就是规模经济，规模扩大后带来的新增经济效益即是规模效益。因此农业生产的规模扩张可以带来农业规模效益，形成农业规模经济。吴定宪认为"农业规模经济是指农业大户在生产经营过程中，在社会分工的基础上，从传统农户中分离出来专门从事某个环节的商品生产或服务活动"（吴定宪，2000）。

农业规模经济包括内部规模经济与外部规模经济。农业内部规模经济，是指通过农户和农业生产单位通过增加各种生产要素的投入，进行内部规模经营对内部的生产要素进行重新组合而实现的规模经济效益。农业外部规模经济是指不同经营主体利用产业链之间的功能联系，通过增加某农产品的生产数量，在地域上集中配置产生集聚效应和聚合规模的外部规模经营。不论是内部规模经济还是外部规模经济都能带来农业生产绩效的提高和农民收入的增加。

1. 发展我国农业规模经济的重要性

我国现阶段，土地资源高度稀缺，农业资金投入又十分有限，农户投入的能力和规模严重不足，从现代农业发展趋势来看，发展我国农业规模经济势在必行。

首先，发展农业规模经济是我国农业抵御自然风险和市场风险的需要。

随着我国经济体制从计划经济体制向社会主义市场经济体制的转变，我国农业发展也必须适应经济体制转变的客观要求。农业作为一种社会大产业存在和发展，农产品势必会进入社会和市场，农业同样将受价值规律的调节，竞争在所难免，因此农业生产业必须讲成本、讲效益。但是我国目前农户家庭经规模过于细小，生产成本高、经济效益低的现状不利于进一步提高农业生产效率。这是因为：第一，目前我国农业土地经营规模狭小，专业化水平低，市场信息不灵，生产带有很大的盲目性，高度分散的小规模土地不便于开展机械化作业；第二，小规模、家庭式的农业生产不利于先进管理方法的应用，不利于组织化、社会化程度的提高，现代管理效应和规模生产效益难以实现；第三，分散的农户组织化程度低，交易方式落后，流通费用高，在市场的谈判上少有话语权，往往使利益大量流失；第四，分散的农户经营使农户在产前、产中、产后和技术服务等方面面临着极大的外部不经济，不利于科学技术的推广，难以提高农业生产的技术水平，也不利于集中进行农产品的产后加工与产品增值，并且也降低了农产品在市场上的竞争力，使其难以抵御自然和市场的"双重风险"。因此，我国粮食生产要适应市场激烈竞争，保证有效供给，客观上要求提高生产效率，而规模经济是影响业生产效率提高的一个重要变量。

其次，发展农业规模经济是提高我国农业产品国际竞争力的需求。

目前我国农村实行的家庭承包制是农业的基本生产组织形式，由于受到狭小经营规模的严重制约，所以劳动生产效率低、单位产量投入高，不具备与国外大农场开展平等竞争的能力。我国按劳动力平均的农业自然资源较少，平均每户耕地不足 0.5 公顷，规模细小且分散经营。而欧美很多发达国家的农业都是大规模经营，家庭农场规模平均几十公顷到几百公顷，单个农场投入的土地、资金、科技较多，能够获得规模效益，降低生产成本。我国土地密集型的粮食生产成本高于国际市场，因此价格在国际市场上缺乏竞争力。同时，我国农民组织化程度太低，不适应国际农业大生产的竞争。加之我国农业生产者缺乏利益代表性组织，不同区域间的相同行业难以相互沟通，往往无序经营、恶性竞争，不能很好地维护自身的利益。而国外农业生产者组织化程度高，都有代表自己利益的组织，以联合组织的形式进入市场，在生产和流通方面发挥了很大作用。面对发达国家大规模、有组织经营农业的严重挑战和冲击，我国粮食生产处于竞争劣势。因此我们必须发展规模农业，提高粮食生产绩效，获得国际竞争的优势。

再次，发展农业规模经济是实现农业现代化的客观要求。

目前我国正处于由传统农业向现代农业转化的阶段，现代农业显著特征之一就是农业科学技术的进步及在生产中的运用、社会分工的发展与协作范围的扩大。但是我国目前的小规模分散经营，既不足以产生对现代农业科学技术的需求，也难以推动社会分工的发展。现代农业客观上要求农业选择更高层次、更加适应生产力发展的经济形式。发展农业规模经济，是我国由传统农业向现代农业转变的需要。

最后，发展农业规模经济是提高农业经营者素质、深化农村改革和转移劳动力的需求。①劳动力的素质是农业发展的关键，发展规模经济，通过农业产业化中的龙头企业可以培养出一批懂管理、善经营的农民企业家，从而提高农业经营者的素质，促进农业经济效益与农业收入的提高。②发展规模经济与我国的家庭承包责任制相辅相成，家庭承包责任制是规模经济的前提，规模经济是家庭承包责任制的发展和扩大，是深化农业改革的需求。③发展规模经济可以提高土地的产出率、劳动生产效率和产品的商品率，极大地促进第二、第三产业的发展，推动小城镇的建设，加快农村剩余劳动力向非农业转移。

2. 发展我国农业规模经济的主要途径

发展农业规模经济，带来经济利益规模扩大有两条路径：一是横向的土地的规模经营，二是通过农业产业化规模的纵向扩大。

(1) 实现农业规模经营，横向提高农业规模效益。农业生产过程中，不可分投入品有一定的最大生产能力，但是我国狭小、分散的经营规模导致了不可分投入品生产能力利用严重不足。因此，在一定条件下扩大生产规模、实现农业规模经营有可能产生规模经济。规模经营应该是生产的规模化，在生产过程中各生产要素的规模化使用，特别是生产资料的规模化使用，包括农业机械化的使用、农业科学技术的推广、管理水平的提高、农民组织的建立等。实现农业规模经营的途径有两种：一是扩大农业产业微观主体（农业生产者）农业生产要素的投入量；二是实现专业化生产或农工一体化。基于我国目前资源禀赋和经济发展现状，针对土地资源稀缺、劳动力资源丰富的特点，在不改革土地小块经营的条件下，集中资本、技术、劳动力等物化劳动因素或活劳动因素在有限耕地上的投入，加强生产具有本地资源优势和市场潜力大的某些农产品，促使这些农产品的生产达到专业化、规模化、区域化，提高其竞争力，使其成为区域性的拳头产品和支柱产业，达到增加农业经营产值和农民收入的目的。

（2）推行产业化经营，纵向提高农业生产绩效。农业产业化本质上是，在社会化大生产的条件下，农业服务、农产品加工乃至生产过程的某些作业环节或技术环节等从生产单位中分离出来，外化为社会分工，由某些综合性的服务体系承接，实行专业的、统一的经营。在小规模农地经营的基础上实现作物种植规模化、服务规模化与加工规模化。例如，在粮食产供加销分离和农业劳动力过多的情况下，利润最大的加工和运销环节的增值流归入工业和贸易部门，而利益最小原材料性初级产品生产则属于农业部门。农业产业化使得农业产业链条被拉长了，实行服务、生产、加工、运销一体化经营，降低了农户的产前投入成本，提高了农户的产后流通与加工的部分收益，通过规模经济的方式提高了小规模土地经营的效益，增加了农民的收入。

农业产业化形成的规模经济有两种类型：内部规模经济与外部规模经济。

第一，农业产业化形成内部规模经济。农业产业化形成内部规模经济的途径有三条：一是农业产业化通过合理组织、分工协作和专业化生产带来农户和农业生产单位内部的规模经营，形成内部规模经济。二是农业产业化将分散经营农户的生产加以合理组织，通过分工协作，将生产、加工、销售、服务等产业链上的每个环节专业化、企业化，并利用一体化组织的优势，代替农民直接进入市场，以降低农产品的市场交易成本。三是农业产业化还能够通过一体化组织的优势，把单门独户的农民难以办到的事情，由一体化组织统一办理、统一服务，极大地增大了经济实体的实力和规模，从而带来内部规模经济效益的提高。

第二，农业产业化形成外部规模经济。农业产业化主要是通过产业链之间的行业联系形成经营主体外部的规模经营，产生外部规模经济。农业产业化形成外部规模经济的途径有两条：一是农业产业化通过行业联系来实现产业的整体外部规模效益。行业联系是指同行企业间的物质与信息的交换与流通。其有利于各种生产要素的集中使用，有利于生产协作和专业化，从而形成外部规模经济优势。同产业或相关度较高的产业集聚在一起，把生产、加工、销售紧密联系起来，缩短粮食生产、加工、销售的时间与空间距离，降低运输成本，减少物流时间，节约人力、物力、财力，同时通过延长农业产业链来提高农产品的科技含量和附加值、降低成本从而实现产业的整体规模效益，获得外部规模经济优势。二是通过农业产业化使无数个经营同一种农产品的农业生产者的生产相对集中，这样既可以使行业内部各单位间在技术、工艺、设备、管理、劳动力等的使用上取长补短，促进整个行业劳动生产率的普遍提高，又可以使基础设施统一规划、完善市场设施、改善行业外部经济环境，使每个生产单位都能获得行业外部规模经济效益。

3. 发展我国农业规模经济的制度保障

要实现我国农业生产产业化、发展我国农业规模经济、提高农业生产绩效，必须在土地制度、市场机制、利益分配机制、政策与管理体制、社会保障等方面不断改革与完善，为发展我国农业规模经济提供重要的制度保障。

（1）依法明确农村土地产权，保护农民权益不受侵犯和剥夺。既要扶持龙头企业发展壮大，又要满足农民生存和发展的需要，对农民失去的利益要进行合理的补偿，注重企业与农民利益和谐发展，实现双赢。

（2）改革当前土地经营制度，加快土地流转。中央政策已允许土地使用权可以有偿流转，胡锦涛在2008年9月30日视察安徽小岗村时强调，要根据农民的意愿，允许农民以多种形式流转土地承包经营权，发展适度规模经营。2008年12月召开的中央农村工作会议，将"严格执行土地承包经营权流转的各项要求，尊重农民的主体地位，建立健全土地承包经营权流转市场"列为2009年农业和农村工作的重要内容之一。这是土地规模可以扩大的政策前提，各级地方政府应出台相关政策，鼓励龙头企业和经营大户扩大经营规模，农民可以按照市场规律，采取多种形式将承包地使用权转让出去，获得高于自己经营所获得的收益。

（3）完善农村市场机制，深化农产品流通体制改革。进一步完善农村市场机制，继续深化农产品流通体制改革，加快疏通农村商品流通渠道，在深化供销合作社体制改革的前提下，继续发展多种形式的农产品初级市场，有计划地建立若干主要农产品的批发市场，以达到建立和完善以批发市场为中心的全国统一的农产品市场体系的目的。

（4）健全各经济主体之间的利益分配机制，完善相关法律法规。农业产业化的规模效应要通过参与各经济主体的分工协作来实现。既要防止龙头企业凭借其实力强大的优势条件，在与分散的农户进行交易时处于垄断地位，对农户强买强卖，获取垄断利益，损害农户利益的现象发生，又要防止农户缺乏诚信，违背契约，签约产品谁出高价就卖给谁，造成企业损失的情况出现。为此，必须完善法律法规，规范一体化经营系统内部的各经济主体之间关系，以法律法规来对各经济主体之间的利益分配机制实行硬约束。

（5）进一步完善相应的政策和管理体制，健全相应的配套措施。政府在鼓励支持发展农业产业化经营的同时，应该进一步完善相应的政策和管理体制，健全相应的配套措施，解决当前发展农业规模经济中存在的一些问题，如鼓励扶持农业产业化发展的政策完善问题、农村基础设计建设问题、龙头企业的融资问题、人才和研发问题等，这些都是提高产业化经营的规模经济效应过程中政府应该注意的问题。

（6）建立农村社会保障体系，解除农民后顾之忧。千百年来，中国农民眷恋土地的传统观念极强，这是他们老有所托的保障。要想让农民心甘情愿地把土地流转出去，首先必须让他们从中得到的效益比他们经营土地所带来的效益高。其次，还必须在农村建立社会保障体系，如社会养老保险基金、社会救济基金、最低生活保障基金及医疗保障制度，以解除农民的后顾之忧。

第二节　粮食生产、加工与销售过程中的组织创新

我国在推进粮食产业化过程中，应该从生产、加工和销售入手，实行组织创新，以提高粮食生产效益，增加农民收入。

一　粮食产加销一体化过程中的组织创新模式

近年来我国粮食生产、加工和销售一体化得到很大的发展，其组织也不断得以创新，根据各地的报道和有关案例的综合分析，我国粮食产加销过程中的组织创新主要有以下三种模式。

1. 龙头企业带动型

其主要表现形式有两种，即"龙头企业＋农户（农场）"形式，"龙头企业＋基地＋农户"形式。这一模式以农副产品加工或流通企业为龙头，通过契约的形式与农民建立有效的利益联结机制，按照工业发展与管理的理念、模式，对区域内的农业经济进行整合，统一管理，统一规划，统一生产、加工与销售，实现区域内农业生产效益最大化，带动基地和农户从事产业化生产的组织形式。

在龙头带动型合作经济组织模式中，农户专门生产农副产品，龙头企业专门从事农副产品的加工和销售，有的企业还有可能向农户提供技术指导、农用物资采购等一些产前和产中的服务，有的企业甚至还向农户提供一定的资金。双方的权利义务关系完全由契约（合同）界定。农户按照契约规定的品种、产量进行生产，农户不拥有对龙头企业的所有权和控制权，也不拥有股份，但农户与龙头企业的关系区别于纯粹的市场交易关系，二者之间不是瞬间的交易关系，而是以契约为纽带的一种协调行动、互惠互利、长期合作的关系，是一种"准一体化"的合作经济关系。

2. 中介服务型

该模式的主要表现形式是："公司＋合作社＋农户"，"协会＋农户"。这一模式由农民专业合作经济组织或专业协会，通过专业合作经济组织（专业协会）

与企业、农户建立有效的利益联结机制，将企业、市场与基地连接，为农户的产品销售提供有效的载体与信息平台，实行农产品产前、产中、产后一体化经营的产业化组织形式。这也是一种"准一体化"的合作经济关系。

这里协会与合作社是两种不同性质的组织。协会是一种社会中介服务组织，非企业团体。其目的在于保护和增进全体成员的合理合法利益，而不在于经济利益。我国协会通常是由基层政府中的农业技术部门、农村技术员、相关方面的能人，以及公司、企业组建起来，为行业成员提供专用生产资料、从事农产品销售等多边性的援助服务。协会的组织方式比较松散，其主要靠收取培训费、教材费、中介费等来创收。农户则主要通过学习专业技能和发展某些特色农产品生产来增加收入。在农产品交易中，从事中介活动的协会，处于交易双方之外的第三方地位。

合作社是根据合作的原则建立的一种企业组织。目前国内的多数合作社是由地方政府、集体、原供销合作社、专业协会社组建起来的，也有一部分是由一些合作社倡导者、国际组织、农民自己组织起来的。合作社本身是一个商业经营机构，但并不以营利为目的，它的主要宗旨就是为其社员加工、销售农产品，购买农业生产资料，其目的是优化社员的经济利益。合作社出资人的主体是通过合作社进行交易的农产品生产者，在农产品交易中合作社属于交易双方的当事人之一。合作社是农户的自我服务企业。合作社里的农户除了可以共同加工、销售农产品，共同购买生产资料以外，通常还能从合作社得到股金分红和交易利润返还，一部分农产品产后增值利润留在了农民手里。因此，"合作社＋农户"的组织模式更有利于农民增收。

3. 专业市场带动型

这一模式的主要表现形式是"市场＋农户"。这一模式以专业批发市场为龙头，连接千家万户，实行产销一体化经营的组织形式。这里所说的"市场"，是狭义上的市场，是指具体从事商品交换的场地，并非一般所指的广义市场。这种市场一般是由农产品产地或集散地的农村社区集体利用其公用土地建立起来的场地设施，为当地村民提供的一个农产品销售场所。市场带给当地农户的经济效益主要源自市场的客户集聚效应带来的较低交易成本。市场是为村集体建立的一个出租摊位和收取管理费的创收窗口。在这种模式中，农户与市场之间产品产销合约关系通常不是固定的，农户只是作为独立的客户参与市场交易活动。

以上多种模式相比较，"合作组织＋农户"型更能符合农民要求，达到提高粮食生产效益、促进农民持续增收的目的。因为专业合作组织与农户的根本利益基本上是一致的，尤其合作社是农民在追求共同利益基础上的自愿组合。这样既能降低交易成本，又能更好地实现农民的利益。这类组织在不改变农户原来经营规模的同时，扩大了整体规模，从而提高了农民的谈判地位，有利于提高农业绩效。

基于合作社与农户的利益高度一致，目前有两种比较切实可行的做法，一是建立农业合作社，重新组合农业各种生产要素，提高农业内部规模经济效益；二是推行"合作社十农户"的农业产业化模式，通过克服现有的农业生产的内部与外部不经济所带来的农业生产的效益损失，提高农业外部规模经济效益。

这里我们特别要提到农民合作社的其中一种：农民营销合作社。这种类型的合作社是由若干独立的农业生产者共同出资建立的一个独立的企业，专门从事农产品营销工作，农民生产的产品全部由合作社统一加工、销售。这样分散的农户生产就被纳入了合作社的统一经营之中，但农户与合作社并不是完全的一体化，而是"准一体化"，因为两者都是相对独立的经济组织。在这种模式中，农户（农场）共同出资兴建了合作社，农户具有所有权和控制权。合作社的赢利按农户与合作社的交易量进行分配。在西方发达国家农产品市场中，农民营销合作社占主导地位。丹麦是世界上最早出现农民营销合作社的国家，合作社市场占有率分别是：肉类92％，奶类83％，禽类50％，蔬菜50％，水果50％。瑞典农民营销合作社的市场占有率分别为：奶业99％，猪肉81％，混合饲料，80％牛肉（屠宰）79％，粮食销售70％。其他发达国家，农民营销合作社也是农产品市场中的主要组织形式（姚於康，2003）。目前我国这类模式已经出现，但是占有的比例还不大，这应该是我国未来的粮食生产、加工、销售过程中组织模式的发展方向。

尽管近十多年来，粮食生产、加工、销售过程中组织不断创新，全国农业产业化发展取得了明显成效，尤其是龙头企业的数量和农户的覆盖面有了大幅度提高，但是在组织创新中还存在一些问题。

第一，龙头企业带动型的产业化模式难以保证农业生产者的利益。在目前我国的农业产业化发展中，农民获得的收益仅限于成本与收购价格的差价，而这个差价是公司事先计算好的，实际上，这个差价基本相当于农户除去物质成本以后的劳务收入，并没有额外的赢利。在龙头企业带动型这一模式中，由于龙头企业占据着强势主导地位，而农民组织和农户处于弱势依从地位，在这状况下，农户没有选择权，因此广大农民的增收利益难以得到保障。在这种模式中，农民增收主要来源是依附龙头企业以后，随着企业商品性生产规模的扩大所增加的劳务收入，而不是分享产业链延长后的增值利润。

第二，现阶段所提倡的"公司＋农户"或"龙头企业＋农户"的组织形式并不稳定。在市场决定一切的前提下，这种"公司＋农户"的关系难以稳定，单方面毁约的现象比较严重。这是因为，首先公司或龙头企业与农户双方都是追求自身利益最大化的市场主体，两者在参与收益分配上进行零和博弈，因此很容易产生机会主义而损失生产效率，很难结成利益共同体。一旦市场发生波动，利益体双方极有可能单方面毁约。例如，当农产品降价时，公司或龙头企业有可能单方面毁约，不按合同购买农户的产品；当农产品涨价时，农户也可能违约，不按合同将农产品卖给企业。其次，在农户与公司或龙有企业的对垒中，农户势单力薄，处于弱势地位，公司或龙头企业通常拖欠农户应得的分红，甚至拒绝向农户返还利润。再则，公司或龙头企业很多时候难以为农户提供产前、产中、产后服务，这种行为也会降低农业生产效率。

鉴于国内粮食生产、加工、销售过程中创新组织存在的一些问题，借鉴国外组织创新的先进经验，我国在组织创新模式的选择与推广上应该着力发展中介带动型，特别是"合作社＋农户"的形式。在促进农业产业化经营和农民组织创新中，政府政策应更多地向支持农民专业合作社上倾斜，而不是倾向于"公司＋农户"模式。只有通过积极发展农民专业合作社，大力提高农民的组织化程度，才能更稳定更可靠地提高农业商品化程度，促进农民持续增收。

二 我国粮食生产、加工、销售组织创新中的政府职能

1. 加大产权改革力度

通过产权改革，明晰各经营主体的产权，明确产业体系中各主体的职能和义务，充分运用合作制、股份制等经营方式，确保各主体的利益和谐共赢。从近期合作考虑，可以将"龙头企业＋农户"的合作制发展为主要组织模式，从长期合作考虑，要将以代表农民利益的农民专业协会发展为主要组织模式。

2. 保证提供有效分工的制度环境

在农业产业组织创新的过程中，政府通过规范自己的行为，实施恰当的干预政策。从不同的方面促进专业分工的发展。例如，政府提供公共物品，完善基础设施，降低专业化分工中交易协调的内生交易费用及协调失灵的风险。通过制定法律，保障专业化决策者交易双方之间长期的契约关系的执行。通过培育和发展市场体系，使市场的扩大带来专业化分工的深化，进一步促进组织形式的创新。

3. 建立适当的利益分配机制

正确处理各利益主体的利益分配关系是粮食生产、加工、销售过程中组织

创新能否实现的核心，因此必须把农民利益放在首位，才能充分调动他们的积极性，保证各利益主体结合的持久性。除了农民利益，对产业体系中其余各主体的利益都要考虑，在各主体的利益之间寻找一个平衡点，建立农户与企业稳定的契约关系，实现各利益主体的共赢局面。

4. 构建适宜的组织联结机制

近年来粮食生产、加工与销售过程中的组织创新不断，形式多种多样，目前，人们都很看重"公司＋农户"这一形式，但这种组织形式有很大的局限性，一是组织形式的经济内容单一，二是农民利益得不到保障，三是契约关系不能稳定持久，因此"公司＋农户"的模式不能作为我国粮食主产区占主导地位的农业产业组织形式。为此我们应借鉴西方发达国家的经验，尽可能以规范性的、与农民利益一致的农民专业合作社为组织主体，以其他组织形式为补充，形成丰富多样的组织体系。首先我们要发展农户之间的合作社权益联结，促使农户经营与产业化相衔接。在此过程政府部门要大力发展农村合作经济组织，制定相关政策，对其经营活动予以规划指导，提供植保、农资、防疫、信息等一系列社会化服务。其次通过龙头企业，建立企业与农户的契约联结。政府要对龙头企业进行扶持，如在企业的建设用地、信贷资金等政策方面给予优惠、倾斜，政府依照市场规律促进，减少谈判成本，促使企业与农户形成稳定的契约联结。

5. 进行产业结构调整和优化

加快进行农业结构优化调整，既是推进农业生产组织创新的基础条件，也是转变农业增长方式、提高农业绩效、增加农民收入的关键。农业结构优化调整，必须考虑以下几方面：第一，按农业组织创新的要求调整农业产业内部结构，培育主导、支柱产业，建立相应的专业技术协会或合作社；第二，依赖高新技术调整农产品结构，协调生产部门内部的资源配置，提高农业绩效；第三，推进农业产业规模经营，推进农业产业化经营，发展农业规模经济，获取规模效益；第四，大力发展龙头企业，加快农业结构优化调整，逐步创新农业组织形式，为粮食生产、加工、销售一体化提供必要的组织载体和组织保证。

第三节　粮食主产区双层经营体制的逐步完善

党的十一届三中全会后，我国开始了伟大的改革，这一改革率先从农村开始突破，然后向全国推进，取得巨大成功。改革的标志是我国确立了实行家庭联产承包责任制，到20世纪80年代初逐步形成了以家庭联产承包为核心、统分结合的双层经营体制为农村基本经营制度，这在当时极大地提高了农民的积极性，促进了农村经济的迅速发展。但是，随着农村经济结构的逐步优化调整及我国经济逐步融入国际经济大循环，农村双层经营体制日益暴露出一些问题和缺陷，主要是个体经营规模过小的局限性及集体经营的层次功能弱化。因此完善双层经营体制对发展粮食主产区的经济，提高农民收入非常重要。

一 农村双层经营体制的含义及其历史作用

1. 双层经营体制的基本含义

双层经营是以土地集体所有制为基础、以社区性合作组织为依托、以家庭承包经营为主要形式、农户分散经营与集体统一经营相结合的一种经营体制。它是一种为适合中国农村改革的需要，推动中国农村经济大发展而推出的新型的经营体制。这种经营体制打破了原来的集体所有、集体集中统一经营的体制，实行"双层经营"，即家庭分散经营层次和集体统一经营层次的有机结合，缺少了任何一方，都不能构成双层经营。这种新的经营体制，既克服了原来集体经营模式的弊病，又坚持了集体所有制合作化的道路；既发挥了农业家庭经营的优势，又可避免分散小生产的弱点；既适应了农业生产特点和以手工劳动为主的生产力水平，也可以适应农业社会化大生产的需要。这是一个兼收并蓄的经营体制，是我国应该长期坚持的政策。胡锦涛在 2008 年 9 月 30 日视察安徽小岗村时再三强调，以家庭承包经营为基础、统分结合的双层经营体制是党的农村政策的基石，不仅现有土地承包关系要保持稳定并长久不变，还要赋予农民更加充分而有保障的土地承包经营权。

2. 双层经营体制历史作用

党的十一届三中全会以后，我国农村普遍实行了以家庭联产承包经营为基础、统分结合的双层经营体制。自双层经营体制实施 20 多年来，在我国农业生产与实践中获得了巨大的成功，它理清了农村最基本的生产关系，使用权同所有权分离，充分发挥了集体和家庭两方面的积极性，极大地解放和发展了农村生产力。

3. 双层经营体制在我国实践中存在的问题及缺陷

尽管双层经营体制在我国历史上起了非常重要的作用，但是随着改革的不断深入，其在实践中也暴露出一些问题和缺陷。主要表现为以下三个方面。

第一，我国现行家庭承包经营体制的根本缺陷是难以取得规模效益。一是因为我国粮食主产区的农民一家一户小规模分散经营，过小的经营规模必然增加生产成本和交易成本，提高了农产品总成本，阻碍了农民对土地资源的有效配置，劳动力和农业固定资产得不到充分利用，产生了农业不规模效应，影响了农民的持续增收。同时家庭生产规模过小也制约了农业机械化、专业化生产，限制了农业科学技术的推广和使用，阻碍了我国传统农业向现代农业转型发展的步伐。二是因为粮食主产区的家庭经营耕地规模太小，限制了农业生产率和农产品商品率的提高。在农业科技水平和其他自然条件不变的情况下，活劳动投入农业生产的边际效益会逐渐降低，达到极限水平后，"精耕细作"对土地生产率的提高不起作用，粮食生产的增长与农民的收入增加受到影响，农民对粮食生产的积极性也会受到打击（马敬桂和查金祥，2004）。三是因为单一分散的农户很难适应市场经济发展的要求。以散户为单位的农民市场联系面比较狭窄，市场信息不足或信息歪曲，生产经营活动难以避免盲目性，难以抵御市场风险，容易蒙受经济上的损失。四是农户的组织化程度低，自身权益难以维护，在各种经营性或非经营性的组织或企业面前显得势单力薄、无能为力。就拿土地使用权来说，仍然受到以集体所有者名义的各种非法干扰和侵蚀，广大农户仍然无法拒绝集体以各种名目对农民实行的摊派，影响了中国粮食的增长和农民收入的持续增长。五是土地经营规模过小，限制了农业资本投入。由于农业资本投入不足，可得到的支持粮食生产的金融资本匮乏，目前我国农业劳动力资源丰富、低沉本的优势正转变为活劳动投入成本比例过高的劣势，所以中国农产品的总成本高于世界其他农产品主要出口国，大大影响了农产品的国际竞争力。

　　第二，是我国双层经营体制中集体内部农民的权益得不到有效保障。一是集体内部产权不清，造成土地的集体共有制与市场机制仍有冲突。我国农业双层经营体制虽然改善了共有产权结构问题，但并未完全消除土地的社区集体共有制与市场机制的深刻矛盾。我国农村双层经营体制是以土地集体所有制为基础，以社区性合作组织为依托，以家庭承包经营为主要形式，在农业双层经营体制下实行包干到户的家庭联产承包责任制。因此，我国农村双层经营体制改变了人民公社时期土地权利高度集中于集体手中的单一结构，创设了所有权归集体、使用权交给农户的所有权与使用权相对分离的新型共有产权结构。但土地的社区集体共有制属性仍未从根本上得以改变，农户对土地使用权还不能自由流动，但是市场经济要求资源是流动的，因此土地的社区集体共有制与市场经济对资源自由流动的要求之间仍然存在冲突。二是集体与成员间权益关系不明确，造成农民承包权的不稳定和经营权的不充分。在农村双层经营体制下，集体所有权不完整，造成国家对集体所有权的侵蚀、集体所有权对农户经营权的侵蚀，农民承包权的不稳定和经营权的不充分，阻碍着我国粮食主产区农业经济的进一步可持续发展。我国土地产权关系较为复杂、不明确，涉及集体、农户、国家三者。一方面是国家对社区集体所有权的影响，国家对农地进行征用、对农产品进行一些限制性政策、对农地收入进行定额征收。这些国家权力的延伸使集体产权排他性功能弱化，造成集体所有权减弱。另一方面是集体所有权对农户经营权的影响。村集体对其内部土地的分配与调整、土地负担的调整及土地用途的转换享有决定权，尽管中央政府一再强调稳定农民的土地承包权，但是一些地区随着人口的变化，村集体对土地的分配也频繁调整与变动，这些调整与变动与中央强调的稳定承包权之间是存在矛盾的。同时，由于级差地租的存在，各级政府没有制定统一标准来对土地承包费用进行度量，加之土地承包权、承包费用、承包期限的变化和对农户经营方面的一些限制，农民的经营权不断受到侵蚀。三是经营主体的法律地位不明确，造成管理混乱且缺乏有效监督。不论是中央的政策规定还是国家法律规定，集体统一经营的主体较为模糊，既可以是村委会这一政治组织，也可以是经济组织，如中央规定"以土地公有制为基础的社区性合作经济组织"；《中华人民共和国土地管理法》规定"集体所有的土地依照法律属于村农民集体所有，由村农业生产合作社等农业集体经济组织或者村民委员会经营、管理"。实际集体经济组织又被村两委控制，所以出现了不少问题。例如，社区集体经济组织与村委会、村党支部在组织和功能上往往混在一起，既是经济实体，又是社区管理组织，它不仅有经济组织获取利润的目标，又有安排剩余劳动力就业、发展公益事业、改善社区福利等社区自治组织的目标，还是政府基层政权机构的延伸和代理，这样一个"身兼数职"的社区经济组织难以成为具有明确法人地位的市场主体。法律地位不明确、缺乏完善的制度设计造成的管理混乱，对集体经济管理者难以形成有效的监督和激励机制。

第三，双层经营机制中"统"与"分"的矛盾仍没有得到有效解决。一是农户要求服务的多样性与集体经济组织服务单一性的矛盾。随着我国市场经济的迅速发展，社会分工的不断扩大，农户的生产越来越专业化，这就对集体经济组织服务功能的多样化提出了要求。例如，为广大农民提供全方位、全过程的一体化服务，以增加农户的各类资源与市场信息，降低农户的农产品生产、加工和销售成本，提高农户抗击自然风险和市场风险的能力。但是，目前在多种因素制约下的集体经济仍不能满足家庭承包经营不断发展的需要。二是农户进入市场的强烈意愿与集体经济组织能力薄弱的矛盾。随着市场经济快速发展，以家庭为单位的农户已不能游离于整个社会大市场之外，农户被市场经济推向市场，参与市场竞争。大多数农户商品意识不强、生产盲目、信息不畅、在谈判中处于弱势，因此在市场交易中处于不利地位，受到诸多中间环节的盘剥，难以合理分享社会平均利润。农户在市场经济的驱动下有进入市场的强烈意愿，但又缺乏参与市场的能力，这一客观现实要求集体经济组织承担起组织农民、带领农民闯市场的重担。但是，目前产业单一、服务单一、实力弱小、职能不清及领导者素质不高等因素都严重阻碍了集体经济组织带领农民进入市场。

二　完善我国双层经营体制的主要措施

1. 完善土地使用制度是完善我国农村双层经营体制的基础

稳定完善我国的双层经营体制，关键是稳定完善土地承包关系。自古以来，土地都是农业最基本的生产要素，又是农民最基本的生活保障。我们首先必须稳定土地承包关系，引导农民增加土地投入、提高产出率、增加农民收入，才能解除农民的后顾之忧，才能保持农村双层经营体制长久的稳定，然后在稳定的基础上才能进行双层经营体制的完善。我们要认真贯彻执行农村土地承包法，在自愿、有偿的原则上依法进行土地使用权的合理流转，建立和完善现行的土地承包制度，既要稳定家庭承包经营、充分尊重农民的自主权，又要充分发挥集体统一经营的作用。

2. 发展产业化经营是完善双层经营体制的重要途径

目前我国家庭承包制条件下的小规模经营与大市场之间的矛盾带来了农业生产的恶性循环，使农业严重滞后于其他产业。为了解决大市场与小农业之间的矛盾，必须对农业经营组织进行创新和改革，进行农业产业化经营。以集体经济组织为龙头，发展贸工农、产供销一体化组织。农民的家庭经营具有高度的灵活性，但在市场经济条件下，这种分散的小生产也表现出较大的自发性和盲目性，这必然要求发挥集体统一经营的优势，把个体细小的经营纳入国际、国内两个大市场。因此，集体经济组织必须紧紧围绕家庭经营的发展需求，以建立粮食的生产、加工、销售、仓储等服务性实体为重点，发展贸工农、产供销一体化组织，进行粮食产业化经营。减少农民在生产、经营中面临的市场风险。把集体统一经营的优越性与家庭经营的灵活性统一起来（施建伟和王凯，1993）。

3. 实现股份合作制是完善双层经营体制的现实选择

实现股份合作制是发展壮大集体经济、协调两个经营层次的有效途径。总结各地成功经验，我们将股份合作制归纳为以下三种模式。第一，集体参股型。对一些无人承包、有待开发的荒山、荒滩、荒水等，由于过去集体没有资金和实力进行统一的大规模开发，所以这些资源长期闲置未得到很好的开发利用。

政府可以积极支持和鼓励股份合作制开发这些土地，吸收集体和群众入股，使集体、群众双赢。第二，龙头带动型。扶持一些粗具规模的加工企业成为龙头，通过集体、个人进行内部、外部相互参股改造成为股份合作型企业。第三，农民专业合作社型。通过股份合作制把基层供销社、合作社改造成代表农户利益的自己的组织，便于协调两个经营层次。

4. 加强社会化服务是完善双层经营体制的核心

双层经营是家庭分散经营在集体统一经营的前提下进行的，集体统一经营是以家庭分散经营为基础的，两者互为依存，取长补短，相互促进。但是，随着农村生产力的不断发展与提高，农民家庭作为从事商品生产的实体，开始面向市场。他们根据市场的需求决策经营目标、开发利用各类资源、进行生产、加工与销售。农民家庭这一生产实体迫切要求建立一个比较完善的生产服务体系，帮助解决他们单家独户在发展商品生产过程中所遇到的各种困难。因此，农村集体经济组织必须从农村产品生产发展的需要出发，坚持按市场取向原则，开展集体经济组织的社会化服务。社会化服务，在严格意义上是指适应社会分工需要，从生产领域分离出来，为专业化、商品化生产提供保证的劳动交换活动。集体经济组织开展社会化服务，必须坚持市场取向原则。开展与家庭经营的生产力水平相适应的社会服务，使服务的过程成为不断壮大集体经济实力的过程。

5. 发展新型农业合作经济组织完善双层经营体制的关键

"农业合作组织＋农户"这种新型的"准一体化"的农业合作经济组织是由具有法人资格或没有法人资格的相对独立的经济实体（如农户）联合而形成的相对松散的经济联合体，其具有较大的优势：农户只负责农业的生产环节，合作社完成农产品加工与销售等其他环节。这一新型的合作组织既有统一经营的优势，又发挥了农户分散经营的好处。发展农业合作经济，必须建立在农户家庭分散经营的基础上，因此，"农业合作组织＋农户"的模式是我国农业产业化过程中出现的新型的组织形式。通过这一组织形式，农业产业化便被纳入合作经济的范畴，因此发展农业产业化也就是发展农业合作经济。制度创新是发展合作经济的持续动力，其主要表现在两个方面的创新。一是农业合作经济组织内部创新。在实践中操作中要根据各地存在的不同的问题，在每一主要农业合作经济组织模式的基础上都可以进行创新，变化出若干类型。通过不断地进行制度创新，降低产品成本，提高利润水平。二是农业合作经济组织外部创新。各种不同的合作经济组织之间也可以进行合作，通过合作，实现资源共享，扩大经济组织的规模，增强经济组织的力量。

6. 转变政府职能是完善双层经营体制的保证

完善双层经营体制必须要创造一个保障双层经营体制按市场机制运行的良好外部环境。良好外部环境的创造必须由市场机制的调控者——政府来完成。因此政府应该转变职能，由原来的微观管理转变为宏观调控，由行政调节为主转变为经济杠杆调节为主，并不断强化经营指导等服务职能，为完善双层经营体制创造良好的市场、政策、人才等外部环境。一要着力培育、规范市场，一方面政府不断培育建立各种类型的农副产品交易市场和生产要素市场，另一方面对已有的各类市场的交易行为进行规范，为集体经济组织和农民的家庭经营提供公平合理的交易场所。二要制定优惠政策，政府运用税收、财政、信贷等经济杠杆扶持集体经济组织发展各类服务性实体。三要加强人才培训，政府举办各种类型的培训班，开展信息、咨询等服务。

参 考 文 献

艾丰. 1995 - 12 - 11. 论农业产业化. 人民日报, 第 01 版.

白跃世. 2003. 拓展农业现代化研究的理论视野. 光明日报, 第 11 版.

陈锡文. 2002. 农民创收需打破制度障碍. 经济前沿, (11): 4 - 6.

陈锡文. 2006. 推进社会主义新农村建设的若干重大问题. 中共湖南省委通报, (15): 51 - 55.

陈修颖. 2003. 再开发: 新时期农村城镇发展新战略. 中国人口·资源与环境, (6) 23 - 28.

陈耀邦. 2001. 增加农民收入确保粮食安全. 人民论坛, (1): 9 - 11.

程国强. 2007. 我国农村形势与中央"三农"政策框架. 武汉市涉农系统领导干部会议报告.

邓小平. 1993. 邓小平文选. 第 3 卷. 北京: 人民出版社.

邓小平. 1994. 邓小平文选. 第 2 卷. 北京: 人民出版社.

丁伯根. 1988. 经济政策: 原理和设计. 张幼文译. 北京: 商务印书馆.

丁声俊. 1999. 对深化粮食改革问题的思考. 农业现代化研究, (4): 28 - 31.

丁学东, 张岩松. 2005. 我国财政支持"三农"政策: 分析、评价与建议. 财政研究, (4): 17 - 20.

杜伟. 2005. 关于农村土地产权制度创新的思考. 四川师范大学学报 (社会科学版), (3): 12 - 16.

杜伟. 2006. 我国农村集体土地股份合作制的实践与评价. 西华师范大学学报 (哲学社会科学版), (02): 67 - 69.

高保周, 何信生. 1999. 美国农业保护及对我们的启示. 调研世界, (7): 8 - 11.

高强, 王富龙. 2002. 美国农村城市化的历程及其启示. 世界农业, (5): 12 - 14.

辜胜阻. 1993. 非农化及城镇化理论与实践. 武汉: 武汉大学出版社.

顾江. 2001. 规模经济论. 北京: 中国农业出版社.

鬼谷, 崛田中夫. 1991. 大米产业革命的产业比较. 东京: 养闲堂.

郭玮. 2003. 农业补贴的政策转型与具体操作. 中国农村经济, (10): 61 - 64.

郭熙保. 1995. 农业发展论. 武汉: 武汉大学出版社.

郭跃, 姜小俊. 2004. 浅析农业综合开发对保障粮食安全与提高农民收入的作用. 农村财政与财务, (4): 12 - 14.

国家林业局. 2011. 第四次中国荒漠化和沙化状况公报. http://www. greentimes. com/green/econo/hzgg/ggqs/content/2011 - 01/05/content_114232. htm [2011 - 01 - 05].

郝冰. 2005. 美国农业支持政策的演进逻辑. 农业经济问题, (9): 73 - 75.

何解定. 2008. 实现我国农业经济增长方式根本转变的难点及对策. 生产力研究, (18): 29 - 30.

何菊芳. 2005. 公共财政与农民增收. 上海: 上海三联书店.

胡金华. 2002. 农业产业化的规模经济分析. 中共福建省委党校学报, (12): 66 - 68.

胡锦涛. 2006. 胡锦涛在建设社会主义新农村研讨班开班式上讲话. 人民日报. 第 01 版.

胡靖 . 2000. 中国粮食安全：公共品属性与长期调控重点 . 中国农村观察，（4）：24 - 30.

湖南省统计局 . 2006. 湖南统计年鉴 2006. 北京：中国统计出版社 .

黄季琨，Rozelle S. 1998. 迈向 21 世纪的中国粮食经济 . 北京：中国农业出版社 .

黄少安，刘明宇 . 2005. 权利的不公平分配与农民的制度性贫困 . 制度经济学研究，（10）：153 - 168.

江春泽 . 1996. 农业关联产业群向现代化农业化过渡的通途 . 中日农村经济，（2）：34 - 36.

康晓光 . 1997. 中国进口粮食有害吗？国际经济评论，（21）：19 - 23.

柯柄生 . 2000. 欧盟粮食政策的发展变化及对我国的启示 . 南京经济学院学报（4）：7 - 10.

柯炳生 . 2007 - 02 - 16. 努力抓好发展现代农业这一首要任务 . 人民日报，第 09 版 .

科林·卡特，钟甫宁，蔡昉 . 1999. 经济改革进程中的中国农业 . 北京：中国财政经济出版社 .

科斯哈特，斯蒂格利茨，等 . 2003. 契约经济学 . 李风圣主译 . 北京：经济科学出版社 .

雷海章 . 2005. 现代农业经济学 . 北京：中国农业出版社 .

李放，张兰 . 2006. 论财政分配政策与三农问题 . 财政研究，（8）：55 - 56.

李海民 . 1999. 黄河断流灾害及其对策 . 西安联合大学学报，（2）：101.

李京文，郑友敬 . 1989. 技术进步与经济效益 . 北京：中国财政经济出版社 .

李立志 . 1998. 农业产业化与我国农业市场化 . 农业经济，（7）：7 - 8.

李希光，聂晓阳 . 1996. 饥饿，会重新叩响中国的大门吗 . 北京：改革出版社 .

李晓俐 . 2005. 中国粮食安全的体制与政策研究 . 粮食问题研究，（4）：42 - 45.

林毅夫 . 2004. 入世与中国粮食安全和农村发展 . 农业经济问题，（1）：32 - 33.

林毅夫 . 1994. 制度、技术与中国农业发展 . 上海：上海三联书店，上海人民出版社 .

刘光明 . 2001. 日本农户直接支付政策及其评价 . 世界农业，（11）：8 - 11.

刘桂才 . 2000. 近年我国粮食下跌成因及趋势分析 . 农业经济问题，（3）：1 - 5.

刘战平 . 2006. 现代农业是新农村建设的基础工程 . 农业现代化研究，（5）：321 - 324.

卢锋 . 1999. 粮食问题上"泛政治化"认识误区 . 北京大学中国经济研究中心简报，（2）：10 - 12.

卢岳华，刘正莲 . 2006. 社会主义新农村建设乡风文明问题调研报告 . 湖南省政协九届十六次常委会参阅件，91 - 94.

鲁晓东 . 2007. 年中国粮食形势与宏观调控政策取向 . 调研世界，（4）：3 - 6.

陆世宏 . 2006. 中国农业现代化道路的探索 . 北京：社会科学文献出版社 .

罗夫永，柯娟丽 . 2006. 农村产权制度的缺陷及其创新 . 财经科学，（8）：104 - 108.

马洪，王梦奎 . 2006. 中国发展研究 . 北京：中国发展出版社 .

马建华，钱新强，陈新民 . 1999. 黄河下游断流的成因分析与对策 . 河南大学学报（自然科学版），（6）68 - 72.

马敬桂，查金祥 . 2004. 我国农业双层经营体制的完善与创新 . 农业经济，（3）：5 - 7.

马克思 . 2004. 资本论 . 第 1 卷 . 北京：人民出版社 .

马彦丽 . 2005. 粮食直补政策对农户种粮意愿、农民收入和生产投入的影响 . 农业技术经济，（2）：21 - 23.

毛惠忠 . 2005. 新阶段中国粮食安全问题研究 . 北京：中国农业出版社 .

毛学军，罗爱民，郭真明 . 2006. 湖南省社会主义新农村建设调研报告 . 湖南省政协九届十六次常委会参阅件，2-40.

孟昭华.1999.中国灾荒史记.北京：中国社会出版社.

闵锐，王雅鹏.2007.种粮不赚钱与粮食安全问题浅析.粮食问题研究，(3)：25-27.

聂振邦.2006."十一五"粮食流通工作的目标和任务.中国粮食经济，(4)：23-33.

农业部课题组.2005.建设社会主义新农村若干问题研究.北京：中国农业出版社.

农业部软科学委员会办公室.2001.粮食安全问题.北京：中国农业出版社.

农业部软科学委员会课题组.2000.农业发展新阶段.北京：中国农业出版社.

朴振焕.2005.韩国新村运动——20世纪70年代韩国新村现代化之路.潘伟光，等译.北京：中国农业出版社.

戚维明.2000.欧共体粮食政策框架及其运行机制.中国粮食经济，(3)：21-23.

钱雪飞.2006.发展地域性专业化规模农业经济.改革与战略，(10)：81-83.

秦润新.2000.农村城镇化理论与实践.北京：中国经济出版社.

人民出版社.2008.中共中央国务院关于"三农"工作的十个一号文件.北京：人民出版社.

尚钺.1954.中国历史纲要.北京：人民出版社.

审计署办公厅.2008.2008年第6号："50个县中央支农专项资金审计调查结果".http：//www.audit.gov.cn/n1992130/n1992500/2302050.html［2008-07-25］.

施建伟，王凯.1993.市场经济条件下如何完善双层经营体制.江西农业经济，(2)：51-53.

石如东.1995.粮食：美国对外政策中后战略武器.当代思潮，(2)：49.

舒尔茨.1999.改造传统农业.北京：商务印书馆.

宋英杰，陈银春.2006.农业产业化经营概述.北京：中国社会文献出版社.

速水佑次郎，弗农·拉坦.2000.农业发展的国际分析.北京：中国社会科学出版社.

速水佑次郎，弗农·拉坦.1993.农业发展：国际前景.北京：商务印书馆.

孙鹤，施锡铨.2000.制度变迁与粮食生产的长波.中国农村观察，(1)：37-46.

孙梅君.2007.对当前我国粮食市场形势的判断及调控方略.调研世界，(3)：7-8.

孙英威，韩世峰.2008."强调控"求解春耕险局.瞭望.(13)：14.

孙中山.1956.孙中山选集.北京：人民出版社.

泰勒.2007.经济学（第五版）.李绍荣，李淑玲译.北京：中国市场出版社

覃志毫.1996.以色列农业发展——农业产出的定量分析.北京：中国农业科技出版社.

谭崇台.1999.发展经济学的新发展.武汉：武汉大学出版社.

谭向勇.教育和科技：农民增收及国家粮食安全的根本出路.中国农业经济评论，2004(2)：290-292.

唐敏.2007.耕地红线再守14年.瞭望，(16)：30-31.

汪金敖.2004.传统农业的新突破.北京：中国科学技术出版社.

王丹.2005.美国对粮食市场的调控及其借鉴.世界农业，(7)：10-13.

王丹岑.1952.中国农民革命史话.北京：国际文化服务社.

王德文.2001.双轨制度对中国粮食市场稳定性的影响.管理世界，(3)：127-134.

王改弟.1998.贸工农一体化经营中的利益分配机制与分配模式.河北学刊，(6)：16-20.

王积军，聂凤英.2004.我国粮食必须突破五大瓶颈.农业经济导刊，(12)：16-19.

王亮方.2006.美国的农业政策对中国农业发展的启示.经济地理，(5)：82-85.

王明华.2007.对当前我国粮食安全形势的基本判断.调研世界,(6):3-5.

王为农.2004.入世与中国农产品供需平衡.北京:中国计划出版社.

王小林.2005.公共财政与WTO框架下的农业支持政策.中央财经大学学报,(9):25-28.

王雅鹏.2001.警惕粮食问题再起风波.中国农村经济,(3):11-15.

王雅鹏.2005.粮食安全保护与可持续发展.北京:中国农业出版社.

温家宝.2006.不失时机推进农村综合改革,为社会主义新农村建设提供体制保障.求是,(18):3-9.

温家宝.2009-8-20.开展新型农村社会养老保险试点工作,逐步推进基本公共服务均等化.经济日报,第02版.

吴传钧.2001.中国农业与农村经济可持续发展问题.北京:中国环境科学出版社.

吴定富.2008.中国保险市场发展报告(2008).北京:电子工业出版社.

吴定宪.2000-8-29.农业规模经济的现代农业特征.经济日报,第03版.

吴巧鹏.1997.汕头经济特区二次创业与农业产业化.特区经济,(11):48-49.

吴志华,等.2003.以合理成本保障粮食安全.中国农村经济,(3):10-17.

徐均武.2007.论新农村建设的认识误区.科学咨询决策管理,(15):18-19.

徐祥临.2001.三农问题论剑.海口:海南出版社.

许经勇.2004.促进农民增收与确保粮食安全.北方经济,(5):4-5.

闫丽珍,等.2004.中国玉米生产成本收益的区域分布规律研究.中国农村经济,(8):65-71.

杨明洪.2003.农业增长方式转换机制论.成都:西南财经大学出版社.

杨启智.2003.论农业规模经济的两种形态.农村经济与科技,(8):4-6.

杨瑞珍.2004.保障粮食安全与提高农民收入之对策.中国农业信息,(3)4-5.

杨遂.2005.我国农地产权制度的基本特征.农村经济,(6):23-27.

杨晓达.2004.支持粮食主产区的财税政策研究.税务研究,(6):11-16.

姚於康.2003.发达国家农民合作经济组织的发展经验及启示.世界农业,(12):11-14.

叶慧.2010.贸易自由化下中国粮食财政支持政策实施效果评价.武汉:湖北人民出版社.

叶兴庆.1999.论粮食供求关系及其调节.经济研究,(8):64-69.

曾业松.2003."三农"理论探讨与实践经验(上册).北京:新华出版社.

翟虎渠.2004.坚持依靠政策、科技与投入确保我国粮食安全.农业经济问题,(1):24-26.

詹姆斯·C.斯科特.2001.农民的道义经济学:东南亚的反叛与生存.程立显译.南京:译林出版社.

张斌.2005.发达国家促进农民增收的公共财政措施及启示.中国经贸导刊,(14):25-26.

张春贤.2006a.坚持科学发展.构建和谐湖南.为加快富民强省而努力奋斗.在湖南省第九次党代会上的报告.湖南日报,第01版.

张春贤.2006b.在全省县市区主要领导建设社会主义新农村专题研讨班上的讲话.中共湖南省委通报,(15):3.

张桂林,宋宝辉.2003.美国联邦政府农业补贴.世界农业,(11):27-29.

张红宇.2004.促进农民增收的长期思路和政府行为.云南农业,(9):16-18.

张培刚.1992.新发展经济学.郑州:河南人民出版社.

张世平.2006.湖南农村统计年鉴.长沙：湖南人民出版社.

张宪法,高旺盛.2007.我国粮食生产能力探讨与政策思考.农业现代化研究,（2）：140-143.

张新光.2003.论我国农地平分机制向市场机制的整体性转轨.西北农林科技大学学报,（5）：1-8.

张新光.2005.论中国乡镇改革25年.中国行政管理,（10）：16-20.

张新光.2007.中国农村综合改革的基本内涵及其政策走向.东南大学学报（哲学社会科学版）,（1）：9-15.

张正河.2003.美国政府农业公共政策分析.中国软科学,（7）：17-20.

赵德余,顾海英.2005.我国粮食直接补贴的地区差异及其存在的合理性.中国农村经济,（8）：61.

赵维清.2002.试论农业基础设施多渠道投入的投融资机制.黑龙江社会科学,（5）：38-40.

中共中央文献研究室.2004.邓小平年谱.（1975—1997）（下）.北京：中央文献出版社.

中国共产党第十六届中央委员会2005.中共中央关于制定国民经济发展第十一个五年规划的建议.北京：人民出版社.

中国社会科学院近代史研究所.1981.孙中山全集（第1卷）.北京：中华书局.

中国社会科学院农村发展研究所.2000.中国农村发展研究报告.北京：社会科学文献出版社.

中华人民共和国国家发展和改革委员会.2012.全国农村经济发展"十二五"规划.http://www.ndrc.gov.cn/zcfb/zcfbtz/2012tz/t20120806_496029.htm[2012-08-06].

中华人民共和国国家统计局湖南调查总队.2008.2008年调查简讯：54.

中华人民共和国国家统计局农村社会经济调查司.2006.2005年全国粮食亩均纯收益下降10%.调研世界,（6）：7.

中华人民共和国国家统计局农村司.2005.粮食主产区农民收入问题研究.调研世界,（6）：11-13.

中华人民共和国国家统计局.2011.中国统计年鉴2011.北京：中国统计出版社.

中华人民共和国农业部.2005.中国农业发展报告.北京：中国农业出版社.

钟甫宁.2000.农业政策学.北京：中国农业大学出版社.

周伯华.2006.在全省县市区主要领导建设社会主义新农村专题研讨班上的总结讲话.中共湖南省委通报,（15）：24.

朱道华.2005.农业经济学.北京：中国农业出版社.

朱有志,刘险峰.2006.农民关注的拾大问题.长沙：湖南人民出版社.

《21世纪乡镇工作全书》编委会.1999.21世纪乡镇工作全书.北京：中国农业出版社.

后　记

　　本研究开展之时，正值中共中央、国务院提出"千方百计保证国家粮食安全和主要农产品有效供给，千方百计促进农民收入持续增长，为经济社会又好又快发展继续提供有力保障"这一重大命题，研究成果的出版可以看做我们响应这一号召所做的一项具体工作。由于理论界和实际工作部门对粮食主产区农民增收问题已有较多的研究和多年的探索，所以突出科研人员的研究特色，做到理论与实际紧密结合是我们追求的重要目标。由于理论水平和实际工作经验的局限，我们认为本研究还相当粗浅，不足之处在所难免，期待专家、同人和读者的批评指正。

　　本研究得到了很多单位、领导、专家的指导和支持。湖南省委宣传部和省社科规划办对本研究成果给予了充分肯定，入选湖南省第十四届优秀社会科学学术著作出版资助项目；湖南省科技厅的姜郁文总工程师、易向凡副巡视员、彭敬东处长和胡江南调研员积极向科技部推荐，经评审本书入选"国家软科学研究计划资助出版项目"，获得了出版资助；湖南省社会科学院和湖南省委农村工作部、省政府农村工作办公室对本研究给予了悉心指导和大力支持；科学出版社付艳编辑、邹聪编辑为本书的出版付出了大量心血。在此，一并表示衷心的感谢！

　　本书由汪金敖研究员和丁爱群副研究员提出主题，设计调查研究方案，经过反复讨论修改，确定写作提纲，进行调研和写作，并对全书进行修改定稿。谢瑾岚研究员、肖卫博士、李晖副研究员、龙立珍处长、周杰韩处长参加了调研和写作，特别是肖卫博士在研究过程中付出了很多努力。

　　在写作过程中，我们参阅了大量的国内外相关研究著作，由于篇幅限制，所列参考文献未能全面周到，敬祈方家海涵，特向作者深表谢意！

笔　者

2012 年 5 月 31 日

"中国软科学研究丛书"已出版书目

《区域技术标准创新——北京地区实证研究》

《中外合资企业合作冲突防范管理》

《可持续发展中的科技创新——滨海新区实证研究》

《中国汽车产业自主创新战略》

《区域金融可持续发展论——基于制度的视角》

《中国科技力量布局分析与优化》

《促进老龄产业发展的机制和政策》

《政府科技投入与企业 R&D——实证研究与政策选择》

《沿海开放城市信息化带动工业化战略》

《全球化中的技术垄断与技术扩散》

《基因资源知识产权理论》

《跨国公司在华研发——发展、影响及对策研究》

《中国粮食安全发展战略与对策》

《地理信息资源产权研究》

《第四方物流理论与实践》

《西部生态脆弱贫困区优势产业培育》

《中国经济区——经济区空间演化机理及持续发展路径研究》

《研发外包：模式、机理及动态演化》

《中国纺织产业集群的演化理论与实证分析》

《国有森林资源产权制度变迁与改革研究》

《文化创意产业集群发展理论与实践》

《中国失业预警：理论、技术和方法》

《黑龙江省大豆产业发展战略研究》

《中小企业虚拟组织》

《气候变化对中国经济社会可持续发展的影响与应对》

《公共政策的风险评价》

《科技人力资源流动的个体选择与宏观表征》

《大型企业集团创新治理》

《我国小城镇可持续发展研究》

《食品安全法律控制研究》

《中国资源循环利用产业发展研究》

《新兴产业培育与发展研究——以安徽省为例》

《中国矿产地战略储备研究》

《中国经济增长可持续性——基于增长源泉的研究》

《归国留学人员的高技术创业》

《城市能源生态化供应与管理》

《技术对外依存与创新战略》

《高技术服务业创新：模式与案例》

《中外文化创意产业政策研究》

《稳粮增收长效机制研究》